홀로 하는 공부라서 외롭지 않게 사람in이 동행합니다.

미국적인 너무나 미국적인

영어회화 이디엄 2

미국적인 너무나 미국적인 영어회화 이디엄 2

지은이 김아영, Jennifer Grill
초판 1쇄 발행 2021년 5월 3일
초판 2쇄 발행 2022년 6월 3일

발행인 박효상   **편집장** 김현   **기획 · 편집** 장경희   **디자인** 임정현
본문 · 표지디자인 고희선
마케팅 이태호, 이전희   **관리** 김태옥

종이 월드페이퍼   **인쇄 · 제본** 예림인쇄 · 바인딩

출판등록 제10-1835호   **발행처** 사람in   **주소** 04034 서울시 마포구 양화로 11길 14-10 (서교동) 3F
전화 02) 338-3555(代)   **팩스** 02) 338-3545   **E-mail** saramin@netsgo.com
Website www.saramin.com

책값은 뒤표지에 있습니다.
파본은 바꾸어 드립니다.

ⓒ 김아영, Jennifer Grill 2021

ISBN
978-89-6049-895-2 14740
978-89-6049-894-5 세트

우아한 지적만보, 기민한 실사구시 사람in

IDIOMS

김아영, Jennifer Grill 지음

Hits

ENGLISH
CONVERSATION

미국적인 너무나 미국적인

영어회화 이디엄 2

사람in

『미국적인 너무나 미국적인 영어회화 이디엄』은 거의 출간됨과 동시에 베스트셀러가 되었다. 필자에 대한 신뢰를 바탕으로 책을 구입해 주신 독자 분들에게 이 자리를 빌려 깊은 감사를 드리고 싶다. 많은 독자들이 그릴 박사와 필자가 공저로 쓴 이디엄 책을 선택해 주신 이유는 세 가지라고 생각한다. 첫째는 현재 한국의 영어 학습자들이 미국 영어 이디엄을 무척 공부하고 싶어 한다는 점, 둘째는 이디엄을 나룬 국내외 다른 책과 달리 이 책은 여러 가지 실감나는 예시 대화문을 보여준다는 점, 그리고 마지막으로 이 책의 예시 대화문이 미국 문화를 충분히 담고 있다는 점이다.

필자는 에세이/칼럼집 『미국 영어 문화 수업』에서 언어 학습에서 문화에 대한 이해도가 얼마나 중요한지를 누차 강조한 바 있다. 특히 고급 영어로 올라갈수록, 제대로 알아듣기 위해서 미국인들만이 공유하는 지식(Shared Knowledge)과 그들이 커뮤니케이션하는 방식(Shared Patterns/Communication Patterns)을 이해하는 것이 필수적일 때가 많기 때문이다. 그런 연유에서 『미국 영어 문화 수업 - 심화편』에서 필자는 미국인들의 일상 회화를 이해하는 데 큰 도움이 되는 Shared Knowledge 몇 가지를 한꺼번에 정리해서 독자들이 배울 수 있게 하는 시도까지 해 봤다. 다행히 독자들의 반응은 좋았지만, 한 문화가 가지고 있는 Shared Knowledge가 얼마나 방대한 것인가를 생각해 보면, 그 정도의 지식은 빙산의 일각조차도 안 된다고 봐야 할 것이다.

그래서 그릴 박사와 나는 이 책의 대화문에서도 미국 문화의 이모저모를 최대한 담아 보려고 노력했다. 독자들은 어떤 대화문을 통해서는 미국인들만이 공유하는 정보와 지식(Shared Knowledge)을 배울 수 있을 것이고, 또 어떤 대화문을 통해서는 특정 사안에 대한 미국인들의 공통된 관점(Shared Views)을 엿볼 수 있을 것이다. 그리고 이 책의 모든 대화문을 다 공부하고 나면, 자연스럽게 미국인들이 의사소통하는 방식과 패턴(Shared Patterns/Communication Patterns)이 보일 것이다.

그릴 박사와 나의 이런 노력이 부디 헛되지 않도록, 독자 여러분들이 이 책을 통해 이디엄을 공부하면서 간접적으로나마 미국 문화까지 최대한 습득할 수 있었으면 하는 바람이다.

플로리다에서
공저자 김아영

이디엄은 개별 단어의 뜻으로는 유추하기 힘든, 고유의 관용어를 말합니다. 이런 이디엄은 해당 언어의 문화를 고스란히 담고 있기에 그 문화에 빠져 생활하지 않고는 자연스레 습득하기가 쉽지 않죠. 그런데도 우리가 이런 이디엄을 공부해야 하는 것은 원어민들과의 커뮤니케이션 때문입니다.

우리는 이제 뜻만 통하면 되던 예전의 커뮤니케이션이 아니라 이민, 유학, 연수, 여행으로 원어민들의 이너 서클로 들어가 속말을 주고받아야 제대로 커뮤니케이션이 된다고 생각하는 시대에 살고 있습니다. 속말을 주고받을 수 있다는 것은, 상대방이 하는 말을 제대로 이해하고, 거기에 깔린 속뜻과 뉘앙스를 이해한다는 것인데, 원어민이 아닌 이상 제대로 캐치하기가 쉽지 않습니다. 그중 한 원인이 바로 그들이 쓰는 이디엄을 제대로 모르기 때문이기도 합니다. 우리가 아는 단어 뜻의 조합으로는 도저히 생각해 낼 수 없는 이디엄은 원어민과 비원어민을 가르는 중요한 가늠자이기도 합니다.

미국 구어체 영어에서 자주 쓰이는 이디엄 125개

그래서 원어민의 속말을 제대로 알아듣고 우리의 속말을 정확히 전할 수 있게 미국 구어체 영어에서 정말 자주 쓰이는 이디엄 130여개를 간추렸습니다. 그리고 그것을 25개 레슨으로 나누었고, 각 레슨마다 5-6개의 이디엄을 배울 수 있습니다. 저자는 플로리다 주립대에서 학생들을 가르치는 Jennifer Grill 박사님과 김아영 선생님인데, Jennifer Grill 박사님이 한국인은 절대 알기 힘든 미국인의 특징과 문화가 담긴 이디엄을 담당했고, 김아영 선생님은 한국인이기에 훨씬 더 잘 알아들을 수 있는 재치 있는 설명으로 이디엄 책에 생기를 불어넣습니다.

해당 이디엄이 들어간 자연스러운 구어체 회화 지문이 세 개씩!

기존 이디엄 책이 이디엄-예문의 1대1 구조로 되어 있는 반면, 이 책에서는 구어체 영어에서 자주 쓰이는 이디엄의 특성을 최대한 살려, 이 5개가 모두 들어간, 그러면서도 내용 흐름이 자연스러운 구어체 회화를 수록했습니다. 한 레슨당 이런 대화가 세 개가 있는 것이니, 학습자들은 적어도 이런 5개의 이디엄을 최소 세 번 반복하는 셈이지요.

개별 이디엄을 최소 여섯 번 접하게 되는 구조!

이 책은 단순히 회화 지문과 이디엄만 제공하는 것으로 끝나지 않습니다. 회화 지문이 끝날 때마다 개별 이디엄의 뜻 설명과 예문을 제공합니다. 회화 지문이 세 개이니 서로 다른 이디엄 예문이 세 번에 걸쳐 나오게 되죠. 즉, 이디엄 한 개당 세 개 회화 지문에 나오는 것+세 번 설명 부분에 나오는 지문 총 합쳐서 여섯 번을 접하게 됩니다. 눈으로 보고 귀로 들으면서 한 이디엄을 여섯 번 정도 접하게 되면, 그리고 자기가 스스로 소리 내어 말해 보게 되면 완전히 자기 것이 되지 않을까요?

어학 외적인 부분까지 습득할 수 있게 하는 세심한 배려!

이디엄의 개별 뜻을 전달할 때도 처음 예문 제시일 때는 한글 뜻만, 두 번째 예문 제시일 때는 영어 뜻으로, 세 번째 예문 제시일 때는 영어와 한글 뜻 둘 다 제시하여 원어민 감각으로 의미를 이해하도록 했습니다. 또 이런 예문 제시 페이지에는 학습자들이 알아두면 좋을 미국 문화 관련 포인트나 문법, 어휘, 발음 포인트를 함께 제시해 이디엄과 떼려야 뗄 수 없는 어학 외적인 부분까지 다 커버할 수 있도록 했습니다.

듣기에 도움이 되는 빠른 속도의 음성 녹음 파일

영어 학원 원어민 선생님의 영어가 잘 들리는 이유는 한국인들이 알아들을 수 있게 천천히 말하기 때문인 것, 아세요? 하지만, 그런 배려를 모든 사람에게 기대할 수는 없습니다. 우리는 원어민들이 평소에 말하는 속도대로 듣는 훈련을 해야 합니다. 그래서 이 책의 음성 파일은 원어민들이 평소에 자신들이 실제로 말하는 속도로 녹음되어 다른 음성 파일에 비해 다소 빠른 편입니다. 처음에는 잘 들리지 않을 수도 있지만, 책을 보면서 계속 듣다 보면 그런 속도에 익숙해질 것입니다.

마음 내키는 곳에서 시작해도 OK!

사실, 이 책은 반드시 처음부터 차근차근 봐야 할 책은 아니에요. 페이지를 휙휙 넘기다 사진이 예뻐서, 혹은 어느 한 구절 말이 마음에 확 닿아서 멈췄다면 그 페이지부터 시작해도 좋습니다. 단, 회화 뒤 페이지에 나오는 이디엄 표현 설명 페이지도 빠뜨리지 않고 반드시 확인해 주세요. 그런 다음 해당 레슨의 다른 유닛도 꼭 같이 보기를 권합니다. 그렇게 하면 해당 레슨의 이디엄을 최소 여섯 번은 보는 셈이니까요.

실력별 활용 가이드

나는 중상급이다   QR코드를 찍어 음성 파일만 듣고 내용을 1차 파악합니다. 그 다음에 영어 지문→한국어 지문으로 확인하는 것을 권합니다.

나는 중급이다   한글 해석을 읽으면서 영어 음원을 같이 들으세요. 그런 다음 다시 음원을 들으면서 영어 지문을 확인하세요. 훨씬 이해가 잘 될 것입니다.

나는 구어체 영어 마니아다   중급이라고 할 수는 없지만 구어체 영어에 대한 학습 욕구가 끓어오르는 독자들은 한글 해석과 영어 지문을 하나하나 대조하며 읽는 것을 권합니다. 그런 다음 음원을 들으면서 확인해 주세요.

반드시 소리 내어 읽는다!

여러분이 어떤 실력에 속하여 학습 방법을 달리하든, 꼭 권하고 싶은 건 소리 내어 읽기입니다. 두뇌는 시각에 잘 속는 녀석입니다. 눈에 익숙하니 두뇌는 이건 자기가 알고 있다고 생각하죠. 하지만, 실제로는 두뇌가 아는 게 아닙니다. 입 근육을 활용하고 귀를 통해 들었을 때 비로소 두뇌가 자기 것으로 만들 수 있는 것입니다. 이런 과정을 도외시하면 이 책을 눈으로 백 번 읽어도 입에서 나오지 않을 겁니다.

원어민이 녹음한 음성 파일을 듣는다. 하루에 세 번씩!

여러분이 소리 내어 읽는 것만큼 중요한 것이 원어민은 실제로 어떤 속도로 어떻게 발음하는지 듣는 것입니다. 영어는 우리 모국어가 아니라서 원어민보다는 천천히 말하게 됩니다. 천천히 말하는 것은 문제가 되지 않으나 빨리 발음하는 원어민의 말을 알아듣는 건 해결해야 할 과제죠. 이것은 많이 듣고, 특정 발음은 어떻게 하는지 그 유형을 터득하는 수밖에 방법이 없습니다. 하지만 하루는 열 번 듣고, 다음 날은 안 듣고 하는 것은 권하지 않아요. 가랑비에 옷 젖는 전략으로 한 유닛당 한 번씩 총 세 번을 매일 꾸준히 듣는 걸 목표로 해보세요. 딱 한 달이면 무리 없이 다 들을 수 있습니다.

한글만 보고 영어 문장으로 말하기/단어 바꿔 응용해 보기

여러 번 읽고 들어서 자신감이 생길 때쯤 각 유닛의 한글 해석만 보고 영어를 말해 보세요. 한글 해석만 보고도 영어가 자연스럽게 나온다면 각 문장을 단어를 바꿔 응용해 보는 것도 영어가 느는 좋은 방법입니다.

IDIOMS

영어로 말하고 싶은, 또는 못 알아들을 것 같은 예문에 체크해 보세요.

가게 점원: 안녕하세요. 뭐 특별히 찾으시는 거 있으세요?

손님: 네. 제가 결혼식에 입고 갈 옷이 필요해서요. 하객으로요.

가게 점원: 알겠습니다. 어, 여기 보시면 멋진 드레스가 많답니다.

손님: (한숨을 쉬면서) 그 드레스들은 너무 비싸 보여요. 이상적인 상황이라면, 저도 저런 드레스 하나 살 형편은 될 텐데 말이죠.

가게 점원: 아, 예산이 좀 부족한 상태이신 거예요? 문제 없습니다. 여기 다른 종류의 드레스도 있거든요. 이 드레스들은 좀 더 심플한 스타일이긴 한데, 유행의 노예가 되고 싶은 사람은 없으니까요. 안 그래요?

손님: 음, 이 노란색 드레스가 괜찮을 것 같긴 한데, 결혼식에 입고 가기에는 무늬 같은 것도 없고 좀 너무 평범한 것 같아서요.

가게 점원: 바로 그게 이 드레스가 가진 장점이랍니다! 여기, 이 귀걸이하고 같이 한번 보세요. 귀걸이는 지금 세일 품목이거든요. 그리고 여기 이 스카프도 같이요. 이렇게 꾸며서 멋진 스타일로 만들면, 결혼식에 입고 가기에 아주 그만이죠.

손님: 우와, 대박인데요! 멋져 보이기도 하고, 또 제가 다 살 수 있는 가격대이기도 하고요! 도와주셔서 감사합니다!

English CONVERSATION

MP3 001

Female Salesperson: Hi, are you looking for anything in particular?

Female Shopper: Yes, please. I need something to wear to a wedding. I'm a guest.

Female Salesperson: Okay, well, if you'll take a look over here, we have a lot of fabulous dresses*.

Female Shopper: (Sighing) Those look really expensive. ❶**In an ideal world**, I'd be able to afford one of those.

Female Salesperson: Oh, bit of ❷**a budget crunch**? No problem. Here are some other dresses. They're a bit simpler, but who wants to be ❸**a slave to fashion**, right?

Female Shopper: Hmm. This yellow dress could work, but maybe it's a little too plain for a wedding.

Female Salesperson: ❹**That's the beauty of it**! Look, with these earrings—these are on sale, by the way—and this scarf, you can ❺**zhuzh this up**, and it will look perfect for a wedding.

Female Shopper: Oh, fantastic! This looks so good, and I can afford it all! Thanks for your help!

---

work 효과가 있다, 괜찮다
plain 무늬가 없는, 소박한, 평범한
on sale 할인 중인

---

* 가게 점원의 두 번째 대화에서 "if you'll take a look over here, ~"는 if you take a look over here, ~라고 할 수도 있지만, will을 사용하면 좀 더 공손한 뉘앙스를 가지게 됩니다.

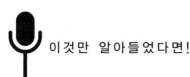 이것만 알아들었다면!

MP3 002

1 In an ideal world

In an ideal world, we would not be living with the threat of pandemics.

이상적인 세상이라면, 우리가 전 세계적인 전염병이 위협하는 상황에서 살고 있진 않겠지.

이상적인 세상이라면
/완벽한 상황이라면

'내가 원하던 대로 이루어진 상황이었다면'을 표현하는 이디엄으로 "in a perfect world" 와 같은 말이다.

2 To be in a budget crunch

We planned to buy new computers for the office, but we'll need to keep using the old ones because we don't have the money; we're in a budget crunch for the next few months.

우리가 사무실에서 쓸 새 컴퓨터를 살 계획이었는데, 기존의 컴퓨터를 계속 써야 할 것 같아. 왜냐하면 지금 우리한테 그럴 돈이 없거든. 다음 몇 달 간은 예산 부족 상태니까.

예산이 부족한 시기나
상태에 있다

3 A slave to fashion

I don't know how he affords new clothes every season; he's such a slave to fashion!

그 남자는 어쩜 그렇게 계절이 바뀔 때마다 새 옷들을 사 댈 돈이 있는지 모르겠어. 정말 유행의 노예라니까!

지나치게 유행을 따르려는
사람(유행의 노예)

4 That's the beauty of it!

Allison: Check this out! This is a combined shampoo and conditioner. You use one product for your hair, and it does everything.

Sue: Wow, with that one, I guess you can save time in the shower.

Allison: That's the beauty of it!

앨리슨: 이것 좀 봐! 이건 샴푸하고 린스가 합쳐진 제품이야. 헤어 제품 하나를 쓰는데, 그게 모든 걸 다 해.
수: 우와, 그걸 쓰면 샤워할 때 시간이 절약되겠는걸.
앨리슨: 그게 바로 이 제품의 장점이지!

그게 바로 ~이 주는 혜택
(유익한 점/이로운 점
/장점)이지!

5 To zhuzh ~ up

I have a really tiny bathroom, but I decided to make it feel like a spa by zhuzhing it up with some candles, nice soaps, and new towels.

난 정말 작은 욕실이 하나 있는데, 양초 몇 개하고 좋은 비누하고 새 타월로 좀 꾸며서 스파 느낌이 나게 만들어 보기로 했어.

조금 바꾸거나 작은 장식을
더해 더 멋지게 만들다

In an ideal world 뒤에는 보통 가정법 과거형이 따라옵니다. 가정법 과거형은 if절에는 과거형 동사를, 주절에는 'would + 동사원형'을 씁니다. 따라서 대화 속 표현의 원래 문장을 모두 풀어 쓰면, "If we lived in an ideal world, I'd be able to afford one of those.가 됩니다. 하지만 미국인들은 이때 if절을 풀어서 다 쓰지 않고, 그냥 "in an ideal world,"라고만 씁니다. 그럼에도 불구하고 이 표현이 가정법 과거의 의미를 함축하고 있다는 사실은 뒤에 따라오는 조동사 would를 통해서 쉽게 알 수 있습니다.

In an ideal world, I wouldn't have to explain why I'm angry about this.
제대로 된 세상이라면, 내가 왜 이것 때문에 화가 나는지 설명할 필요가 없겠지.

Zhuzh up은 새로 생긴 영어 표현입니다. 90년대부터 있던 단어이긴 하지만, 〈Queer Eye(퀴어아이)〉라는 TV쇼에서 사용된 후에 더 많이 쓰이기 시작했습니다. 이 쇼가 동성애자 5명이 의뢰인의 스타일이나 인테리어를 멋지게 변화시켜 주는 리얼리티 쇼이다 보니 zhuzh up이라는 말을 많이 썼겠지요? 이렇게 이 단어는 주로 동사로 쓰이지만, 명사로 다음과 같이 쓰일 수도 있답니다.

Let's add some zhuzh to this house.
이 집을 좀 꾸며 보자.

밑줄 친 부분에서 보시는 것처럼, 이 단어는 셀 수 없는 명사로 쓰인다는 점을 꼭 기억하세요. 이 단어는 문어체보다는 주로 구어체로 쓰이기 때문에 여러 가지 다른 스펠링이 존재하는데, 그중 가장 보편적으로 쓰이는 것이 zhuzh와 zhoozh입니다.

LESSON 1

존: (이발사에게) 저기, 제가 이제 막 50이 됐어요. 그러니까, 좀 더 젊어 보이고 싶은 나이가 된 것 같아요. 그게 가능할까요?

이발사: 가능하냐고요? 물론이죠! 자, 손님께서 예산이 부족하신 건 아니라고 말씀해 주세요. 혹시 그러신 건가요? 왜냐면 오늘은 추가 서비스를 좀 더 해 드릴 수 있거든요. 아마도, 눈썹 정리를 하고, 또 턱수염을 다듬을 수 있을 것 같은데요.

존: 그렇게 해 주세요! 전 정말로 새롭게 보이고 싶거든요! 제 말은, 이상적인 상황이라면, 제가 30파운드 정도 살도 빼고, 또 가지고 있는 옷도 전부 다 바꿀 텐데요.

이발사: 옷이야 언제든 하나씩 좋은 걸로 사면 되죠. 유행의 노예가 될 필요는 없으니까요.

존: 그렇게 하는 게 더 수월하기도 하겠네요. 외모를 서서히 더 좋아 보이게 하는 거요.

이발사: 그게 바로 조금씩 계속 변화하는 것의 장점이죠! 무슨 드라마틱하게 극단적으로 스타일 변신에 전념할 필요가 없어요. 헤어스타일에 조금의 변화를 주어 멋지게 보이는 것, 옷을 좀 꾸며서 멋있게 입는 걸로도 충분하죠. 한 말씀 드리자면, 제가 눈썹과 수염 정리, 그리고 헤어컷을 다 끝내고 나면, 고객님께서 얼마나 젊어 보이는지 보시고 깜짝 놀라실 겁니다.

John: (To his barber) You know, I just turned 50. I think I'm ready to look a little younger. Is that possible?

Barber: Is that possible? Of course, it is! Now, tell me, ❶ **you're not in a budget crunch**, are you? Because I can do some additional services today…maybe do your eyebrows, trim your beard?

John: Go for it! I'm ready for a new look! I mean, ❷ **in an ideal world**, I'd also lose 30 pounds and update my whole wardrobe.

Barber: You can always improve the wardrobe piece by piece. You don't have to be ❸ **a slave to fashion**.

John: Well, that sounds easier too. Improve my looks bit by bit.

Barber: ❹ **That's the beauty of** incremental change! You don't have to commit to some drastic style makeover. You know, just ❺ **zhuzh up the hair** a little bit; ❻ **zhuzh up the clothes** a little. Let me tell you, when I'm done with your brows, beard, and hair, you'll be amazed at how much younger you'll look.

---

trim (머리, 수염 등을) 살짝 다듬다
Go for it! 어서 해 보세요!
incremental (일정한 간격으로 가치 등이) 증가하는
makeover 단장

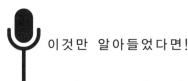

MP3 004

1

To be in a budget crunch: To be in a time (situation) when one's money is limited

This is not the year for that big vacation. We had some major expenses, so we're now in a budget crunch.

올해는 그런 대단한 휴가를 갈 수 있는 해가 아니야. 우리가 큰 돈 쓸 데가 좀 있었잖아. 그래서 지금은 예산이 부족한 상태거든.

2

In an ideal world: If a situation were to happen as you would like/In a perfect world

In an ideal world, I would get a year off for maternity leave and be able to come back to my job.

이상적인 세상이라면, 한 1년쯤 출산 휴가를 쓰고 다시 직장에 복귀할 수 있을 텐데.

3

A slave to fashion: A person who is overly concerned about their clothing being the latest style

Wow. Are those pants from 1985? I think it's time for a style change. Clearly, you're no slave to fashion.

우와. 그 바지가 1985년도에 산 거라고? 이제 스타일을 좀 바꿀 때가 된 것 같은데. 확실히 넌 유행의 노예는 아니구나.

4

That's the beauty of it!: That's the benefit (beneficial impact) of it!

Mike: I need to create an MP3 file. How do I do that with this digital recorder?

Jake: That's the beauty of this device. Just record and save the file; it automatically creates an MP3 file for you.

마이크: 내가 MP3 파일을 하나 만들어야 하거든. 이 디지털 녹음기로 그걸 어떻게 하는 거지?
제이크: 그게 바로 이 기계가 가진 장점인데. 그냥 녹음해서 그 녹음 파일을 저장해. 그럼. 그게 자동적으로 MP3 파일을 생성해.

5

To zhuzh ~ up: To improve how something looks by altering it or through minor decorative changes

My office looks boring. I'm going to zhuzh it up with some plants and a few pictures.

내 사무실이 단조로워 보여. 식물이랑 그림 몇 점으로 좀 꾸며야겠어.

A slave to fashion 표현은 주로 부정문에 쓰입니다. "I do not want to be a slave to fashion."(난 유행의 노예가 되고 싶지는 않아.)처럼 말이죠. 대부분의 미국인들은 유행을 따르기보다는 자신만의 스타일을 표현하고 싶어 하기 때문입니다. 예로, 제 친구는 스키니진이 한창 유행할 때 이런 말까지 했답니다.

I never liked skinny jeans. I've always worn wide-legged pants because they look better on me. I'm no slave to fashion.
난 스키니진을 좋아했던 적이 단 한 번도 없어. 언제나 통이 넓은 바지를 입는데, 그게 나한테 더 잘 어울리기 때문이야. 난 유행의 노예가 아니거든.

CULTURE POINT

미국에서 이발사는 남자들 머리만 자르는 것이 아니라, 눈썹이나 수염 등을 다듬어 주기도 하는데, 이런 서비스를 통틀어 grooming services라고 부릅니다. 옛날에는 남자들이 헤어컷과 면도를 하려고 이발소에 갔습니다. 남자들에게 이발소는 그런 서비스를 받으면서 뉴스를 듣거나 가십거리를 이야기하는 장소이기도 했지요. 하지만 지금은 많은 미용실에서 남녀 모두에게 그런 서비스를 제공하기 때문에 남자들도 이발소가 아니라 미용실에 가는 사람들이 많아졌습니다. 그런데 미국에서는 최근 들어 다시 옛날 스타일의 이발소가 부활하고 있습니다. 그래서 요즘 새로 생기는 이발소들은 미국의 전통적인 이발소를 그리워하는 사람들의 향수를 마케팅에 이용하지요. 재미있는 건, 그럼에도 불구하고 서비스는 고급스러운 최신 제품을 사용하면서 현대적으로 한다는 점입니다. 심지어 제가 사는 동네의 어떤 이발소에서는 헤어컷이나 염색 서비스를 받으면서 버번위스키나 칵테일을 한 잔 마실 수도 있습니다. 요즘 미국의 이런 트렌드를 더 자세히 알고 싶은 분들은 포브스지(Forbes)의 기사 "Barbershops Are Back And Bucking Retail Trends"(이발소가 돌아왔고 유행을 거스르다)를 읽어 보세요.*

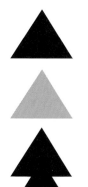

* https://www.forbes.com/sites/bisnow/2017/07/06/barbershops-are-back-and-bucking-retail-trends/#3412d6b93fe9

LESSON 1

남편: 우리가 지금 예산이 부족한 상황이 아니면 좋을 텐데 싶어요. 우리 집 리모델링 좀 할 수 있게요.

아내: 뭐, 완벽한 상황이라면, 우리가 꿈꾸는 집을 직접 지을 수도 있겠죠. 그렇지만 우리가 창의적이 된다면 그래도 집을 조금만 꾸며서 멋지게 만들 수도 있을 것 같아요.

남편: 생각해 놓은 아이디어라도 있어요?

아내: 음, 여기 집 꾸미기 웹사이트 좀 보세요. 여기 보면 근사한 창문이 있는 거실, 멋진 소파가 나와요. 또 이 벽의 색깔도 지금 정말 인기예요.

남편: 당신이 제안하는 건 '조금 꾸미는 것'의 범위를 넘어서는 것들인데요.

아내: 아니에요. 나도 우리가 비싼 창문이랑 가구를 살 형편이 아니라는 걸 알아요. 하지만 이런 색으로 페인트칠 할 형편은 되잖아요. 게다가, 우리는 유행의 노예가 되고 싶은 마음도 없으니까요. 새로 칠한 페인트 색 때문에 모든 게 새롭게 보일 거예요. 그리고 가구를 재배치하고, 또 작은 카펫이나 램프를 새로 살 수도 있겠죠.

남편: 음, 괜찮겠네요. 비용을 너무 많이 들이지 않고도 우리 스타일로 만들 수 있겠어요.

아내: 그게 바로 이 계획의 장점이죠! 훨씬 적은 비용으로 마치 우리가 비싼 인테리어 디자이너들을 고용한 것처럼 보이게 할 수 있을 거예요.

20

Husband: I wish we ❶ **weren't in a budget crunch** right now. We could remodel the house.

Wife: Well, ❷ **in an ideal world**, we'd build our dream house. But I think we can still ❸ **zhuzh things up** a bit if we get creative.

Husband: Like what do you have in mind?

Wife: Well, look at this home decorating website. They're showing a living room with great windows, and this gorgeous sofa, and the color on the walls is really popular right now.

Husband: What you're suggesting goes beyond basic ❸ **zhuzhing**.

Wife: No, no, no. I know we can't afford expensive windows and furniture, but we can afford paint in this color. Plus, we don't want to be ❹ **slaves to fashion.** The new color will make everything look updated, and we can rearrange the furniture, maybe we can buy a new rug or a lamp.

Husband: Hmm. That sounds okay to me. We can personalize it without spending too much.

Wife: ❺ **That's the beauty of it!** We can make it look like we hired an expensive design team for a fraction of the cost.

---

personalize 개인의 필요에 맞추다
for a fraction of the cost 적은 비용으로

21

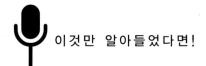 이것만 알아들었다면!

MP3 006

1 To be in a budget crunch: To be in a time (situation) when one's money is limited 예산이 부족한 시기나 상태에 있다

The government is in a budget crunch, so we are not allowed to hire new employees.
정부가 예산이 부족한 상황이라, 신규 직원 채용을 허락 받지 못했습니다.

2 In an ideal world: If a situation were to happen as you would like/ In a perfect world 이상적인 세상이라면/완벽한 상황이라면

In an ideal world, women would earn the same amount of money as men for the same jobs.
제대로 된 세상이라면, 똑같은 일을 할 때 여자가 남자하고 똑같은 돈을 받겠지.

3 To zhuzh ~ up: To improve how something looks by altering it or through minor decorative changes 조금 바꾸거나 작은 장식을 더해 더 멋지게 만들다

We want to sell our house, so we're zhuzhing up the front yard by cutting the grass and adding a few potted plants.
우린 집을 팔고 싶어서, 잔디를 깎고 화분을 몇 개 놓아서 앞뜰을 멋지게 만드는 중이야.

4 A slave to fashion: A person who is overly concerned about their clothing being the latest style 지나치게 유행을 따르려는 사람(유행의 노예)

I follow a bunch of fashion blogs and YouTube channels. I love clothing and style; I'm a real slave to fashion!
난 패션 블로그와 유튜브 채널을 여러 개 구독해. 옷이랑 멋 내는 것을 엄청 좋아하거든. 난 진짜 유행의 노예라니까!

5 That's the beauty of it!: That's the benefit (beneficial impact) of it! 그게 바로 ~이 주는 혜택(유익한 점/이로운 점/장점)이지!

Aaron: I heard this serum does everything. Is that true?
Lynn: Yes, it's awesome. It works as a moisturizer, sunscreen, and primer. That's the beauty of it!
아론: 이 세럼이 모든 기능을 다 한다고 하던데. 그게 정말이야?
린: 응, 이거 끝내줘. 로션, 선크림에 프라이머(베이스) 기능까지 다 하거든. 그게 바로 이 제품의 장점이지!

Crunch가 들어간 이디엄이 많은데요. 동사로 쓰일 때 몇 가지 다른 의미가 있습니다. 가장 흔하게는 '(치아로 소리가 나도록) 씹다'의 의미입니다. 또 이 crunch는 '정보를 처리하거나 데이터를 압축하다'는 의미로도 쓰여요. 그래서 미국인들이 보고서 등을 작성하면서 "crunched some data"(데이터를 분석 처리했다)라고 말하는 것을 종종 들을 수가 있을 겁니다. Crunch가 들어간 이디엄 두 가지를 소개합니다.

Crunch time: 짧은 시간 내에 많은 공부나 일을 끝내야 하는 때, 고도의 집중력을 요하는 때, 어려운 뭔가를 해내야 하는 때

It's crunch time now. Let's speed up the process.
이제 정말 시간 얼마 안 남았습니다. 좀 더 빨리 진행합시다.

It's the end of the semester, so we're in the middle of crunch time. I've got so many tests to study for and so many papers to write; I don't have any time to relax!
학기 말이라서, 우리가 한꺼번에 많은 걸 끝내야 하는 시기야. 난 시험이 많아서 공부도 해야 하고, 페이퍼도 엄청 써야 하거든. 휴식을 취할 시간이 전혀 없다고!

To be caught in a crunch: 아주 힘든 상황에 처하다 (보통 돈과 관련된 상황)

The airline companies are caught in a crunch because of the coronavirus recession.
항공사들이 코로나바이러스 불황 때문에 매우 힘든 상황에 처해 있다.

During the pandemic, our business was caught in a crunch. We didn't want to lose our employees, but we were losing so much money that we couldn't keep paying full-time salaries.
팬데믹 중에 우리 사업체는 아주 힘든 상황에 처했습니다. 직원들을 잃기는 싫었지만, 엄청난 적자 때문에 정규직 직원들의 월급을 계속해서 줄 수가 없었습니다.

CULTURE POINT

집을 꾸미는 건 미국인들에게 가장 인기 있는 취미 중 하나입니다. 집 꾸미기와 관련된 웹사이트나 블로그, 소셜미디어에 올라오는 글이나 사진도 많지만 이와 관련된 TV쇼까지 여러 개라는 사실이 이를 증명하죠. 심지어 어떤 TV 채널은 집 꾸미기에 관한 방송만 하는데, 그 대표적인 것으로 HGTV (Home and Garden TV)가 있습니다. 자기 집을 갖는 게 많은 미국인들의 목표인데, 대부분의 미국인들에게 집을 사는 건 인생에서 가장 큰 투자입니다. 흥미로운 사실은, 그렇다고 미국인 대부분이 자기 집을 전적으로 소유하고 있지는 않다는 점입니다. 많은 이들이 여전히 모기지(주택 융자)를 갚고 있는 중이니까요. 그럼에도 불구하고, 자신의 삶의 공간을 자기만의 스타일로 만들기 위해 집을 꾸미고 리모델링하고 뜰을 정리하고 가꾸는 데 시간과 비용을 아끼지 않습니다.

LESSON 2

영어로 말하고 싶은, 또는 못 알아들을 것 같은 예문에 체크해 보세요.

아더: 그래, 할머니 생신 선물로 뭘 샀니?

일레인: 실은, 오늘 아침에 쇼핑하러 못 갔어. 내가 컨디션이 좀 안 좋아서.

아더: 괜찮니?

일레인: 응, 지금은 많이 괜찮아졌어. 그냥 할 일이 너무 많아서 스트레스를 좀 받은 것 같아. 넌? 할머니 선물 준비했니?

아더: 아직 못했어. 야, 우리 이렇게 하면 어떨까? 너랑 내가 돈을 합쳐서 할머니께 좀 값이 나가는 걸로 사 드리면?

일레인: 좋은 생각이네! 뭐 생각해 둔 것 있어?

아더: 잔디 깎는 기계는 어떨까? 할머니께서 가지고 있는 건 진짜 고물이잖아.

일레인: 그렇긴 한데, 할머니께서 새 기계를 원하시는 지는 정말 모르겠어. 그게, 할머니께서 잔디를 깎으시는 게 굉장히 드문 일이니까.

아더: 그래, 네 말이 맞아! 그럼, 그냥 몰에 가서 할머니께서 좋아하실 만한 것이 있는지 한번 보자.

일레인: 괜찮은 생각이긴 한데, 문제는 할머니께서 백화점에서 파는 천편일률적인 물건들을 진짜 좋아하시지 않는다는 거야.

아더: 그거는 나도 너랑 생각이 같아. 그럼, 먼로 가에 새로 생긴 골동품 가게에 한번 가 볼래? 그곳에서는 할머니께 뭔가 특별한 걸 사 드릴 수 있을 거야.

일레인: 우와, 그러자! 그게 더 좋은 생각 같네.

Arthur: So, what did you buy for grandma's birthday?

Elaine: Actually, I couldn't go shopping this morning because I **❶ was feeling a little under the weather**.

Arthur: Oh, are you okay?

Elaine: Yes, I am feeling much better now. I think I was just **❷ slammed** with work and kind of stressed out. What about you? Have you prepared your gift for her?

Arthur: Not yet. Hey, why don't we do this? You and I put our money together and buy her something pricey.

Elaine: Sounds like a plan! Do you have anything in mind?

Arthur: What about a lawn mower? I know what she has is a real clunker.

Elaine: That's true, but I'm not really sure if she wants a new mower. You know, she cuts the grass **❸ once in a blue moon**.

Arthur: Yeah, you're right! Well, let's just go to the mall and see if there's anything she might like.

Elaine: That's not a bad idea, but the thing is grandma doesn't really like **❹ cookie-cutter** products at the department store.

Arthur: I **❺ see eye to eye** with you on that. Then, do you want to check out the new antique store on Monroe street? We should be able to buy her something unique there.

Elaine: Oh, yeah! That sounds like a better plan.

---

kind of 좀, 약간
pricey 값비싼
Sounds like a plan. 좋은 생각이야.

25

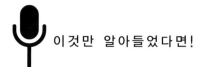 이것만 알아들었다면!

MP3 008

1 To be/feel under the weather

I've been feeling under the weather recently.
나 요즘 들어 컨디션이 좋지가 않아.

몸(컨디션)이 좋지 않다

2 Slammed

This project requires so much work, and we are all pretty slammed now.
이 프로젝트 관련해 해야 할 일이 너무 많아서, 우리 모두 지금 할 일이 태산이야.

해야 할 일이 너무 많은

3 Once in a blue moon

Once in a blue moon, my mom puts on make-up.
우리 엄마는 아주 가끔 화장을 하셔.

아주 드물게

4 Cookie-cutter

It was another cookie-cutter Hollywood style romantic comedy.
그것도 판에 박힌 할리우드 스타일의 로맨틱 코미디 영화였어.

똑같아 보이는
/천편일률적인

5 To see eye to eye

My husband and I don't see eye to eye on that issue.
남편과 난 그 이슈에 관해서 서로 견해가 달라.

다른 누군가와 ~에 대한
의견을 같이 하다
/견해가 일치하다

26

Arthur의 마지막 대화 첫 문장(I see eye to eye with you on that.)은 이 이디엄과 자주 함께 쓰이는 전치사를 보여줍니다. 이렇게 의견을 같이 하는 사람 앞에는 with 를, 동의하는 의견(대상) 앞에는 on을 쓰죠. 이때 with는 "I agree with you!"에서의 with와 같은 용법입니다. 그리고 on은 about과 그 쓰임새가 같지요. On의 이런 용법을 보여주는 문장을 몇 가지 더 살펴봅시다.

I will give a presentation on Korean Buddhist temple cuisine.
저는 한국 사찰 음식에 관해 발표하겠습니다.

I don't agree with him on this issue.
전 이 사안에 관해서는 그의 의견에 동의하지 않습니다.

This is a book on American history.
이건 미국 역사에 관한 책입니다.

CULTURE POINT

우리나라에서는 이제 다소 드문 풍경이 된 골동품 가게를 미국에서는 지금도 아주 흔하게 볼 수 있습니다. 그래서 미국에는 골동품 가게가 없는 도시가 거의 없을 정도지요. 심지어 인구가 너무 적어서 월마트(Wal-Mart)조차 들어가지 않는 작은 마을에도 골동품 가게가 있는 경우가 많습니다. 그만큼 골동품은 미국 문화에서 큰 부분을 차지하기 때문에, 가게뿐만 아니라 골동품만 파는 몰(Antique Mall)도 여기저기서 볼 수 있습니다. 골동품 가게나 골동품 몰에는 다른 사람이 쓰던 오래된 가구나 지금은 더 이상 나오지 않는 진기한 옛날 물건 등을 팝니다. 그렇지만 미국도 요즘은 고가 골동품 가구의 수요가 예전만큼 많지는 않습니다. 그래서 많은 골동품 가게들이 다른 사람이 쓰던 옷이나 물건을 대신 팔아 주는 중고 물품 가게를 겸하여 운영하고 있어요. 참고로 이런 식으로 중고 물품을 파는 가게를 consignment store라고 하는데, 미국에서는 이런 가게가 없는 도시나 마을을 찾기가 힘들 정도로 쓰던 옷이나 물건을 사고파는 것이 미국인들에게는 보편화된 문화입니다.

LESSON 2

마이크: 홀리 씨, 시간 좀 있어요? 제가 지금 해야 할 일이 너무 많아서 홀리 씨 도움이 좀 필요해요.

홀리: 그럼요! 제가 어떻게 도와드릴까요?

마이크: 홀리 씨가 이 보고서를 한번 봐 주실 수 있나 해서요. 보시고 여기 있는 제 계획에 대해 어떻게 생각하는지 알려 주세요.

홀리: 그러죠! 한번 봅시다. 음, 제가 보기엔 완벽한데요.

마이크: 그게, 제 생각에 제가 여기서 제시하는 해법이 좀 천편일률적인 접근 방식인 것 같아서, 이 선생님께서 마음에 안 들어 하실까 봐 걱정이 돼요.

홀리: 그렇게 생각하세요? 하지만 여기 이 문제를 해결하기 위해서는 이 방법이 유일한 해법 같은데요. 게다가, 이 선생님께서는 마이크 씨가 하는 일에 반대하시는 일이 매우 드물잖아요. 보통은 마이크 씨의 결정을 신뢰하니까요. 저는 이 문제에 관해서도 그 분이 마이크 씨와 같은 생각일 거라고 믿어요.

마이크: 알겠습니다! 홀리 씨가 그렇게 생각하신다면 이 건에 관해서는 걱정 안 하겠습니다. 그럼, 오늘은 이만하고 가야겠어요. 제가 컨디션이 좀 좋지 않아서요.

홀리: 컨디션 좋아지기 바랍니다.

MP3 009

Mike: Holly, do you have a minute? I'm so ❶**slammed** right now, and I need your help.

Holly: Sure! How can I help you?

Mike: I was wondering if you could take a look at this report and tell me what you think about my plan here.

Holly: Of course! Let me see…hmm. It looks perfect to me.

Mike: Well, I feel like my solution here is a kind of ❷**cookie-cutter** approach, and I'm afraid that Mr. Lee is not going to like it.

Holly: You think so? But it looks like it's the only way to sort out this issue here. Besides, Mr. Lee disagrees with what you do like ❸**once in a blue moon**, and he usually trusts your decision. I'm sure he ❹**sees eye to eye** with you on this matter as well.

Mike: All righty! If you think so, I'm not going to worry about it. Well, I need to call it a day. ❺**I'm a little under the weather**.

Holly: I hope you'll feel better.

I was wondering if ~ 뭔가를 요청할 때 정중함을 더하기 위해 쓰는 표현
sort out (문제를) 해결하다, 분류하다

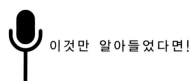 이것만 알아들었다면!

MP3 010

1

Slammed: Having an enormous amount of work

I'm getting slammed with work.
나 할 일이 태산 같아.

2

Cookie-cutter: Looking/Seeming identical

This looks like a cookie-cutter approach. Can you please come up with another plan?
이건 판에 박힌 접근 방식 같습니다. 좀 다른 방식을 내볼 수는 없습니까?

3

Once in a blue moon:
Very rarely

I only see my uncle once in a blue moon.
난 우리 삼촌을 만나는 일이 아주 드물어.

4

To see eye to eye:
To have a similar view about something as someone else

I don't see eye to eye with Jerry on a lot of things, and he's so hard to work with.
나는 제리와 많은 문제에 관해 견해가 달라. 그리고 제리가 함께 일하기 참 힘든 사람이야.

5

To be/feel under the weather:
To be a little sick

Whenever I'm feeling under the weather, my mom makes me chicken soup.
내가 몸이 좋지 않을 때마다, 우리 엄마는 치킨 수프를 만들어 주셔.

마이크는 홀리에게 "시간 좀 있어?"라는 질문을 하면서 "Do you have a minute?"이라고 묻습니다. A minute(1분)이 잠깐의 시간이라서 생긴 표현인데, 이때 a minute보다 더 짧은 a second(1초)를 사용해서 "Do you have a second?"이라고 해도 똑같은 말입니다. 같은 의미를 가진 또 다른 표현으로 "Do you have a moment?"도 있고요. 이 밖에도 시간이 있느냐는 "Do you have time?"으로도 물어볼 수 있습니다. 그런데 Do you have time?에서는 time 앞에 관사가 없다는 사실에 주목하세요. 관사 the를 붙이면 시간이 있느냐가 아니라 지금 몇 시인지를 묻는 질문이 되니까요.

Do you have time?
시간 있습니까?

Do you have the time?
지금 몇 시입니까? (= What time is it now?)

참고로, 미국 영어에 "Do you have a time?"이라는 표현은 없습니다.

CULTURE POINT

'천편일률적인'의 이디엄 cookie-cutter는 원래 문자 그대로 쿠키를 찍어내는 데 쓰는 모형을 말합니다. 쿠키 반죽(cookie dough)을 만들어서 이 모형으로 찍어서 잘라 내어 구우면, 똑같은 모양의 쿠키를 여러 개 만들 수가 있습니다. 이 이디엄의 의미가 쉽게 와닿지요? 보통 미국인들은 집집마다 cookie-cutter 하나씩은 가지고 있습니다. 평소 쿠키를 잘 안 먹는 미국인들도 특별한 날에는 쿠키를 구워서 기념하거나 축하하기 때문입니다. 예를 들어, 크리스마스에는 크리스마스트리나 크리스마스 장식 모양의 쿠키를 굽고, 할로윈 데이에는 박쥐나 유령 또는 호박등(jack-o'-lantern) 모양의 쿠키를 만듭니다. 그래서 이런 명절이 다가오면, 그날을 상징하는 여러 가지 모양의 cookie-cutter가 여기저기서 많이 팔립니다.

LESSON 2

폴: 저기, 제시 씨! 누가 매트 씨가 작성하고 있던 보고서를 끝내야 할 것 같아요. 사장님이 오늘 끝내라고 하시네요. 혹시 제시 씨가 해 줄 수 있어요?

제시: 매트 씨는 어디 있는데요?

폴: 퇴근했어요. 몸이 안 좋다면서 점심때쯤 갔어요.

제시: 아, 이런!

폴: 귀찮게 해 드려서 죄송하지만, 아시다시피, 이런 일은 진짜 드물잖아요. 제이크 씨한테 물어볼 수도 있었겠지만, 지금 제이크 씨가 할 일이 너무 많아서 또 다른 일거리를 맡고 싶어 하지 않는다는 걸 제가 잘 알거든요. 게다가 제시 씨랑 매트 씨는 거의 모든 것에 의견을 같이 한다고 알고 있어요. 그러니 매트 씨가 하던 일을 마무리할 수 있을 거예요.

제시: 걱정하지 마세요! 제가 매트 씨 일 도와드릴게요.

폴: 정말 감사해요! 여기 있어요.

제시: 이런 건 언제든지요! 우와, 정말 멋진 보고서 커버네요.

폴: 매트 씨가 판에 박은 스타일 싫어하잖아요.

제시: 하긴, 그래요!

MP3 011

Paul: Hey, Jessie! It looks like someone has to complete the report Matt has been working on. The boss wants it today. Do you think you can do it?

Jessie: Where's Matt?

Paul: He left for the day. He said he ❶ **was under the weather** and left around lunch.

Jessie: Oh, no!

Paul: Sorry for bothering you, but you know, this sort of thing happens only ❷ **once in a blue moon**. I could've asked Jake, but he's pretty ❸ **slammed** right now, and I know he doesn't want to add anything else to his plate. I also understand you and Matt ❹ **see eye to eye** on most of the things, so you should be able to handle Matt's work.

Jessie: No worries! I can help him out.

Paul: Thanks a million! Here it is.

Jessie: Anytime! Wow, this is a very nice report cover.

Paul: You know Matt hates ❺ **cookie-cutter** styles.

Jessie: Tell me about it!

Anytime. (Thank you 답변으로) 이 정도야 언제든 해 드릴게요.
Tell me about it. (상대방의 얘기를 듣고 동의하며) 제 말이요. 하긴, 그래요.

33

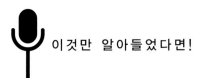 이것만 알아들었다면!

MP3 012

1 ## To be/feel under the weather:
To be a little sick 몸(컨디션)이 좋지 않다

I left in the middle of the meeting because I was under the weather.
난 컨디션이 좋지 않아서 회의 중간에 나왔어.

2 ## Once in a blue moon: Very rarely 아주 드물게
Our backyard typically looks like a jungle, but once in a blue moon, my husband mows the lawn.
우리 집 뒤뜰은 보통 정글같이 보이는데(정리를 안 해서 엉망이라는 의미) 아주 가끔, 우리 남편이 잔디를 깎아.

3 ## Slammed: Having an enormous amount of work
해야 할 일이 너무 많은

I'm completely slammed with all these meetings.
난 이 모든 회의 때문에 할 일이 너무 많고 정말 바빠.

4 ## To see eye to eye: To have a similar view about something as
someone else 다른 누군가와 ~에 대한 의견을 같이 하다/견해가 일치하다

My mom and dad never see eye to eye on anything.
우리 엄마랑 아빠는 그 어떤 것에도 의견이 같지 않아.

5 ## Cookie-cutter: Looking/Seeming identical
똑같아 보이는/천편일률적인

If you're tired of cookie-cutter products, we also have handmade goods.
이런 비슷비슷한 상품들에 질리셨다면, 수제품도 있습니다.

매트의 보고서를 누군가는 오늘 중으로 꼭 끝내야 한다는 폴의 말에 제시는 "I can help him out."이라고 말합니다. 그럼 여기서 동사 help와 구동사 help out의 차이점을 한번 살펴볼까요? 사실 많은 경우 help와 help out을 별 차이 없이 둘 다 쓸 수 있습니다. 하지만 이 둘 사이에 미묘한 뉘앙스 차이가 존재하는 것 또한 사실입니다. Help는 일반적인 의미에서 '돕다' 혹은 '도움이 되다'는 뜻을 가진 동사입니다. 그래서 그런 의미를 가진 모든 문맥에서 두루두루 다 쓰입니다. 반면, help out은 help보다는 좀 더 구체적인 의미를 가진 동사로, 도움이 필요한 상황(또는 힘든 상황)에 있는 누군가를 어떤 구체적인 행동을 함으로써 돕는다는 의미가 있습니다. 여기서 '힘든 상황'이란 재정적인 문제나 혼자 하기에는 벅찬 일이 주어져서 누군가의 도움이 필요한 상태 같은 다양한 상황을 포함합니다. 이 대화에서 매트는 보고서를 오늘 중으로 마무리해야 하는 긴박한 상황임에도 불구하고 몸이 안 좋아서 못 끝내고 조퇴를 했습니다. 제시는 그런 곤경에 놓인 매트를 자신이 보고서를 끝냄으로써 도와주겠다는 말을 하고 있기 때문에 help out을 쓴 것입니다. 정리하자면, 둘이 동의어이기는 하지만, help out이 help보다 더 좁은 의미를 가진 말입니다.

제시의 문장 "Thanks a million!"을 봅시다. 어떤 미국인들은 장난처럼 million 대신 billion을 써서, "Thanks a billion!"이라고도 하지만, 상용화된 표현은 아닙니다. 그럼 정말 많이 고맙다는 뜻으로 인사를 할 때 미국인들이 자주 사용하는 다른 표현들도 살펴볼까요?

Many thanks! *   Thanks a bunch!
Thanks a whole a lot!   Thanks a lot!

---

* 영어에서 thank가 '감사의 말/행동'을 뜻하는 명사로 쓰일 때는 셀 수 있는 명사입니다. 그래서 복수형인 thanks 앞에 가산 명사를 꾸미는 many가 결합한 표현입니다.

영어로 말하고 싶은, 또는 못 알아들을 것 같은 예문에 체크해 보세요.

나타샤: 앨리샤, 넌 올 여름 계획이 뭐니?

앨리샤: 우리 뜰을 꾸미면서 우리가 휴식할 수 있는 안식처로 바꿀 원대한 계획이 있어.

나타샤: 우와! 근사하지만, 동시에 비용이 많이 들 것 같은데.

앨리샤: 맞아. 이것 때문에 큰돈을 지불해야 할 거지만 우리도 이 프로젝트를 위해 직접 땀 흘려 많은 일을 할 생각이야. 모든 일에서 가장 중요한 게 계획을 세우는 거잖아. 데이브와 내가 이 프로젝트를 열심히 준비하고 있어. 우리가 원하는 대로 다 해낼 수 있을 만큼 철저하게 준비될 수 있도록 말이야.

나타샤: 뭘 할 계획인데?

앨리샤: 그게, 우선은, 우리한테 파티오(뒤뜰에 만드는 테라스) 공간이 필요해서, 우리 집 뒤쪽에 하드스케이프(정원을 장식하기 위해 만들어 놓은 길)를 만들 수 있게 공간을 다듬어야 해. 이것 때문에 사람들을 고용할 건데, 그 사람들이 콘크리트 파티오를 설치할 거야. 그런 후에, 콘크리트에 색을 입히고, 화덕을 놓고 바비큐를 할 수 있는 지붕이 덮인 공간을 만들고, 그 주변에 조경을 좀 더 할 거야.

나타샤: 정말 일이 엄청 많겠지만, 다 하고 나면 환상적이겠는 걸!

앨리샤: 그래! 연못이나 분수대처럼 물로 된 뭔가도 설치하고 싶긴 한데, 우리가 감당 못할 만큼 일을 벌이고 싶지는 않거든.

나타샤: 당연하지. 이런 큰 프로젝트를 할 때는 페이스 조절을 해야 해. 사람들이 흔히 말하는 것처럼, 천천히 그리고 꾸준히 하면 성공하니까.

English CONVERSATION

MP3 013

Natasha: Alicia, what are your plans for the summer?

Alicia: Oh, we have big plans to work on our yard and transform it into a relaxing sanctuary.

Natasha: Wow! That sounds great…and expensive.

Alicia: Yeah, we'll have to ❶ **shell out** some big bucks for this, but we'll also put a lot of sweat equity into it ourselves. The key to everything is planning. Dave and I ❷ **have been doing our homework** on this so that we'll be super prepared to get things done.

Natasha: What are you planning to do?

Alicia: Well, ❸ **for starters**, we need some kind of patio area, so we need to prep the space behind the house for hardscaping. We're hiring a crew for this, and they're going to install a concrete patio. After that, we're going to stain the concrete, add a fire pit and a covered barbecue area, and do some landscaping around that.

Natasha: That sounds like a ton of work, but it's going to be fantastic!

Alicia: Yeah! We'd also like to install a water feature like a pond or a fountain, but we don't want to ❹ **bite off more than we can chew**.

Natasha: Of course. With a big project like this, you need to pace yourself. Like they say, "❺ **Slow and steady wins the race.**"

---

sanctuary 안식(처)
equity 지분(sweat equity는 여기서 마당을 수리하는 데 우리가 흘린 땀이 지분이 될 만큼 애쓸 것이라는 의미)
prep = prepare
stain 착색제로 착색하다

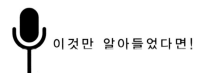 이것만 알아들었다면!

MP3 014

1 To shell out

Last night I spilled a Coke on my cell phone. It's so expensive to repair that I might as well shell out the money for a new one.

어젯밤에 내 휴대폰에 콜라를 쏟았거든. 수리하는 게 너무 비싸서, 새로 하나 사는 데 돈을 지불하는 편이 더 낫겠다 싶어.

돈을 지불하다

2 To do one's homework

I really wanted to get hired by this great tech firm, so I did my homework to make sure I was well prepared for the interview.

난 이 대단한 기술 회사에 꼭 합격하고 싶어서 철저하게 준비된 상태로 면접에 임할 수 있게 열심히 대비했어.

열심히 준비하다

3 For starters

My mother asked why we didn't book a beach house this summer. I told her that, for starters, the prices have gone up dramatically, plus, we didn't have as much vacation time this year.

어머니께서 우리가 왜 올 여름에 해변가 별장을 예약해 놓지 않았는지 물어 보셨어. 난, 첫째로, 가격이 갑작스럽게 너무 올랐고, 또 올해는 휴가도 길지 않았다고 말씀드렸지.

우선 첫째로

어떤 것들의 리스트를 쭉 나열하면서 첫 번째 것을 언급할 때 자주 쓰인다.

4 To bite off more than one can chew

I was already working on a project, and then I agreed to help a colleague with hers. Now I think I've bitten off more than I can chew.

난 이미 어떤 프로젝트를 하고 있었는데, 동료가 하는 프로젝트도 도와주기로 했거든. 지금 내가 감당할 수 있는 이상의 일을 맡은 것 같아.

능력보다 더 많은 일을 맡다 /무리해서 감당 못할 일을 하려 하다

5 Slow and steady wins the race

My sister is preparing for a university entrance exam. She's taking six months to study for it so that she can do a little practice each day; slow and steady wins the race.

우리 언니가 대입 시험을 준비하고 있거든. 그 시험 대비해 6개월 동안 공부 중이야. 매일 조금씩 연습할 수 있도록 말이야. 천천히 그리고 꾸준히 하면 성공하니까.

천천히 그리고 꾸준히 하면 성공한다 /급히 서두르면 일을 망친다

자기 정원을 가꾸고 꾸미는 것은 미국인들의 삶에서 아주 커다란 부분을 차지하는 문화이기 때문에, 정원 가꾸기에 관련된 영어 표현들을 몇 가지 살펴볼까 합니다.

Landscaping: 조경(뜰이나 집 주변에 미적으로 보기 좋도록 심은 꽃이나 나무, 잔디 등을 말함)

Hardscape: 공원이나 정원을 보기 좋게 하기 위해 깔아 놓은 길로 주로 돌이나 콘크리트로 만들어짐

*미국인들은 뜰에 파티오를 만들 때 이 표현을 자주 씁니다.

Firepits: 화덕

Water features: 조경에서 연못이나 분수대 같이 물로 된 것들을 통칭하는 표현

참고로, 이런 단어들은 대부분의 영어 단어가 그렇듯이, 동사로도 쓰였다가 명사로도 쓰였다가 합니다.

We <u>landscaped</u> our yard a few months ago. (동사)
우리 몇 달 전에 우리 뜰에다 조경을 했어(나무와 꽃을 심어서 꾸몄어).

Your yard looks great, and the <u>landscape</u> is beautiful here. (명사)
너희 집 뜰도 멋지고, 이곳 경치도 아름답네.

CULTURE POINT

대부분의 미국인들에게 집을 갖는 것은 일생의 목표이기 때문에, 자기 집과 뜰을 가꾸는 것을 삶에서 최우선 순위로 두는 미국인들이 많습니다. 어떤 미국인들에게는 뜰을 꾸미는 것이 평생의 취미이기도 하지요. 중소 도시 내 대부분의 중산층 미국인들이 앞뜰과 뒤뜰이 있는 집에서 살기 때문에, 자연스럽게 이런 문화가 형성된 것이 아닐까 싶습니다. 게다가 어떤 집은 정원이 굉장히 크고 넓기도 하지요. 그래서 많은 미국인들은 주말이나 시간이 날 때마다 정원을 꾸미거나, 잔디를 깎거나, 잡초를 뽑고, 낙엽을 치웁니다. 또 어떤 미국인은 뒤뜰에 수영장이나 바비큐 파티를 할 수 있는 곳처럼 자신의 집에서 자연을 즐기면서 파티를 할 수 있는 공간을 만들기도 합니다. 이런 것들이 가능한 건 어디든 꼬박꼬박 봉급이 나오는 직장에 다니는 사람이라면 모기지(주택 담보 융자)를 받아서 집을 살 수 있게 하는 구조를 미국 대부분의 주가 가지고 있기 때문이지 아닐까 싶습니다.

LESSON 3

아들: 아빠, 이제 저도 열여덟 살이니까 정말로 차를 한 대 갖고 싶어요. 제가 학교에 혼자 운전해서 갈 수도 있고, 차가 있으면 일자리 얻는 것도 더 쉬울 거예요.

아버지: 좋은 생각이긴 한데, 차에 많은 돈을 지불하기 전에 준비를 철저하게 해서 기름을 너무 많이 잡아먹는 차는 사지 않도록 해라. 너한테는 효율적이면서 믿고 쓸 만한 차가 필요한 거지.

아들: 음, 우선 저는 중고차로 보고 있어요. 비싸지 않은 차를 찾는다면, 진짜 괜찮은 사운드 시스템을 설치할 수 있을 거예요. 아마 색을 입히 창문도 할 수 있을 거고, 가죽으로 된 좌석 커버도...

아버지: 워어! 잠깐만. 네가 감당 못할 일은 벌이지 마! 넌 세금을 내야 하고, 게다가 기름값과 보험료도 있어. 중고차라면 아마 수리도 좀 해야 할 거고. 그러니 돈 많이 드는 그런 계획을 세우기 전에 괜찮은 차부터 먼저 찾는 것이 나을 것 같구나.

아들: 맞아요. 제가 기름값을 내야 한다는 걸 자꾸만 까먹네요.

아버지: 얘, 네가 믿고 쓸 만한 차를 찾는다면 내가 너한테 돈을 좀 빌려줄 수가 있어. 그리고 나한테 조금씩 조금씩 갚으면 되고. 아들아, 뭐든 천천히 그리고 꾸준히 해야 한단다.

Son: Dad, now that I'm 18, I'd really like to get a car. I'd be able to drive myself to school, and it would make it easier to have a job.

Father: That's a good idea, but before you ❶**shell out** a lot of money on a car, you need to ❷**do your homework** so that you don't buy a gas guzzler. You need something efficient and reliable.

Son: Well, ❸**for starters**, I'm looking at used cars. If I can find something inexpensive, I'll be able to install a really cool sound system, maybe get tinted windows, and some leather seat covers…

Father: Whoa! Hold on there, don't try to ❹**bite off more than you can chew**! You've got to pay tax, plus there's gas and insurance. A used car might need some repairs…so I recommend you find a decent car first before you start making all these expensive plans.

Son: Yeah, I keep forgetting about the cost of gas.

Father: Look, if you can find something reliable, I can lend you a little money, and you can pay me back bit by bit. ❺**Slow and steady wins the race**, son.

---

gas guzzler 기름 잡아먹는 차
Hold on there! 잠깐만. 그대로 있어!

41

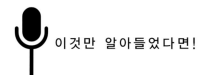

MP3 016

1 To shell out: To pay for

I went wedding dress shopping with my sister, and she found a perfect dress. The most amazing part is that she didn't have to shell out a bunch of money for it.

우리 언니와 웨딩드레스를 사러 갔는데, 언니가 완벽한 드레스를 찾았어. 가장 끝내주는 부분은 그 드레스를 사려고 언니가 많은 돈을 내지 않아도 됐다는 거야.

2 To do one's homework: To carefully prepare

Before you start saving money for retirement, I recommend that you do your homework about mutual funds and retirement investing.

은퇴 후를 대비해서 저축을 시작하기 전에, 뮤추얼 펀드와 퇴직금 투자에 관해 철저하게 알아보고 준비하시는 걸 권합니다.

3 For starters: To start with

My 15-year-old son wanted to know why I wouldn't let him attend a party with a bunch of university students. I had many reasons. For starters, he is fifteen.

15살 난 우리 아들이 왜 내가 자기를 대학생들이 많은 파티에 못 가게 하는지를 궁금해했어. 이유야 많았지. 첫째로, 그 애가 15살이잖아.

4 To bite off more than one can chew:
To take on more responsibility than one can manage

My first semester of college, I totally bit off more than I could chew. Most people take five or six courses, but I took eight and had to drop a course because I couldn't handle the work.

대학 때 첫 학기에, 난 정말 감당할 수 없을 만큼 많은 일을 하려 했어. 사람들 대부분이 대여섯 과목을 듣는데 난 여덟 과목을 듣다가 한 과목은 빼야 했어. 그 공부를 다 해낼 수가 없었거든.

5 Slow and steady wins the race:
Slower but consistent progress yields better results than doing something quickly

I have a lot of papers to grade this weekend. I'd like to do them as quickly as possible, but if I do that, I might not grade them fairly. Slow and steady wins the race.

이번 주말에 점수를 매겨야 하는 페이퍼가 많아. 가능한 한 빨리 다 끝내고 싶지만, 그렇게 하면 성적을 공정하게 줄 수 없을 수도 있어. 급히 서두르면 일을 망치니까.

Suggest, propose, insist, request, recommend, advise 등의 동사 뒤에 가정법 형태가 올 수 있다는 것, 아시나요? 바로 이런 경우, recommend 뒤에 오는 that절의 동사는 주어가 무엇이든 다음과 같이 동사원형을 쓰는데, 이는 특히 미국 영어에서 많이 쓰이는 구조입니다.

The doctor recommends (that) she <u>drink</u> more water. (O)
The doctor recommends (that) she <u>drinks</u> more water. (X)
의사는 그녀가 물을 더 많이 마셔야 한다고 권하죠.

I recommended (that) they <u>be</u> on time for the concert. (O)
I recommended (that) they <u>are</u> on time for the concert. (X)
나는 그들이 콘서트에 제시간에 도착하는 것이 좋다고 했습니다.

이때 that절에 동사원형을 써야 하는 이유는, 이 that절이 should가 생략되어 있는 구조이기 때문입니다. 즉, 위의 두 경우 원래 문장은 모두 다음과 같습니다.

The doctor recommends that she <u>should drink</u> more water.
I recommended that they <u>should be</u> on time for the concert.

그렇기 때문에, that절의 부정문은 다음과 같이 동사 앞에 not을 쓰면 됩니다.

The doctor recommends that Mary not add extra salt to her food.
의사는 메리가 음식에 소금을 추가로 넣지 말아야 한다고 합니다.

*That절에 should가 생략된 거라서 "does not add"라고 하면 틀린 말입니다.

"Slow and steady wins the race."는 "Slow but steady wins the race."라고 쓰이기도 하는데, 이 표현은 이솝 우화 (Aesop's fable)에서 왔습니다. 맞아요. 여러분도 잘 아시는 바로 "토끼와 거북이"(The Tortoise and the Hare) 이야기에서 온 표현입니다. 우화(fable)란 동식물을 인격화해서 어떤 교훈을 주는 이야기인데, 이솝은 그런 이야기를 쓰는 고대 그리스의 작가였습니다. 토끼와 거북이 이야기에서는 빠르게 달리지 못하고 천천히 기어다니는 거북이가 토끼에게 도전하죠. 그 경기가 식은 죽 먹기일 거라고 생각했던 토끼는 달리다 말고 중간에 낮잠을 잡니다. 그러다 토끼가 잠에서 깼을 때 거북이가 천천히 결승선을 가로지르면서 이기는 것을 보게 되죠? 이 우화는 천천히라도 끈질기게 계속하다 보면 성공을 이루게 된다는 교훈을 가르쳐 줍니다. 영어에는 이렇게 이솝 우화에서 시작된 이디엄이 참 많은데요, 또 다른 예로 "Quality, not quantity"(양보다는 질), "Don't make a mountain out of a molehill"(사소한 문제를 크게 만들지 마라), "sour grapes"(신 포도) 등이 있습니다.

LESSON 3

토마스: 그래, 세실, 나 네가 포르투갈로 곧 이주한다고 들었어. 직장 구하고 아파트 찾는 걸로 이것저것 준비하느라 많이 바쁘겠구나, 안 그래?

세실: 정말 그래! 첫째로, 리스본에서 외국인들을 돕는 일을 전문적으로 하는 부동산 중개업자와 함께 알아보고 있어. 또 포르투갈어를 배우기 시작했고, 내 짐들을 해외로 보내는 최적의 방법을 알아보고 있지.

토마스: 일은 어쩔 거니? 직장을 구할 수 있을 것 같니?

세실: 그게, 사실 그 부분이 바로 좋은 점이야. 사실 나 직장 구했어! 온라인으로 일하기 때문에, 내가 어디를 가든 이 일을 힐 수가 있거든. 거기다 지금 리스본이 디지털 유목민들에게 매력적인 도시야. 와이파이가 엄청 잘 돼 있고 일할 수 있는 카페들도 많이 있는.

토마스: 멋진데! 네가 미국 돈으로 벌면, 리스본에서 물가가 더 쌀까?

세실: 글쎄, 어떤 건 많이 싸겠지만, 모든 게 싸지는 않아. 이제 그곳이 인기 도시가 되다 보니, 점점 더 비싸지고 있어. 난 더 좋은 아파트를 얻을 수 있는 형편이 된다고 해도, 돈을 너무 많이 지불하고 싶지는 않아. 거기서 사는 게 어떤 지부터 먼저 확인해 봐야지.

토마스: 이해해. 먼저 그곳에서 사는 것에 익숙해지는 편이 나을 거야. 급히 서두르면 일을 그르치게 될 수도 있으니.

세실: 맞아. 나도 이게(외국으로 이사 가는 것이) 스트레스가 많을 거라는 걸 알기 때문에 모든 것들을 간소화하고 싶어. 작은 집에, 차는 없이, 서서히 그곳 언어를 배우는 것 말이야. 내 능력 밖의 무리한 일까지 벌이고 싶진 않아.

44

Thomas: So, Cecile, I hear that you're moving to Portugal soon. I suppose you've been busy ❶**doing your homework** about finding a job and an apartment, right?

Cecile: Oh, yes! ❷**For starters**, I've been working with a real estate agent who specializes in helping foreigners in Lisbon. I've also started learning Portuguese, and I'm finding out the best ways to move my stuff overseas.

Thomas: What about work? Will you be able to find a job?

Cecile: Well, that's the good part. I have a job! I work online, so my job goes where I go, and Lisbon is a hot city right now for digital nomads: great wifi and lots of cafés to work in.

Thomas: Terrific! If you're making US dollars, will things be cheaper for you in Lisbon?

Cecile: Well, some things will be a lot less, but not everything. Now that it's become such a popular city, it's getting more expensive. Even though I could probably afford a nicer apartment, I don't want to ❸**shell out** too much money. I need to see what it's like to live there first.

Thomas: I understand. You might as well ease into living there. ❹**Slow and steady wins the race**.

Cecile: Right. I know it will be stressful, so I want to keep things simple…a small place, no car, gradually learn the language; I don't want to ❺**bite off more than I can chew**.

---

ease into (새로운 곳이나 직장에) 친숙해지다

45

이것만 알아들었다면!

MP3 018

1 To do one's homework: To carefully prepare 열심히 준비하다

My partner and I plan to buy a house soon, and the home loan process is really complicated. We're doing our homework by researching the best mortgage for us.

내 파트너와 나는 곧 집을 살 생각인데, 주택 자금 융자를 받는 과정이 정말 복잡하네. 우리는 우리한테 가장 좋은 모기지를 알아보면서 열심히 준비하고 있어.

2 For starters: To start with 우선 첫째로

My grandparents faced a lot of adversity when they first got married; for starters, they were poor immigrants who did not speak any English when they arrived.

우리 조부모님께서는 처음 결혼하셨을 때 많은 역경을 겪으셨어. 우선 첫째로, 두 분은 여기 오셨을 때 영어를 전혀 못하는 가난한 이민자들이셨거든.

3 To shell out: To pay for 돈을 지불하다

They bought a new Tesla; I know they had to shell out a lot of money for it.

그들은 새 테슬라 자동차를 샀는데, 난 그 사람들이 거기다 많은 돈을 지불해야 했다는 걸 알지.

4 Slow and steady wins the race: Slower but consistent progress yields better results than doing something quickly

천천히 그리고 꾸준히 하면 성공한다/급히 서두르면 일을 망친다

My dad always said, "Slow and steady wins the race," but I don't agree with this. Slow and steady only works if you are intentional in your actions.

우리 아빠는 언제나 "천천히 그리고 꾸준히 하면 성공한다"고 하셨지만, 난 동의하지 않아. 그건 네가 하는 행동에 목적이 있을 때만 그렇게 돼.

5 To bite off more than one can chew:
To take on more responsibility than one can manage

능력보다 더 많은 일을 맡다/무리해서 감당 못할 일을 하려 하다

It's so important to create a good work-life balance. Don't bite off more than you can chew.

일과 삶의 균형을 잘 맞추는 건 매우 중요해. 무리해서 감당치 못할 일을 벌이지 마.

여러분은 조동사 might와 may를 알고 계실 거예요. 그런데 여기서는 미국인들이 일상 회화에서 굉장히 자주 쓰는 may as well과 might as well에 관하여, 이 표현이 쓰이는 문맥과 이 말이 주는 뉘앙스를 확실하게 공부해 봅시다. 앞의 대화에서 토마스는 "You might as well ease into living there."(그곳 생활에 익숙해지는 것이 나을 거야.)이라고 말합니다. 이 표현은 이렇게 <u>다른 선택의 여지가 별로 없을 경우 뭔가를 제안할 때 쓰입니다.</u> 예문을 좀 더 보면서 감을 확실히 잡아 보세요.

The next bus comes in 20 minutes, and that's how long it will take us to walk; we may as well walk home.
다음 버스는 20분 후에 오는데, 우리가 걸어가면 딱 그 정도 걸리거든. 그러니까 그냥 집에 걸어가는 편이 낫겠어.

They are going to be late for dinner, and the food is ready now. We might as well eat without them.
그들은 저녁 먹을 시간이 지나서 올 거고, 음식은 지금 다 준비됐어. 그러니 그 사람들 없이 그냥 우리끼리 먹는 편이 낫겠어.

Vocabulary Point

Digital nomad(디지털 유목민)란 온라인으로 일을 하면서, 세계 여러 도시로 자주 이사 다니는 사람을 말합니다. 이들은 원격 근무를 하는 직종에 종사하기 때문에 여러 나라를 다니면서 일하는 것이 가능합니다. 디지털 유목민은 물가가 비싸지 않으면서 풍광도 멋진 도시에 많이들 모이죠. 그런데 이 표현에서 nomad(유목민) 단어는 원래 생존을 위해 여기저기 옮겨 다니는 사람을 뜻합니다. 예를 들어, 전통적으로 유목민들(nomadic people)은 자신들이 기르는 가축의 먹이가 될 초목이 있는 곳을 찾아서, 또는 날씨 변화에 따라서 여기저기 옮겨 다니면서 살았습니다. 그렇지만 흥미롭게도 현대의 digital nomad는 생존을 위해서가 아니라, 새로운 경험을 하고 싶거나 자유와 해방감을 즐기기 위해서 여기저기 옮겨 다니는 경우가 대부분입니다.

LESSON 4

영어로 말하고 싶은, 또는 못 알아들을 것 같은 예문에 체크해 보세요.

벤: 재러드 씨, 제가 지금 무척 곤란한 상황이거든요. 저 좀 도와줄 수 있어요?

재러드: 그럼요! 무슨 일인데요?

벤: 제가 이 마케팅 보고서를 곧 제출해야 하는데, 예상했던 것보다 시간이 훨씬 더 오래 걸리네요. 마감 시간까지 이걸 끝낼 수 없을 것 같거든요. 설상가상으로, 제리 씨가 이 보고서에 들어갈 모든 차트와 그래프를 작업하기로 돼 있는데, 월요일부터 병가 중이에요.

재러드: 마감 시간이 언제예요?

벤: (한숨을 쉬며) 내일이요.

재러드: 어떻게 하다 이런 일이 생긴 거예요?

벤: 저는 이 일이 식은 죽 먹기일 거라 생각해서 제가 하고 있는 모든 다른 프로젝트에 집중해 왔던 거죠. 아시다시피, 제가 하는 일이 정말 많잖아요.

재러드: 이 상황을 사장님도 알고 계세요?

벤: 이 건에 관해서는 사장님께 보고 드리지 않았어요.

재러드: 벤 씨, 도와드리고는 싶지만, 저도 지금 할 일이 너무 많아서요. 그렇지만 브라이언 씨가 벤 씨를 도와줄 수 있을 거예요. 브라이언 씨가 이 달에 맡은 주요 프로젝트를 다 끝냈으니까, 지금 벤 씨를 도와줄 여유가 있다는 걸 제가 알거든요. 거기다, 브라이언 씨가 마케팅과 영업이 전문이잖아요.

벤: 끝내주는 계획이긴 한데, 제가 그분과 그렇게 가깝지가 않아요.

재러드: 실은 제 고등학교 친구라서 제가 부탁하면, 벤 씨를 도와줄 거예요.

벤: 그럼 브라이언 씨한테 전화해서 이 상황 설명 좀 해 주실래요?

재러드: 분부대로 하지요! 지금 당장 전화할게요.

벤: 정말 감사합니다! 재러드 씨는 정말 제 은인이세요!

재러드: 언제든지요! 벤 씨와 브라이언 씨가 마감 시간 전에 그 일을 끝낼 수 있기 바랍니다. 행운을 빌어요!

벤: 감사합니다!

English CONVERSATION

MP3 019

Ben: Jared, I'm in quite a pickle now. Can you please help me out?

Jared: Sure! What's going on?

Ben: I should turn in this marketing report soon, but it's taking a lot longer than I expected. I don't think I'll be able to finish it by the deadline. What's worse, Jerry's supposed to work on all the charts and graphs for this report, and he's been on sick leave since Monday.

Jared: When's the deadline?

Ben: (Sighing) Tomorrow.

Jared: How did this happen?

Ben: I thought it was going to be ❶ **a pushover**, so I've been focusing on all the other projects I'm working on. You know, ❷ **I've got a lot on my plate**.

Jared: Does the boss know about the situation?

Ben: I haven't kept him ❸ **in the loop** on this one.

Jared: Ben, I'd love to help you, but I've got more than enough on my plate as well…but I'm sure Bryan will be able to assist you. He's finished all his major projects for the month, and I know he can afford to help you now. On top of that, he's specialized in marketing and sales.

Ben: That sounds fantastic, but I'm not that close to him.

Jared: He's my high school buddy, and he'll help you out if I ask him.

Ben: Could you please give him a call and explain the situation for me?

Jared: ❹ **You got it!** I'll call him right away.

Ben: Thanks a million! You're a real lifesaver!

Jared: Anytime! I hope you and Bryan will finish it before the deadline. ❺ **Break a leg!**

Ben: Thanks!

---

be in a pickle 곤란한 상황에 처하다

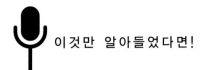

MP3 020

1 A pushover

I don't know why James is treating him like that. I think he's a pushover for James.

제임스가 저 사람을 왜 저렇게 대하는지 모르겠네. 저 사람이 제임스한테는 아주 호구 잡힌 것 같아.

만만한 사람(호구)/아주 쉬운 일(식은 죽 먹기)

2 To have a lot on one's plate

I'd love to help him out, but I have a lot on my plate.

난 정말 그를 돕고 싶지만, 나도 할 일이 너무 많아서 말이야.

해야 할 일이 많다

3 In the loop (↔ Out of the loop)

I haven't been able to attend all the meetings this month. I appreciate that you've been sending me the minutes after each meeting. Thanks for keeping me in the loop.

제가 이번 달에는 모든 회의에 참석하지 못했잖아요. 회의 끝날 때마다 저한테 회의록 보내 주셔서 감사합니다. 제게 계속 보고해 주셔서 고마워요.

(어떤 상황을) 알고 있는 (↔ 모르는)

4 You got it!

Jason: Can you help Mandy with her project?

Tim: You got it!

제이슨: 맨디 씨가 하는 프로젝트 좀 도와줄 수 있어요?

팀: 네, 그렇게 하겠습니다!

네, 분부대로 하겠습니다!

5 Break a leg!

A: I have an audition tomorrow, and I'm so nervous.

B: No worries! You'll be great tomorrow! Break a leg!

A: 나 내일 오디션이 하나 있어서 너무 긴장돼.

B: 걱정하지 마! 너 내일 잘할 거야! 행운을 빌어!

행운을 빌어!

앞의 대화에서 Ben은 "I have a lot on my plate."라고 하는 대신, "I've got a lot on my plate."라고 합니다. 이 두 문장은 똑같은 의미인데, 그건 have got과 have 가 같은 말이기 때문이죠. 그렇지만 어떤 문맥에서는 이 둘이 가지고 있는 미묘한 뉘앙스의 차이가 드러납니다. 예를 들어, have got이 have보다 좀 더 그 의미를 강조할 때가 있습니다. 그래서 "I have to do that."(나는 그 일을 해야 해.)보다 "I've got to do that."(나는 그 일을 해야만 해!)이 더 단호한 느낌을 주는 문장입니다. 또 have got이 have보다는 캐주얼한 느낌을 주는 표현이라서 격식을 갖추어야 하는 자리에서는 have를 쓰는 편이 적절합니다. 그러니 예의를 갖추어야 하는 자리에서는, "I've got a headache."(나 머리 아파.)보다는 "I have a headache."(머리가 아픕니다.)가 더 적합한 표현입니다.

Vocabulary Point

여기서는 "You got it!"이 누군가의 요청이나 부탁을 듣고 그렇게 하겠다는 말을 할 때 사용하는 표현이라고 공부하고 있습니다. 그런데 이 말에는 상대방이 내 말을 정확히 이해했다는 의미(You understood it.)도 있습니다. 내가 상대방의 말을 이해했을 때, "I got it!"이라고 말할 수 있는 것과 똑같은 맥락이라고 이해하시면 됩니다.

Student: So to sum it up, do you mean I should pass English 100 before taking English 200?

Teacher: You got it! (= You understood it correctly!)

학생: 그러니까, 요약하자면, 제가 영어 200 수업을 듣기 전에 영어 100 과목부터 통과해야 한다는 말씀이세요?

선생님: 정확히 이해했군요!

LESSON 4

안드레아: 신시아, 나 일전에 네가 말한 그 일자리를 생각해 봤거든. 그 자리에 내가 지원할 자격이 되는 것 같아?

신시아: 당연하지! 사실, 내 생각에 너야 자격이 차고 넘치지. 그런데 그건 왜 물어? 난 네가 지금 직장에 만족한다고 생각했는데.

안드레아: 음, 여전히 내 일은 좋아하지만, 같이 일하는 동료들을 더는 참아줄 수가 없어. 더 이상 호구 되는 건 그만하고 싶어.

신시아: 뭣 때문에 직장에서 네가 호구라고 생각하는 거니?

안드레아: 그 사람들은 궂은 일은 늘 내게 떠넘겨. 내가 할 일이 감당 못할 만큼 많을 때도 말이야. 게다가 더 심한 건, 내가 도와주고 나서도 그것을 절대로 고마워하지 않는 것 같아.

신시아: 나라도 그런 대우는 못 참겠다.

안드레아: 날 가장 짜증나게 하는 건, 보통 뭐가 어떻게 돌아가는지를 내가 모르고 있다는 거야. 그들 중 누구도, 그게 뭐든 내게 알려 주지를 않거든!

신시아: 그건 옳지 못한 일이야. 저기, 너 내일 우리 사무실로 와서 우리 사장님 만날 수도 있어. 우리 정말 그 자리에 일할 사람을 당장 고용해야 하거든.

안드레아: 좋아. 내가 점심시간쯤 갈 수 있어. 너희 사장님께 미리 좀 알려 드릴 수 있니?

신시아: 그렇게 할게! 아침에 가자마자 그것부터 할게.

안드레아: 고마워. 좀 긴장되네. 있잖아, 취업 면접 본 지가 엄청 오래됐거든.

신시아: 넌 잘할 거야! 행운을 빌어!

Andrea: Cynthia, I was thinking about the job opening you were talking about the other day. Do you think I'm qualified for that position?

Cynthia: Of course! Actually, I think you're overqualified. Why are you asking me that question? I thought you liked your current job.

Andrea: Well, I still like my job, but I can't stand my coworkers anymore. I want to stop being ❶ **a pushover**.

Cynthia: What makes you think you're ❶ **a pushover** at your workplace?

Andrea: They leave me with the unpleasant work to do when ❷ **I've got more than enough on my plate**. What's worse, they never seem to appreciate it after I help them out.

Cynthia: I wouldn't put up with that either.

Andrea: What's eating me the most is I'm usually ❸ **out of the loop**. None of them keep me ❸ **in the loop** on anything!

Cynthia: That's not right. Hey, you can come to our office and meet with my boss tomorrow. We really need to hire someone for that position right away.

Andrea: Great, I can be there around lunch time. Could you please give her a heads-up?

Cynthia: ❹ **You got it!** I'll do that first thing in the morning.

Andrea: Thanks. I'm kind of nervous. You know, it's been ages since I had a job interview.

Cynthia: You'll do great! ❺ **Break a leg!**

---

heads-up 귀띔, 언질

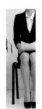

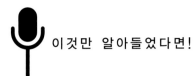

이것만 알아들었다면!

MP3 022

1

A pushover: A person who is easy to influence (or fool)/ Something that is easy to do

Why are you being such a pushover?
왜 그렇게 호구처럼 구는 건데?

2

To have a lot on one's plate:
To have a lot of things to do

We can't afford to help anyone now because we've got enough on our plates.
우리가 지금 누구를 도와줄 여유가 없어요. 우리도 할 일이 태산이라.

3

In the loop (↔ Out of the loop):
Informed (↔ Not informed)

I'll keep you both in the loop about the details of the project as it progresses.
프로젝트가 진행됨에 따라 세부 사항에 관해 두 분 모두에게 계속해서 알려 드리겠습니다.

4

You got it!: An expression that shows someone's request will be carried out

Manager: Can you conduct the statistical survey as we discussed?
Staff: You got it! I'll work on it right away.
경영자: 우리가 상의한 대로 통계 조사를 실시해 주겠나?
직원: 네, 알겠습니다! 당장 진행하겠습니다.

5

Break a leg!: Good luck!

Break a leg! I know you can do it!
행운을 빌어! 네가 해낼 수 있다는 걸 알아!

Have와 have got의 차이점을 더 살펴보면, 영국 영어와 달리 미국 영어에서는 have 가 일반동사처럼 쓰이기 때문에 의문문과 부정문을 만들 때 다른 일반동사와 똑같은 방식 즉, do와 does를 사용합니다.

I don't have any idea. 난 정말 모르겠어. (부정문)
Does she have any idea? 그녀는 좀 알고 있어? (의문문)

반면, have got은 have를 조동사로 이용해서 의문문과 부정문을 만듭니다.

I haven't got any idea. 난 정말 모르겠어. (부정문)
Has she got any idea? 그녀는 좀 알고 있어? (의문문)

그런데 미국인들이 이 둘의 과거형으로는 had만 씁니다. 물론 had got이라는 말을 여기저기서 들을 수는 있지만, to have와 같은 소유의 의미가 아닌 다른 문맥에서 입니다.

마지막으로, have가 '가지다/소유하다'의 상태동사가 아니라, '(무언가를) 하다'의 동작동사로 쓰이는 문맥에서는 have got으로 대체할 수 없습니다. 다음 예문에서 볼 수 있듯이, 그런 문맥에서는 have의 의미가 달라지기 때문입니다.

What time can I have breakfast? 몇 시에 제가 아침을 먹을 수 있을까요? ('먹다'의 의미)
I want to have a shower now. 지금 샤워를 하고 싶습니다. ('하다'의 의미)

Vocabulary Point

우리말로 직역하면 다리를 부러뜨리라는 말(Break a leg!)이 영어에서는 행운을 비는 표현이라는 것을 납득하기 힘드실 거예요. 이 이디엄의 어원에 관해서는 다양한 설이 있는데, 그중 가장 납득이 갈 만한 것을 하나 소개할까 합니다. 셰익스피어 시대에는 break a leg 가 무릎이나 허리를 굽혀 인사하다(bow) 또는 절을 하다(curtsy)의 표현이었다고 합니다. 물론 여기서 말하는 '절'은 무릎을 약간 구부리며 하는 서양식 인사법을 말합니다. 그래서 공연을 성공적으로 마친 배우는 무대에서 문자 그대로 "break a leg"를 하고 박수를 받았습니다. 바로 이런 연유로, 많은 사람들이 공연 전에 행운을 빈다는 의미로 "Break a leg!"라고 배우들에게 말했다고 하네요. 다시 말해, 그것은 공연을 무사히 잘 마치고 무대 인사까지 끝낼 수 있도록 행운을 빌어 주는 말이었습니다. 바로 이 말이 지금은 어디서든 "Good luck!"을 대신해서 쓸 수 있는 이디엄이 됐습니다.

LESSON 4

샘: 권투 시합은 어땠어?

잭: 너 아직 결과를 못 들었나 보네.

샘: 아무도 나한테 알려 주지 않았거든. 그래서 네가 이겼니?

잭: 아니.

샘: 오, 놀랍네. 우리 모두 카일 막심이 너한테는 쉬운 상대라고 생각했는데.

잭: 명백하게도 이제 더 이상은 아니야.

샘: 뭐, 넌 최선을 다했잖아. 그게 가장 중요한 거지.

잭: 내가 이제 좀 지쳐서 정말 휴식이 필요해. 실은 여행을 갈까 하고 생각해 봤거든.

샘: 어디로 가고 싶은데?

잭: 플로리다주 키웨스트. 거기가 헤밍웨이가 살던 곳이라는 사실을 알게 된 후부터, 항상 거기 가 보고 싶었거든.

샘: 너 그거 아니? 우리 사촌이 키웨스트에서 민박집을 운영해.

잭: 정말 멋지다! 너도 키웨스트 출신이야?

샘: 아니. 사실 우리 가족 모두 북부 플로리다 출신인데, 사촌네 가족이 10년 전에 그곳으로 이사 갔어.

잭: 그럼 넌 거기 가족들이랑 여전히 친해?

샘: 친해. 실은 나한테 올 여름에 자기네 좀 도와줄 수 있냐고 물어봤거든. 보통 여름에는 손님이 너무 많으니까. 하지만, 내가 도와줄 수가 없잖아. 지금 나도 할 일이 너무 많으니까. 어쨌든, 거긴 정말 아름다운 곳이고, 우리 사촌네 식구들이 널 극진히 대할 거야. 특히 네가 내 친구라고 이야기하면 말이지.

잭: 그곳에 대한 정보 좀 나한테 더 보내 줄 수 있니?

샘: 그럴게! 지금 당장 이메일로 보낼게. 어, 나 가야겠다. 오늘 밤 있을 뮤지컬 리허설이 있거든.

잭: 행운을 빌어! 내가 아는데, 네가 청중들 마음을 완전히 홀려 버릴 거야.

샘: 고마워!

56

MP3 023

Sam: How was the boxing match?

Jack: I guess you haven't heard the result yet.

Sam: No one has kept me ❶**in the loop**… so did you win?

Jack: Nope.

Sam: Oh…that's surprising. We all thought Kyle Maxim was ❷**a pushover** for you.

Jack: Obviously, not anymore.

Sam: Well, you tried your best. That's the most important thing.

Jack: I'm kind of worn out now, and I really need a break. I was actually thinking about going on a trip.

Sam: Where do you want to go?

Jack: Key West, Florida. Ever since I found out it's where Hemingway lived, I've always wanted to go there.

Sam: You know what? My cousin runs a bed and breakfast in Key West.

Jack: That's so cool! Are you also from Key West?

Sam: No. Actually, all of my family members are from north Florida, but my cousin's family moved there 10 years ago.

Jack: So are you still close to them?

Sam: I am. They actually asked me if I could help them out this summer because they usually have so many guests in the summer, but I can't. ❸**I've got a lot on my plate** now. Anyways, it's a beautiful place, and they'll treat you very well especially if I tell them you're my friend.

Jack: Can you please send me more information about it?

Sam: ❹**You got it!** I'll e-mail you right away. Oh, I've gotta go. I have a rehearsal for the musical tonight.

Jack: ❺**Break a leg!** I know you're going to blow their minds.

Sam: Thanks!

---

a bed and breakfast 아침 식사를 제공하는 민박집
rehearsal 예행연습
blow one's mind 흥분시키다

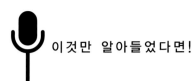

이것만 알아들었다면!

MP3 024

1 In the loop (↔ Out of the loop):

Informed (↔ Not informed) (어떤 상황을) 알고 있는 (↔ 모르는)

I wanted to keep all of you guys in the loop.
난 너희들 모두가 계속해서 상황을 알고 있도록 하고 싶었어.

2 A pushover: A person who is easy to influence (or fool)/Something that is easy to do 만만한 사람(호구)/ 아주 쉬운 일(식은 죽 먹기)

This is going to be a pushover.
이 일은 식은 죽 먹기일 거야.

3 To have a lot on one's plate:

To have a lot of things to do 해야 할 일이 많다

Don't we have enough on our plates with our work and the kids?
우리, 일과 아이들로 이미 할 일이 충분히 많지 않아요?

4 You got it!:

An expression that shows someone's request will be carried out
네, 분부대로 하겠습니다!

Boss: I want you to complete the report by the end of this week.
Employee: You got it!
상사: 이번 주 말까지 이 보고서를 끝내 주게나.
직원: 네, 분부대로 하겠습니다!

5 Break a leg!: Good luck! 행운을 빌어!

Mike: Finally, it's the opening night!
Kevin: Break a leg!
마이크: 드디어, 개막 첫날 밤이네!
케빈: 행운을 빌어!

숨막히게 아름다운 바다 풍경이 끝없이 펼쳐지는 플로리다주의 키웨스트는 소설 〈노인과 바다〉를 쓴 헤밍웨이(Ernest Hemingway)가 살던 곳으로도 유명합니다. 1928년 4월, 헤밍웨이와 그의 아내는 다른 일로 우연히 가게 된 키웨스트의 매력에 푹 빠져서 곧바로 그곳에 자리 잡고 살게 됐는데요, 헤밍웨이는 1939년 쿠바로 떠날 때까지 그곳에서 여러 작품을 썼습니다. 그래서 키웨스트에 가면 헤밍웨이가 살던 집을 꾸며 만든 박물관이 있고, 여기저기서 헤밍웨이의 발자취를 느껴 볼 수 있습니다. 제 친구는 키웨스트에 갈 때마다 헤밍웨이가 생전에 자주 가서 술을 마셨다는 Sloppy Joe's라는 바에 간다고 합니다. 그런데 흥미로운 것은, 헤밍웨이뿐만 아니라, 주디 블룸(Judy Blume), 쉘 실버스타인(Shel Silverstein), 테네시 윌리엄스(Tennessee Williams), 월리스 스티븐스(Wallace Stevens) 등 여러 유명한 시인과 작가들이 키웨스트 출신이거나 키웨스트에서 작품 활동을 했다는 사실입니다. 그런 걸 보면, 이 작은 도시에 글을 쓰는 이들에게 큰 영감을 주는 어떤 마력이 있는 것 같습니다.

CULTURE POINT 2

우리나라에 민박집이 있다면 미국에는 Bed and Breakfast가 있습니다. 줄여서 B&B 또는 BnB라고도 하는데, 문자 그대로 잠자리(bed)와 아침 식사(breakfast)를 제공하는 곳이죠. 미국 내 거의 모든 도시에 B&B가 있는데, 호텔이 없는 작은 마을을 여행할 경우에는 B&B가 거의 유일한 숙박 시설일 때도 있습니다. B&B는 호텔처럼 큰 빌딩이 아니라, 일반 주택의 방을 하나 내어 주는 형식으로 운영됩니다. 우리나라의 시골 민박집에서 주인이 아침을 직접 차려 주는 곳이 있는 것처럼, B&B도 주인이 직접 요리한 미국 가정식 아침 식사를 대접하는 곳이 많습니다. 개인적으로 플로리다주 북부에 있는 마리아나(Marianna)라는 작은 도시의 B&B에 머문 적이 있는데요, 그때 주인아주머니와 아저씨께서 저희 가족이 아침 식사를 하는 동안 옆에서 시중을 드셨는데, 주스와 커피를 계속 따라 주셨고 모자라는 음식은 더 갖다 주셨습니다. 솔직히 감사하면서도 그런 대접이 조금 불편하기는 했지만, 굉장히 색다른 경험이었습니다.

UNIT 1

영어로 말하고 싶은, 또는 못 알아들을 것 같은 예문에 체크해 보세요.

르네: (줌으로) 안녕, 베로니카! 이렇게 줌으로라도 서로 안부를 전할 수 있으니 까 좋다!

베로니카: 나도! 이제 이런 방식에 익숙해지기 시작했다니까. 애들이랑은 어떻 게 지내니? 애들 집에만 데리고 있기 힘들거나 하진 않아?

르네: 너도 알지만 쌍둥이들이 19살이잖아. 그러니 걔들도 나가서 활동을 좀 해야 하는데. 난 걔들이 운동도 하고, 나가서 뛰거나 자전거를 타면 좋겠어. 하루 종일 집에만 틀어박혀 있을 수는 없잖아. 걔네들이 사회적 거리 두기를 굉장히 잘 지켜서 애들이 조심한다고 믿고 있지.

베로니카: 그래, 우리 애들이 집에만 있는 걸 갑갑해하기 시작해서 뒤뜰에 뭐 좀 설치하려고 주문했어. 농구 골대하고 물 미끄럼틀 설치할 거야.

르네: 너희 집 아이들이 더 어리긴 하지만, 우리 애들도 똑같이 그런 걸 좋아할 거야! 하지만 오늘은 애들이 다운타운에 있는 공원에 갔어. BLM (Black Lives Matter 운동: 흑인 인권 운동)을 지지하는 항의 시위가 있거든.

베로니카: 멋지긴 한데 애들 좀 걱정 안 되니? 시위가 위험하진 않아?

르네: 지금 전염병이 돌고 있으니 좀 위험하긴 하지. 그렇지만 시위는 매우 평 화적으로 진행돼. 사실, 이번 시위는 "평화적인 걷기"라고 불리는 건데, 사람 들이 공원 주위를 함께 걸을 거야. 그리고 이 지역 지도급 인사들이 연설도 할 거라고 해.

베로니카: 나도 TV에서 시위하는 걸 몇 번 봤는데, 나라면 시위가 통제 불가능 한 상황이 될까 봐 그게 걱정될 것 같아.

르네: 그런 일이 일어날 수 있는 것도 사실이야. 내 말은, 사람들이 이 나라에 서 몇 백 년 동안 있어 온 인종 차별에 분노하고 있으니까. 그렇지만 내가 본 바로는, 사람들이 정말 평화를 원하고 있고, 그런 모임은 정말 안전해. 난 우 리 쌍둥이들이 이런 시위에 참여하는 게 정말 대견하지만, 나도 그 애들이 안 전하길 누구보다 바라. 내가 가장 염려하는 건, 그 애들이 항상 사회적 거리 두기를 하고 마스크를 쓰느냐인 거야.

Renee: (on Zoom) Hi, Veronica! I'm glad we can ❶ **catch up** like this on Zoom!

Veronica: Me too! I'm starting to get used to it now. How's it going with the kids? Are you having a hard time keeping them home?

Renee: Well, you know the twins are 19, so they need to ❷ **get out and about**. I want them to get physical exercise, go running or biking. They can't ❸ **be cooped up** in the house all the time, and they take social distancing pretty seriously, so I trust them to be careful.

Veronica: Yeah, mine have started ❹ **getting cabin fever**, so I've just ordered some new backyard equipment. We're going to set up a basketball hoop and a water slide.

Renee: Even though yours are younger, my kids would probably like the same things! Today, though, they went downtown to the park. There's a demonstration being organized to support the Black Lives Matter movement.

Veronica: Oh, that's great, but aren't you a little worried for them? Aren't the demonstrations dangerous?

Renee: Well, they're risky because of the pandemic, but the protests are very peaceful. In fact, this one is being called a "peace walk", and people are going to walk around the park together. There will be some local leaders speaking as well.

Veronica: Oh, I saw some protests on TV, and I would worry that things could ❺ **get out of hand**.

Renee: It's true that can happen. I mean, people are angry about hundreds of years of racism in this country, but from what I'm seeing, people really want peace and the gatherings are very safe. I'm really proud of the twins for doing this, but I do want them to be safe. My main concern is that they social distance and wear their masks at all times.

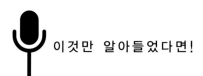 이것만 알아들었다면!

MP3 026

1 To catch up (with)

Let's go get coffee sometime next week; it'll give us a chance to catch up.

우리 다음 주 중에 커피나 한잔하자. 서로 근황도 나눌 수 있게 말이야.

(오랜만에 만난 친구들끼리) 서로의 안부와 근황을 나누다

2 To get out and about

You work too much. You really need to get out and about more often.

너는 일을 너무 많이 해. 좀 더 자주 밖으로 나가서 활동도 좀 해야 해.

외출해서 활동하다

3 To be cooped up

Your office is so tiny. Don't you feel cooped up working in there?

네 사무실은 너무 작아. 거기서 일하면 꼭 틀어박혀 있는 느낌이 들지 않니?

(좁은 공간에 머물러 다른 데로 나가지 못하는 상태로) 틀어박히다

4 To have/get cabin fever

This summer it rained every day; by the second week, we already had cabin fever.

이번 여름엔 매일 비가 왔어. 2주 그러고 나니까 집 안에만 있던 우리는 벌써부터 온몸이 근질근질했지.

(집 안에만 있어서) 답답해 죽다 /온몸이 근질근질하다

참고로, 미국인들은 긴 겨울 동안 집 안에서만 갇혀 지내야 할 때, 흔히 이 표현을 쓴다.

5 To get out of hand

We had a birthday party for ten four-year olds. As you can imagine, things got out of hand quickly.

우리는 네 살배기 아이들 열 명 생일 파티를 했어. 상상할 수 있듯이, 금세 난장판이 됐지.

통제할 수 없는 상황이 되다

2020년에 시작된 팬데믹은 미국에서 많은 영어 표현을 탄생시켰습니다. 그중 social distance(사회적 거리/사회적 거리 두기)는 사람들이 서로 적절한 물리적 거리를 유지하는 것을 말합니다. 많은 영어 단어들처럼, 이 단어 또한 명사로도, 동사로도 쓰일 수 있습니다.

We social distanced as much as we could. (동사)
우리는 우리가 할 수 있는 한 최대로 사회적 거리 두기를 했습니다.

Please keep your social distance for everyone's health and safety. (명사)
모두의 건강과 안전을 위해서 사회적 거리를 유지하세요.

팬데믹과 관련된 또 다른 표현으로 동사인 self-isolate(자가격리하다)와 quarantine (격리/격리하다)이 있습니다. 이 두 단어 모두 어느 누구와도 접촉하지 않는다는 의미가 있는데, 이는 바이러스에 노출된 사람이 반드시 지켜야 하는 사항입니다. 또 lockdown 표현도 빠트릴 수 없지요. 이는 사람들의 이동의 자유를 제한하는 정책을 말합니다. 이 또한 명사와 동사로 모두 쓰일 수 있습니다.

We were under lockdown for six weeks. (명사)
우리는 6주 동안 이동이 통제된 상태였다.

The city locked down all residents. (동사)
시는 모든 주민들의 이동을 제재했다.

CULTURE POINT

2013년 십대 흑인 소년, 트레이본 마틴을 죽인 조지 지머맨이 무죄선고를 받자, 이에 대한 사회, 정치적 화답으로 BLM (Black Lives Matter) 운동이 시작됩니다. BLM은 앨리샤 가르쟤(Alicia Garza), 패트리스 쿨로즈(Patrisse Cullors), 오팰 토메티(Opal Tometi) 세 활동가가 시작한 흑인 중심의 사회, 정치적 운동입니다. BLM 운동의 주 목적은 백인 우월주의를 끝내고, 지역 내 공동체의 힘을 키워서 흑인에 대한 차별과 폭력에 좀 더 효과적으로 대응할 수 있도록 하는 것입니다. 이제 BLM은 Black Lives Matter Foundation, Inc. 이름으로 국제적인 조직이 되어 미국, 영국, 캐나다에서도 활동합니다. 이 조직은 그 지역 내에서 인종 차별에 대항해 싸우는 활동가들을 돕습니다. 웹사이트나 소셜 미디어 플랫폼을 통해서, 전 세계의 인종 차별과 싸우는 모든 단체에게 정보를 제공하고 필요한 것들을 지원하기도 합니다. BLM이 흑인 중심의 단체이기는 하지만, 이 운동을 지지하는 사람이라면 흑인이 아니어도 가입할 수 있습니다.

LESSON 5

아내: 여보, 당신 회사 예산안 작업하느라 일주일 내내 집에만 틀어박혀 있었던 것 알아요? 당신 나가서 좀 움직여야 할 것 같은데. 그게 당신한테 좋을 거예요.

남편: 그래요. 나도 집에만 틀어박혀 있었더니 좀 답답해지기 시작하는 것 같아요.

아내: 나가서 산책도 하고, 공원에 있는 카페에서 커피도 한잔하세요. 스탠 씨한테 안부는 물어봤어요?

남편: 아뇨, 우리 둘 다 계속 곧 만나자고만 하고는 만나지 않고 있네요.

아내: 그렇다면, 지금 나가면 딱 되겠네요. 잘 들어봐요. 나도 작년 예산과 관련해 당신 직장에서 모든 게 통제 불가능한 상황이 됐다는 건 잘 알아요. 그렇지만 당신이 이미 새 예산안에 많은 공을 들였잖아요. 당신이 이 일을 계속 진행시키고 잘하려면, 머리가 맑아야 한다고요.

남편: 당신 말이 맞아요. 휴식을 좀 취하는 게 좋겠어요. 스탠 씨에게 전화해서 나랑 만나 근황을 나누고 싶은지 물어봐야겠어요. 공원 주위에서 조깅이나 같이 하고 뭐 좀 마실 수도 있겠어요.

Wife: Sweetie, do you realize that ❶ **you've been cooped up** all week doing the budget for work? I think you need to ❷ **get out and about**; it'll do you some good.

Husband: Yeah, I am kind of starting to ❸ **get cabin fever**.

Wife: Go out for a walk, maybe grab a coffee at that café at the park. Have you had a chance to ❹ **catch up with** Stan yet?

Husband: No, we keep saying that we'll get together soon, but then we don't.

Wife: Well, now is the perfect time to go. Listen, I know things ❺ **got out of hand** at work with the budget last year, but you've done a lot of work already on the new budget. You need a clear head if you want to keep making progress on this.

Husband: You're right; a break would be good. I'll give Stan a call and see if he'd like to ❹ **catch up**; maybe we can go for a jog around the park and then get something to drink.

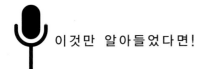 이것만 알아들었다면!

MP3 028

1

To be cooped up: To be stuck in a small place from which you cannot escape/To feel trapped somewhere which does not offer much movement

The prisoners were cooped up in a small jail cell.
죄수들은 교도소의 작은 독방에 갇혀 있었다.

2

To get out and about: To be active and doing activities away from home

I had a bad cold and was home sick for days. It felt really good to finally get out and about once I was feeling better.
내가 심한 감기에 걸려서 집에서 며칠 아파 누워 있었어. 몸이 괜찮아져서 드디어 집 밖으로 외출해서 활동하니까 너무 기분 좋은 거 지.

3

To have/get cabin fever:
To get the restless and irritable feeling when you cannot leave your home for a long period of time

In the spring, before the weather is warm enough to swim, my kids usually get cabin fever.
봄에 날씨가 수영할 정도로 따뜻해지기 전까지는, 우리 애들은 집에만 있기 갑갑해해.

4

To catch up (with): To tell each other what has happened since the last conversation

I had the best time catching up with an old friend from high school. We hadn't talked in years.
내 오랜 고등학교 친구를 만나 서로 안부와 근황을 나누면서 정말 좋은 시간을 보냈어. 우리 서로 몇 년 동안 못 봤거든.

5

To get out of hand: To get out of control

We were at a bar last night, and two guys started arguing politics. They both had a lot to drink, and things got so out of hand that the bartender called the security guard.
우리는 어젯밤에 그 술집에 있었는데, 남자 두 명이 정치 문제로 언쟁하기 시작했어. 둘 다 술을 많이 마셨는데, 상황이 도저히 통제할 수 없는 지경이 돼서 바텐더가 경비를 불렀지.

미국 영어에서 굉장히 흔히 쓰이는 이디엄 to catch up은 뒤따르는 전치사에 따라서 그 의미가 살짝 달라집니다. 앞의 대화 속 용례는 'with + 사람 이름'(catch up with Stan)의 구조로, 그 사람과 서로의 근황을 나눈다는 말입니다.

I'm going to catch up with Sarah over coffee next week.
다음 주에 난 새라랑 커피 마시면서 서로 근황을 나눌 거야.

그런데 이 이디엄 뒤에 'on + 일/과제'가 나오면 이는 그 일을 진척시키거나 끝낼 것이라는 뜻이 됩니다. 주로 일의 진행이 늦어져서 뒤처져 있는 상황일 때 사용합니다.

I didn't get any work done yesterday, so I need to use all of Saturday to catch up on this project.
내가 어제 아무 일도 못해서, 이 뒤처진 프로젝트를 진척시키려면 토요일 하루를 다 써야 해.

To catch up on과 동일한 뜻의 이디엄으로 to get caught up on도 있습니다.

This weekend I plan to get caught up on my taxes so I can submit them on Monday.
월요일에 세금 보고서를 제출할 수 있게 이번 주말에 세금 보고서 업무를 끝낼 계획이야.

CULTURE POINT

많은 직업군에서 미국인들 역시 초과 근무를 하거나 집에 일을 가지고 가서 계속 합니다. 어떤 직업의 경우는 이런 일이 다반사죠. 예를 들어 교사들의 경우, 집에서 학생들의 시험 점수를 매기거나 숙제 검사를 하는 것이 거의 일상적입니다. 어떤 직업은 특정한 시기에 바쁘고 더 일이 많아지기도 합니다. 하지만, 미국인들은 생산성 유지를 위해서는 휴식을 취해야 한다는 생각에 대체로 동의합니다. 휴식을 취하지 않고 지나치게 일만 하면, 오히려 생산성을 떨어뜨릴 수 있다고 생각하기 때문이죠. 그렇다면 과연 모든 미국인들이 적당히 휴식을 취해가면서 일할까요? 불행히도 그렇지는 않습니다. 미국 내 모든 고용주들이 이를 실행에 옮기지는 않기 때문입니다. 그럼에도 불구하고, 문화적으로 절대 다수의 미국인들 사이에서는 일을 효율적으로 해내기 위해서 일과 휴식의 밸런스, 일명 워라밸이 필요하다는 공감대가 형성돼 있습니다. 미국인들은 머리를 맑게 하는 가장 인기 있는 방법으로 하이킹 등의 신체 활동을 꼽습니다. 그래서 배우자에게 일 좀 그만하고 쉬라고 충고하는 건 미국인 부부 사이의 흔한 대화 내용입니다.

LESSON 5

다이앤: 으악! 업무량이 어떻게 손을 못 댈 만큼 정말 너무하잖아! 이 모든 일을 다 끝내려고 몇 주 동안 사무실에만 틀어박혀 있었어. 게다가, 서머타임(일광 절약 시간제)도 막 시작해서, 한 시간 잃어버린 게 얼마나 날 피곤하게 하는지 몰라.

마르샤: 그게 바로 네가 밖으로 나가서 활동해야 한다는 뜻이야. 한 번쯤 오후 반차를 내고 쉬면 어때? 나 이번 주 내내 사무실에 있거든. 그러니 너 없는 동안 대신 일을 좀 봐줄 수 있어. 전혀 문제없어.

나이앤: 이야, 그래 주면 너무 고맙지!

마르샤: 내 말은, 네 일을 전부 다 끝내겠다는 뜻은 아니고!

다이앤: (웃으면서) 얘, 그런 건 생각조차 하지 마!

마르샤: 그렇지만, 진짜로 내가 전화를 받아 주거나 그런 일은 다 할 수 있어. 쉬는 시간을 좀 가져 봐. 그리고 바뀐 시간 때문에 모두가 약속과 관련해 실수하게 될 것 같아.

다이앤: 그 말이 맞아. 내가 정말 하고 싶은 일이 두 가지 있거든. 하나는 우리 언니를 데리고 나가서 느긋하게 점심 식사를 함께하는 거고, 다른 하나는 호숫가 주변을 한참 걷는 거야.

마르샤: 지금 당장 언니한테 전화해서 계획을 짜 봐. 누구든 이 사무실에 너무 오래 있게 되면 몸이 근질근질해질 거야. 언니랑 함께 시간을 보내는 게 너한테도 좋을걸.

다이앤: 맞아. 언니랑 서로 소식 전하고 또 언니가 어떻게 지내는지도 봐야겠어. 아마 언니도 나랑 함께 산책할 시간은 있을 거야.

MP3 029

Diane: Ugh! My work load ❶ **has gotten so out of hand**! ❷ **I've been cooped up** in my office for weeks trying to complete everything. On top of that, daylight savings just began, and losing that one hour has made me so tired.

Marcia: What that means is that you need to ❸ **get out and about**. Why don't you take an afternoon off? I'm in the office all this week; I can cover for you. It's not a problem.

Diane: Oh, that would be so great!

Marcia: I mean, I'm not going to complete all your work!

Diane: (Laughing) Girl, don't even try!

Marcia: Seriously though, I can answer the phone and everything. Just take some time off. Plus, with the time change, everyone is going to be making mistakes with appointments.

Diane: That's true. There are two things that I'd really like to do: take my sister out for a leisurely lunch and go for a long walk around the lake.

Marcia: Call her right now and make a plan. Anyone who stays in this office too long is going to ❹ **get cabin fever**. It'll do you some good to get together with your sister.

Diane: Yeah, I really need to ❺ **catch up with her** and see how she's doing. Maybe she'll have time to go walking with me, too.

---

on top of that 게다가
daylight savings 서머타임제
(여름에 긴 낮 시간을 효과적으로 이용하려고 표준보다 시각을 앞당기는 제도)

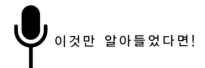
이것만 알아들었다면!

MP3 030

1

To get out of hand: To get out of control
통제할 수 없는 상황이 되다

The day before school vacation, the students were so excited that they got out of hand and did not listen to their teacher.
방학 전날에 학생들은 너무나 신이 나서 통제 불능 상태가 됐고, 선생님 말을 전혀 듣지 않았다.

2

To be cooped up: To be stuck in a small place from which you
cannot escape/ To feel trapped somewhere which does not offer much movement
(좁은 공간에 머물러 다른 데로 나가지 못하는 상태로) 틀어박히다

One of my co-workers tested positive for Covid-19, so everyone in the office had to quarantine for two weeks. Don't tell anyone, but I kind of enjoyed being cooped up at home.
내 직장 동료 중 하나가 코비드 19 양성이 나왔거든. 그래서 우리 사무실에서 일하는 모든 직원이 2주 동안 자가격리를 해야 했어. 아무한테도 말하지 마. 그런데 난 사실 집에만 틀어박혀 있는 게 은근히 좋더라고.

3

To get out and about: To be active and doing activities away
from home 외출해서 활동하다

Most days I work from home, but on Fridays I get out and about and do a lot of errands.
난 보통 평일에는 집에서 일하지만, 금요일에는 외출을 하고 많은 볼 일을 봐.

4

To have/get cabin fever: To get the restless and irritable
feeling when you cannot leave your home for a long period of time
(집 안에만 있어) 답답해 죽다/온몸이 근질근질하다

Every winter I get cabin fever. As soon as the snow melts, I am outside working in the yard.
매년 겨울이면, 난 집에만 있는 게 갑갑해서 죽어. 그래서 눈이 녹자마자 밖에 나가 뜰에서 작업하지.

5

To catch up (with): To tell each other what
has happened since the last conversation
(오랜만에 만난 친구들끼리) 서로의 안부와 근황을 나누다

Sam and I hadn't seen each other for six months. We couldn't wait to catch up.
샘하고 난 6개월 동안 못 봤거든. 그래서 얼른 만나 서로 근황을 나누고 싶었지.

영어에서 주어와 동사의 일치에 관한 법칙이 많이 있습니다. 그중에서 조금 헷갈릴 수 있는 두 가지 법칙만 간단하게 짚어 드릴게요. 첫째, 명사절이 주어일 때는 항상 단수형 동사를 사용해야 합니다. 앞의 대화문에서도 마르샤가 "What that means is that you need to get out and about."이라고 합니다. 명사절인 What that means가 주어이기 때문에 단수형 동사 is가 왔습니다. 둘째, 여러분은 there is나 there are로 시작되는 유도부사 구문에 익숙하실 거예요. 잘 알려진 것처럼, there은 주어가 아니라 문장의 시작을 알리는 유도부사이기 때문에 그 뒤에 is도 올 수 있고, are도 올 수 있습니다. 이때, is인지 are인지를 결정하는 것은 그 뒤에 나오는 명사(또는 대명사)입니다. 왜냐하면, 그 단어가 바로 주어니까요. 그래서 다이앤이 "There are two things that I'd really like to do…"라고 말한 거예요. 여기서 things가 주어인데, 그게 복수라서 복수형 동사 are이 나온 거죠. 물론 유도부사 구문 뒤에 단수형 주어가 나오면 is를 써야겠지요?

There is a book on the table. 탁자 위에 책이 한 권 있어.

CULTURE POINT

미국은 '일광 절약 시간제' 일명 서머타임제를 시행하는 나라입니다. 일광 절약 시간제란 봄과 여름에 모든 시계의 시간을 한 시간 앞당겨서 그 시간을 따르는 것을 말합니다. 매년 3월 둘째 주 일요일에 시작해서 11월 첫째 주 일요일에 끝나죠. 그래서 미국 영어에는 spring forward(봄에는 앞으로) 그리고 fall back(가을에는 뒤로)이라는 표현이 있는데요, 봄에는 한 시간 앞으로 하고 가을에는 한 시간 뒤로 시계를 맞추라는 말이지요. 3월에 시간을 바꾸는 날은 그 잃어버린 한 시간 때문에 잠을 덜 자게 돼서, 많은 사람들이 피곤해합니다. 11월에 시간이 다시 바뀌고 나서는 갑자기 저녁에 너무 빨리 어두워집니다. 일광 절약 시간제를 오랫동안 시행해 오기는 했지만, 이는 미국에서 여전히 논란이 많은 제도랍니다. 매년 두 번씩 시간을 바꾸는 것이 불편한 일이기는 하니까요. 참고로, 미국에서도 하와이주와 애리조나주에서는 일광 절약 시간제를 시행하지 않습니다.

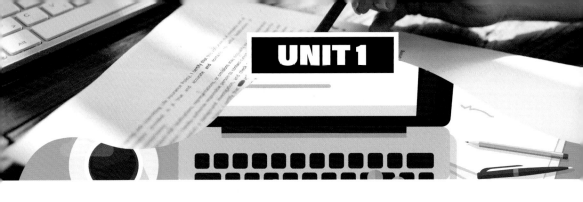

영어로 말하고 싶은, 또는 못 알아들을 것 같은 예문에 체크해 보세요.

아들: 엄마, 저 이 작문 숙제하는 것 좀 도와주실래요?

엄마: 제이콥, 네 숙제지 엄마 숙제 아니다.

아들: 그렇지만 엄마, 저 이런 종류 에세이는 어떻게 쓰는지 모른단 말이에요. 그렇게 못마땅하다는 듯이 쳐다보지만 마시고 저 좀 도와주세요.

엄마: 정신 차리고 상황 파악 좀 해! 너 이제 고등학생이야. 네 숙제는 네가 알아서 혼자 해야지. 게다가, 이 선생님이 이번 학기 시작할 때 너한테 이 숙제 내주셨다고 하지 않았니? 한 학기 내내 너 도대체 뭘 한 거니? 제이콥, 네가 해야 할 일을 계속 회피하고 미뤄 둔 것만 같구나.

아들: 아는데요, 엄마. 저도 다른 과제들 하느라고 계속 바빴다고요. 게다가 과학 프로젝트 하고 나서는 녹초가 됐어요. 그리고 이 선생님 과목 숙제에서 실수하고 싶지 않다고요.

English CONVERSATION

MP3 031

Son: Mom, could you please help me with this writing assignment?

Mom: Jacob, it's your homework, not mine.

Son: But mom, I don't know how to write this type of essay. Could you please please help me out instead of ❶ **rolling your eyes at me?**

Mom: ❷ **Wake up and smell the coffee!** You're now a high school student. You should do your homework for yourself. Besides, didn't you say Mr. Lee gave you this assignment at the beginning of the semester? What did you do throughout the whole semester? I just feel like ❸ **you've been pushing aside your obligation**, Jacob.

Son: I know, mom…but I've been busy with all the other assignments. Plus, after doing the science project, I'm ❹ **pooped**, and I don't want to ❺ **slip up** on his class assignment.

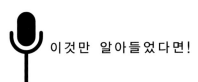 이것만 알아들었다면!

MP3 032

1 To roll one's eyes at ~

Could you please stop rolling your eyes at me?
제발 나한테 눈알 부라리는 짓 좀 그만할래?

(못마땅함을 드러내려고)
~에게 눈알을 부라리다

2 To wake up and smell the coffee

Our current president is not going to fix this problem. We should wake up and smell the coffee, and vote for the right person in November.
우리 현 대통령은 이 문제를 해결하지 못할 거야. 우리가 정신 차리고 상황을 똑바로 직시해서 11월에는 제대로 된 사람을 뽑아야 한다고.

정신 차리고 상황을 직시하다
/냉수 먹고 속 차리다

3 To push aside ~

Overall, I agree with the BLM protesters, but the only issue I have is the movement is pushing aside racism toward other minorities.
대체적으로, 난 BLM 시위자들의 말에 동의하지만, 내가 유일하게 문제 삼는 건 그 운동이 다른 소수 인종들을 향한 차별은 다루지 않는다는 점이야.

~에 대한 생각을 회피하다

4 Pooped (out)

I had to teach four online classes today, and I'm pooped out.
나 오늘 온라인 수업을 4개나 가르쳐야 해서 지금 완전히 지쳤어.

녹초가 된

5 To slip up

Jen: How was your midterm?
Tim: I think I slipped up on a math question.
젠: 중간 고사는 어땠어?
팀: 수학 한 문제에서 실수한 것 같아.

실수하다

74

이 장에서 배우는 이디엄 slip up은 '실수하다'(to make a mistake)는 의미의 동사로도 쓰이지만, 많은 영어 단어가 그렇듯이, '실수'라는 의미의 명사로도 쓰입니다. 명사로 쓰일 때는, 두 단어 사이를 하이픈(hyphen)으로 연결해서 slip-up처럼 한 단어로 쓰는 경우가 많습니다. 이 단어는 중요하지 않은 사소한 실수(small/unimportant mistake)를 말하기 때문에 mistake보다는 의미가 좁아요. Mistake가 셀 수 있는 명사인 것과 마찬가지로, slip-up도 셀 수 있는 명사로 a slip-up, 또는 slip-ups와 같이 쓴다는 것, 알아두세요.

I don't want to ruin this whole project because of one slip-up.
나는 작은 실수 하나 때문에 이 프로젝트 전체를 망치고 싶지 않아.

It was a slip-up. I should've held my tongue.
그건 실수였어. 아무리 그 말을 하고 싶어도 참았어야 하는 건데.

Dr. Johnson, I'm sorry for the past slip-ups.
존슨 박사님, 전에 제가 했던 실수에 사과드립니다.

There are three job interview slip-ups you should avoid.
인터뷰할 때 피해야 할 3가지 실수가 있다.

CULTURE POINT

미국에서 사진에서 보는 것처럼 눈알을 굴리는 행위(eye-rolling)는 어떤 상황이나 사람에 대해 짜증, 의심, 경멸 등을 나타내는 제스처입니다. 신체적으로든 말로든 직접적인 공격을 가하지 않기 때문에 다소 수동적인 행위로 보임에도 불구하고, 이는 상대방에게 무례한 제스처입니다. 미국인들의 얼굴 표정을 연구하는 예일대 심리학과 라프랑스(LaFrance) 교수는, 대부분의 미국인들이 중학생이 될 무렵부터 눈알을 굴리는 제스처를 사용하기 시작하는데, 13세 여자아이들이 가장 많이 사용한다고 합니다.[*]

* The Atlantic 〈Why 13-Year-Old Girls Are the Queens of Eye-Rolling〉 중에서– 2016년 5월 11일자

LESSON 6

리사: 유키코, 식당에서 일한 첫날인데 어땠어?

유키코: (한숨을 쉰다.)

리사: 벌써 지치는 거야?

유키코: 사실, 오늘 일이 좀 있었거든. 생각 안 하려고 하는 데도 계속 생각나.

리사: 괜찮은 거야? 무슨 일 있었던 거야?

유키코: 어떤 부부가 왔었는데 남편 되는 사람이 계속 나한테 눈알을 부라리는 거야. 그래서 내가 결국에는 뭐 필요하신 게 있냐고 물으니까 이렇게 말하는 것 있지? "니 하오! 이 선염병이 다 니들 때문에 시작된 거야! 제발 박쥐 좀 그만 먹어!"

리사: 진짜 최악이다! 게다가 넌 일본인인데. 왜 너한테 '니 하오'라고 한 거지?

유키코: 그 사람한테 모든 동양인은 중국인인가 보지 뭐.

리사: 무슨 그런 쓰레기 같은 인간이 있니! 나 같으면 그런 돌아이한테 물을 뿌려 버렸을 거야! 네가 뭐라고 따끔하게 말 좀 해줬으면 좋겠는데.

유키코: 일한 첫날에 실수하고 싶지 않아서 그 사람한테 맞설 배짱은 또 없었잖아. 매니저가 와서 뭘 좀 해 주려나 했는데 아무 것도 안 하더라고.

리사: 야, 너 정신 바짝 차리고 상황 파악해! 네가 그런 인간한테 대들지 않고 가만히 있으면 아무도 너 안 도와줘! 네가 할 수 있는 부분은 네가 알아서 해야지! 미안해. 나 그런 사람들만 보면 진짜 피가 거꾸로 치솟는다니까. 난 그냥 인종 차별이 치가 떨리게 싫어. 바로 그래서 네가 나랑 BLM 시위에 같이 가야 하는 거야.

유키코: 미안. 그렇지만 난 BLM 운동을 잘 모르겠어. 아시아 여성의 입장에서는 그건 다른 소수 민족에 대한 차별은 제쳐 두고 있는 것 같다는 생각이 들어.

Lisa: Yukiko, how was your first day at the restaurant?

Yukiko: (Yukiko sighs.)

Lisa: Are you getting ❶ **pooped** already?

Yukiko: Actually, something happened today, and I can't stop thinking about it.

Lisa: Are you okay? What happened?

Yukiko: There was a couple, and the husband ❷ **was rolling his eyes at me** the whole time. When I finally asked if he needed something, he said, "Nihao! This pandemic started all because of you guys! Please stop eating bats!"

Lisa: That's terrible! Besides, you're Japanese. Why did he say nihao to you?

Yukiko: I guess all Asians are Chinese to him.

Lisa: Such a scumbag! I would've poured a drink on that jerk! I hope you said something to him.

Yukiko: I didn't have guts to stand up to him because I didn't want to ❸ **slip up** on my first day. I was hoping the manager would do something, but he didn't do anything about it.

Lisa: ❹ **Wake up and smell the coffee!** If you don't stand up to that type of person, no one's gonna help you out! You should do your part! Sorry, those people make my blood boil. I just hate racism. That's why you need to join the BLM protests with me.

Yukiko: Sorry, but I don't know about the BLM movement. As an Asian woman, I feel like ❺ **it's pushing aside racism toward other minorities**.

---

scumbag 쓰레기 같은 인간, 더러운 놈
jerk 얼간이

이것만 알아들었다면!

MP3 034

1 Pooped (out): Exhausted

Sorry, but I'm too pooped to do the dishes now. I'll take care of everything tomorrow morning.

미안하지만, 나 지금 너무 지쳐서 설거지 못하겠어. 내일 아침에 다 정리할게.

2 To roll one's eyes at ~: To move one's eyes upwards in order to indicate disapproval

When I asked her the question, she just rolled her eyes at me.

내가 그녀에게 그 질문을 했을 때, 그녀는 나한테 눈알만 부라리더라고.

3 To slip up: To make a mistake

I slipped up a couple of times; aside from that, I did an excellent job.

내가 두 번 정도 실수를 했는데, 그걸 제외하고는 잘해 냈어.

4 To wake up and smell the coffee:
To become aware of the realities of the situation

When will people wake up and smell the coffee about environmental issues?

사람들이 언제쯤 환경 문제에 정신을 차리고 상황 파악을 하게 될까요?

5 To push aside ~: To refuse to think about

She tried to push aside all the unpleasant memories of that day.

그녀는 그날의 모든 불쾌한 기억들을 애써 생각하지 않으려고 했다.

BLM (Black Lives Matter) 시위가 인종 차별에 대항하는 운동이라서 미국에 사는 아시아인들도 많이 동참하고 있지만 아시아인들 중에서는 BLM을 지지하지 않는 사람들도 있습니다. 이들의 이야기를 들어보면, BLM이 아시아인을 포함해서 미국 내 흑인이 아닌 다른 소수 민족들이 겪는 차별은 다루지 않기 때문이라고 합니다.

예를 들어, 미국에서 엄마가 한국인인 혼혈 소녀가 자신의 한국인 할아버지가 당한 일명 '코로나바이러스 인종 차별' 사건을 트위터에 올린 적이 있습니다. 버스에서 어느 흑인이 "중국 바이러스를 원치 않는다"면서 할아버지를 때렸다는 이야기와 함께, 그에게 맞아서 피와 멍으로 얼룩진 할아버지의 얼굴 사진을 올렸습니다. 그런데 그 트위터로 많은 BLM 지지자들이 몰려와서 그녀를 비난했습니다. 이런 시기에 굳이 흑인이 아시아인을 인종 차별한 사건을 올린 의도가 뭐냐고 따져 물으면서 그녀를 비판한 것이죠. 그 포스트가 현재 흑인 인권을 위한 BLM 운동에 방해가 된다는 것이 그 이유였습니다. 비판을 견디지 못한 소녀는 결국 자신의 페이스북에서 그 포스트를 삭제해야 했습니다.

이렇게 아시아인이 겪는 차별에는 공감하지 못하는 일부 BLM 지지자들의 행태 때문에 일부 아시아인들은 BLM 운동을 차가운 시선으로 바라보게 되었습니다. BLM을 지지하지 않는 아시아인들은 BLM 시위 도중 아시아인들의 가게마저도 약탈과 방화의 대상이 됐다는 점 또한 지적합니다. 실제로 미국 내 여러 한인 가게가 BLM 시위 도중 약탈과 방화로 큰 피해를 입은 사례는 국내 뉴스를 통해서도 보도되었습니다. 이런 일들이 미국 내 아시아인들의 커뮤니티에 널리 알려지면서 BLM을 더 이상 지지하지 않겠다는 아시아인들의 숫자가 조금씩 늘어났습니다. 물론 대부분은 평화적으로 BLM 시위를 하기 때문에, 많은 아시아인들은 여전히 그들을 지지합니다. 미국에 살고 있는 소수 인종들은 모두 연대하여 함께 인종 차별에 맞서 싸워야 하니까요. 그렇지만, 동시에 현재 BLM이 가고 있는 방향을 비판하는 아시아인들이 존재하는 것 또한 사실입니다. 그렇기에 지금 미국에 살고 있는 아시아인들에게서 이 두 가지 의견을 모두 다 들을 수 있습니다.

UNIT 3

영어로 말하고 싶은, 또는 못 알아들을 것 같은 예문에 체크해 보세요.

PJ: 어이, 재럿. 오늘 직장 첫날인데 어땠어?

재럿: (한숨을 쉬며) 모르겠어. 그냥 할 말은 내가 지금 완전히 지쳤다는 것.

PJ: 어, 무슨 일 있었어?

재럿: 음, 내가 큰 실수를 한 것 같아.

PJ: 왜? 무슨 일인데?

재럿: 오늘 아침에 회의가 있었고, 회의록을 읽어 보고 싶어서 내가 안내 직원 한테 회의 안건 복사물 한 부 받을 수 있냐고 물었거든.

PJ: 그랬는데?

재럿: 그 안내 직원이 나한테 눈을 부라리더니 이렇게 말하는 거야. "정신 차리 고 상황 파악 좀 하시죠! 사람들에게 돌릴 안건 복사는 그쪽이 할 일입니다." 난 거기에 관해서는 들은 얘기가 없어서 그게 내 일인지는 전혀 몰랐어!

PJ: 친구야, 내 생각에는 너 실수한 거 아니야. 아무도 너한테 얘기를 안 해 주 면 네가 뭘 해야 하는지 어떻게 알 수가 있겠냐고. 게다가 그 직원도 그렇게까 지 못되게 굴 필요도 없었구면. 네가 거기서는 신입이잖아.

재럿: 몇 사람이 나한테 그 직원이 모든 사람들한테 대하는 태도가 아주 안 좋 다고, 그러니까 개인적인 감정으로 뭐라고 한 건 아니니까 마음에 두지 말라 고 하는데, 그렇지만 그 사람 말투랑 그 태도는 정말 잊을 수가 없어.

PJ: 이해해. 그래도 오늘 첫날이잖아. 불쾌한 경험은 되도록 생각하지 않도록 하라고.

PJ: Hey, Jarrett, how was your first day at work?

Jarrett: (Sighing) I don't know…all I can say is I'm ❶**pooped**.

PJ: Oh, did something happen?

Jarrett: Well, I guess I made a huge mistake.

PJ: Why? What happened?

Jarrett: There was a meeting this morning, and I wanted to read the minutes of it, so I asked the receptionist if I could get a copy of the agenda for the meeting.

PJ: And?

Jarrett: The receptionist ❷**rolled her eyes at me** and said, "❸**Wake up and smell the coffee!** It is your job to make copies of the agenda for everyone!" but I never knew it was my job because I was never told about that!

PJ: I don't think you ❹**slipped up**, my friend. If no one tells you about it, how would you know what you're supposed to do? Plus, she didn't have to be mean like that. You're a rookie there.

Jarrett: A couple of people told me she has a horrible attitude with everyone and I shouldn't take it personally, but I just can't forget her tone and attitude.

PJ: I understand, but it's only your first day. Try to ❺**push aside the unpleasant experience** as best as you can.

---

minutes 회의록(반드시 -s를 붙여야 함)
receptionist 안내 직원
agenda 안건, 의제
mean 못된
take it personally (상대가 한 말을) 개인적인 감정으로 말한 것으로 받아들이다

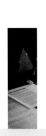

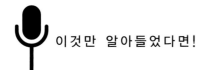

1

Pooped (out): Exhausted 녹초가 된

After watching the 4-year-old boy, I was pooped.
네 살짜리 남자아이를 지켜본 후, 난 녹초가 됐어.

2

To roll one's eyes at ~: To move one's eyes upwards in order to indicate disapproval (못마땅함을 드러내려고) ~에게 눈알을 부라리다

Please don't get me wrong. I don't roll my eyes at people who have a different opinion than mine.
제발 저 오해하지 마세요. 저는 저와 다른 의견 있는 사람들한테 눈알이나 부라리는 사람 아니에요.

3

To wake up and smell the coffee: To become aware of the realities of the situation 정신 차리고 상황을 직시하다/냉수 먹고 속 차리다

Son: Dad, I got another F on my essay.
Dad: Wake up and smell the coffee! If you get an F one more time in language arts, you're not gonna be able to graduate this semester.
아들: 아빠, 저 에세이에서 또 F 받았어요.
아빠: 제발 정신 좀 차려! 영어(우리나라의 국어에 해당하는 과목)에서 또 F 받으면, 넌 이번 학기에 졸업을 못하게 된다고.

4

To slip up: To make a mistake 실수하다

If you slip up just once in a while, that's perfectly normal.
어쩌다 한 번씩만 실수한다면, 그건 완전히 정상적인 거죠.

5

To push aside ~: To refuse to think about ~에 대한 생각을 회피하다

Pushing aside my guilt, I lied to him.
죄책감을 뒤로 하고, 나는 그에게 거짓말을 했다.

여러분은 '녹초가 되다/지치다'의 의미를 가진 to be pooped (out)이 문법적으로 수동태라는 걸 쉽게 알 수 있을 거예요. 그러니 이 표현을 능동태로 전환하면, to poop someone out으로 '누군가를 지치게 만들다'(to make someone exhausted)는 의미가 됩니다.

That yardwork really pooped me out.
정원 일이 정말 나를 녹초가 되게 했어.

The science project really pooped everyone out.
과학 프로젝트가 모두를 지치게 했어.

Vocabulary Point

재럿의 문장, "I wanted to read the minutes of it (the meeting)."을 다시 볼까요? 여러분은 minute이라는 단어를 시간 단위(분)로 알고 계실 거예요. Mom says we should microwave the noodles for 2 minutes.(엄마가 국수를 2분간 전자레인지에 돌려야 한다고 하셔.)처럼 말이죠. 하지만 재럿의 문장에서 이 단어는 복수 형태로 (minutes) '회의록'의 의미로 쓰이고 있습니다. '분'만큼은 아니지만, 이 또한 미국에서 꽤 자주 쓰이는 minutes의 용례입니다.

Have you had a chance to read today's meeting minutes?
오늘 회의의 회의록 읽어 보셨습니까?

이 단어가 동사로는 '회의록을 작성하다'의 의미로 쓰입니다. 규칙 동사이기 때문에 과거형과 과거분사형 모두 minuted 입니다.

Every comment made during the meeting was minuted.
회의 중 있었던 모든 발언은 회의록에 기록되었습니다.

LESSON 7

영어로 말하고 싶은, 또는 못 알아들을 것 같은 예문에 체크해 보세요.

(대학에서 두 교수)

정아: 도린 씨, 도린 씨네 학과는 요즘 어떤가요?

도린: 뭐, 펜데믹이 저한테 엄청난 양의 일을 준 거랑 매일 느끼는 실존적인 고민을 빼고는 그저 꿋꿋하게 버티고 있는 거죠. 정아 씨는 어때요?

정아: (웃으면서) 무슨 말씀이신지 알겠네요! 정말 너무 스트레스 받고 있어요. 저는 이번 가을 학기 모든 수업을 온라인으로 가르치려고 하는데, 이렇게 모든 걸 확 바꿔 버리는 것이 쉽지가 않네요.

도린: 일이 무척 많죠. 게다가 행정부 사람들조차도 우리가 대면 강의를 해야 하는지, 온라인 강의를 해야 하는지, 아니면 두 가지를 동시에 진행하는 수업을 해야 하는지 잘 모르는 것 같아요.

정아: 맞아요. 3주 전에 온라인으로 가르치라고 하는 이메일을 제가 봤거든요. 그런데 지금은 또 강의실로 돌아갈 계획을 세워야 한다는 이메일을 읽게 되네요. 자기들의 이전 정책을 180도 바꿔 버리는 것과 마찬가지잖아요. 저는 무슨 계획을 세워야 할지조차 모르겠어요.

도린: 저는 8월에 수업이 다시 시작될 때가 걱정이에요. 우리가 학기 준비만으로도 여전히 할 일이 꽉 차 있잖아요. 게다가 행정부에서 우리가 강의실로 돌아가기를 바란다면, 그게 정말 안전할까요?

정아: 그렇죠? 확진자 수가 다시 올라가고 있는 것 같던데. 수업 때문에 저나 학생들의 건강을 걸고 싶진 않거든요.

도린: 맞아요. 우리가 몇 달 동안 엄격하게 출입 이동을 통제해 왔는데, 왜 지금 와서 캠퍼스로 돌아가야 하죠? 우리 무덤을 우리가 파는 걸 텐데요.

(Professors at a university)

Jung-ah: So how are things going in your department, Doreen?

Doreen: Well, aside from the pandemic ❶ **dumping a ton of work in my lap** and a daily dose of existential dread, I'm hanging in there. How about you?

Jung-ah: (Laughing) I know what you mean! It's been so stressful. I'm trying to get all of my classes online for the fall, but it's not easy to just ❷ **turn on a dime** like that.

Doreen: It's a ton of work, and it sounds like the admin isn't sure if they want us to teach face-to-face, online, or hybrid classes.

Jung-ah: Yeah, I saw an email three weeks ago that said we should teach online; now I'm seeing emails that say we should plan to return to the classroom. It's like they ❸ **did a complete about face** on their earlier policy. I don't know what to plan for.

Doreen: I'm afraid that when classes start back up in August, we'll still be ❹ **up to our eyeballs in course prep**. And if they want us back in the classroom, is that really safe?

Jung-ah: Right? It sounds like the numbers are going up again. I don't want to risk my health or my students' over a class.

Doreen: Yeah, and now that we've been in lock-down for months, why go back to campus now? ❺ **We'd be shooting ourselves in the foot**.

---

aside from ~뿐만 아니라, ~을 제외하고
dread 두려움, 걱정거리
I'm hanging in there. 꿋꿋하게 버티고 있어요.
admin (= administration) 행정부
start back up (쉬었다) 다시 시작하다

85

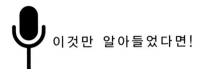이것만 알아들었다면!

1 To dump something in(to) one's lap (= To drop something in(to) one's lap)

~에게 어떤 일이나 무언가를 맡기다 (다소 갑작스러운 느낌)

My husband's great aunt died, and a huge inheritance dropped into his lap. We had no idea that she was leaving so much money to us.

남편의 고모할머니께서 돌아가셨는데, 어마어마한 유산이 갑작스럽게 남편에게 떨어졌어. 그분이 우리에게 그렇게 많은 돈을 남기실 줄 우리는 정말 몰랐거든.

2 To turn on a dime

차를 급회전하다 /재빨리 방향 전환을 하다

Number 23 is my favorite soccer player; he can run down the field, stop the ball, turn on a dime, and run the other direction.

23번이 내가 좋아하는 축구 선수거든. 그는 필드를 뛰어가서 공을 막아내고 재빨리 방향을 바꿔서 반대 방향으로 달릴 수 있어.

3 To do an about face

(의견 등을) 180도 전환하다

The drill sergeant called out to the marching soldiers, "About face!", and every one of them turned around.

훈련 교관이 행진하는 군인들에게 "뒤로 돌아!"라고 소리치자 모두가 방향을 전환했다.

about face는 태도나 계획 등의 180도 전환 혹은 군대에서 '뒤로 돌아'의 뜻이다.

4 Up to one's eyeballs in ~

할 일이 꽉 차 있는

My parents' 50th wedding anniversary is coming up, and we're having a huge party. I'm up to my eyeballs in invitations, decorations, and menu planning.

곧 우리 부모님의 50번째 결혼기념일이라서 우리가 큰 파티를 할 거거든. 난 지금 초대장이며, 파티장 장식이며, 메뉴 정하고 하느라 할 일이 꽉 차 있어.

5 To shoot oneself in the foot

제 발등을 찍다 /자기 무덤을 파다

During the pandemic, the government didn't supply people with enough economic relief; essentially, they shot themselves in the foot. The same people who need the relief are the ones who will vote in the next election.

팬데믹 중에 정부는 국민들에게 충분한 재정적 지원을 하지 않았어. 본질적으로, 자기네 무덤을 판 거지. 그런 재정 지원이 필요한 사람들이 바로 다음 선거의 유권자들이니.

Vocabulary Point

어떤 직종이든 그 분야 사람들끼리만 쓰는 용어가 있습니다. 이런 어휘를 미국인들은 jargon(특정 분야의 전문/특수 용어)이라고 부릅니다. 예컨대, 외국어 교육학 분야에서 학습자의 모국어를 L1 (Learner's first language), 그리고 학습자가 배우고 있는 외국어를 L2 (Learner's second language)라고 합니다. 그런데 컴퓨터 공학 분야에서는 L1과 L2가 전혀 다른 의미로 쓰인다고 해요. 앞의 대화에서도 정아와 도린은 대학에서 일하는 사람들끼리 쓰는 jargon을 사용하고 있습니다. 수업 방식에 관한 용어로, face-to-face(F2F로 적기도 합니다)는 교수와 학생들이 모두 강의실로 가서 수업을 하고 듣는 방식입니다. Online은 줌(Zoom) 등의 프로그램을 이용해서 인터넷 화상 채팅 방식으로 수업을 진행하는 것을 말합니다. Hybrid는 이런 문맥에서 F2F와 online 수업을 동시에 함께 진행하는 방식을 말합니다. 즉, 교수와 학생들 몇 명이 강의실에서 대면 수업을 진행하면서 동시에 줌(Zoom)에 접속된 카메라도 켜져 있는 상태입니다. 그러니, 나머지 학생들은 교실로 오지 않고서도 집에서 온라인으로 같은 강의를 같은 시간에 들을 수 있습니다. 많은 경우 이런 jargon은 줄임말인 경우가 많은데, 예를 들어, course prep은 course preparation을, admin은 administration을 줄인 표현입니다. 사실 admin의 경우는 많은 직종의 미국인들이 사용하는 용어라서 대부분의 미국인들이 알고 있지만, 특정 직업인들만 사용하는 용어도 있습니다. 예를 들어, 미국의 대학 교수들끼리 사용하는 prep이라는 용어는 하나의 독립된 강좌(an individual course)를 뜻합니다. 그래서 미국인 교수가 "Next semester I'm teaching two preps."라고 말하면, 이는 (같은 강좌를 두 개의 섹션으로 나누어 가르치는 것이 아니라) 독립된 두 개의 강좌를 가르친다는 뜻입니다.

CULTURE POINT

코로나바이러스 팬데믹이 시작된 후에 락다운(lockdown)을 대하는 미국인들의 태도는 다양합니다. 대부분의 미국인들은 락다운을 하는 것이 여러 가지 면에서 쉽지 않은 일이라는 사실을 잘 알지만, 그것이 공공의 건강과 안전을 위해서 합당한 결정이라는 것을 받아들였습니다. 그러나 어떤 미국인들은, 여행을 제한하고 일을 못하게 하는 것이 개인의 자유를 침해하는 정책이라고 느꼈습니다. 물론 유럽 국가들을 포함한 많은 다른 나라에서도 이 두 가지 견해가 서로 부딪치고 있기는 하지만, 미국에서는 이런 사안들이 정치 이슈화되기까지 했습니다. 다시 말해, 락다운 정책을 받아들이느냐 안 받아들이느냐, 마스크를 쓰느냐 마느냐, 사회적 거리 두기를 하느냐 마느냐가 정치적인 문제로 변질된 것이죠. 그리고 그것은 2020년 미국 대통령 선거에서도 치열한 논쟁의 대상이 되었습니다.

팀: 저기, 샬롯. 네가 앨리스 개 피피를 이 지역 반려견 대회에 내일 데리고 나가 선보일 거라고 들었어. 전에 이런 것 해 본 적 있니?

샬롯: 맙소사, 팀! 나 정말 돌아버리겠어! 내가 개를 엄청 좋아하고, 피피도 정말 멋지지만, 실제로 개를 그런 대회에서 선보인 적은 한 번도 없어. 난 그냥 그런 경연 대회에 가서 관중석에서 보기만 하거든. 그런데 하루 전에 앨리스가 나한테 전화를 했어. 감기가 엄청 심하게 들어서 피피를 못 데리고 나간다며 나한테 이 일을 맡겼어.

팀: 음, 넌 여러 해 동안 개를 경연 대회에 데리고 나가 봤는데, 넌 잘할 거야. 피피가 진정한 챔피언이지. 심사 위원들 앞에서 피피를 걷게 하면 피피가 뛰어나 보일 테니까, 걱정하지 마. 그 작은 개가 무척 날렵하고, 상황에 맞게 재빨리 변할 수 있거든. 피피는 토이 견종 중에서 가장 멋진 개가 될 거야. 난 피피보다 개성이 강한 말티즈를 본 적이 한 번도 없어.

샬롯: 그래도 그냥 너무 떨려, 팀!

팀: 에이, 진정해. 네가 할 일은 그 강아지에게 집중하는 거야. 대회에 나가서 피피가 가장 좋은 모습을 보일 수 있도록 그냥 봐 둬. 넌 그냥 평소에 하던 대로 하고, 지나치게 애쓰거나 하지 마. 안 그러면 네가 네 발등을 찍게 될 테니까.

샬롯: 고마워, 팀. 그냥 너무 부담스럽고, 또 너무 갑작스러운 일이라서. 피피에게 털 손질해 줘야 하는 것은 말할 것도 없고, 경연 대회 규칙과 과정을 이해하느라 할 일이 산더미 같아.

팀: 나도 알아, 할 일 많다는 건. 그리고 네가 거기 걸어 나가야 할 시간이 되면 아마 태도를 완전히 바꿔서 뒤에 가서 숨고 싶을 거야. 알지. 거기 처음 나갔을 때, 내가 그렇게 느꼈거든. 그런데 절대로 그러지 마! 피피처럼 자신감을 가져. 나가서 심사 위원들에게 누가 뛰어난 존재인지를 보여주라고!

Tim: Hey, Charlotte, I hear that you're going to be showing Alice's dog, Fifi, at the regional dog show tomorrow. Have you ever done this before?

Charlotte: Oh my gosh, Tim! I'm freaking out! I love dogs and Fifi is great, but I've never actually shown a dog before. I just attend the competitions and watch from the stands. A day ago, Alice called me. She has a terrible cold and can't show Fifi, so she kind of

❶dumped this in my lap.

Tim: Well, I've been showing dogs for years, and you'll be fine. Fifi is a real champion. When you walk her in front of the judges, she's going to shine, don't worry. That little dog is so agile, and she can ❷**turn on a dime**. She's going to be the sassiest one out there for the toys. I've never met a Maltese with more personality than Fifi.

Charlotte: I'm just so nervous, Tim!

Tim: Look, relax. Your job is to focus on the dog. Let Fifi be her best self out there. Just be yourself and don't overdo it, or you'll ❸**shoot yourself in the foot**.

Charlotte: Thanks, Tim. It's just so overwhelming and so sudden.

I'm ❹**up to my eyeballs in competition rules and procedures**, not to mention all of the grooming that I need to do for Fifi.

Tim: I know, it's a lot of work. When your time comes to walk out there, you'll probably want to ❺**do an about face** and go hide in the back. I know that's how I felt my first time showing. Don't do that! Be confident like Fifi. Get out there and show those judges who's boss!

---

agile 날렵한, 민첩한
sassy 멋진, 대담한
toy 종자가 작은 견종

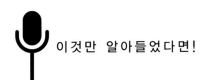 이것만 알아들었다면!

MP3 040

1 To dump something in(to) one's lap
(= To drop something in(to) one's lap):
To give something suddenly and unexpectedly (either positive or negative)

I can't believe this job that just dropped into my lap; an acquaintance heard about my work and called me up with an offer. It's exactly the kind of work I like to do, and the pay is good; what a surprise!

방금 내게 맡겨진 이 일이 정말 믿기지가 않아. 지인이 내가 하는 일에 관해 듣고는 나한테 전화로 제안했거든. 딱 내가 하고 싶은 종류의 일이고, 보수도 좋아. 뜻밖의 기쁜 소식이지!

2 To turn on a dime: To turn a car quickly / To quickly and abruptly change an idea or activity

The tech industry is always changing and so competitive; we have to be able to turn on a dime and work on new ideas at a moment's notice. It's never boring!

기술 산업은 항상 변하고 경쟁도 치열하거든. 우리는 즉석에서 방향 전환을 하고 새로운 아이디어를 낼 수 있어야 해. 지루할 틈이 없지!

3 To shoot oneself in the foot:
To sabotage one's own efforts

Initially she had made a great first impression during the job interview, but then she kept talking and said a few inappropriate things. In the end, she shot herself in the foot and didn't get the job.

처음엔 그녀가 면접에서 대단한 첫인상을 남겼는데, 계속 이야기를 하면서 몇 가지 부적절한 말을 했거든. 결국에는 자기가 제 발등을 찍어서 그 직장에 들어가지 못했어.

4 Up to one's eyeballs in ~:
Very busy or overwhelmed with ~

My sister just had a new baby. She and her partner are up to their eyeballs in diapers and bottles.

여동생이 최근에 아이를 낳았어. 그녀와 동거인이 기저귀 갈고 젖병 소독하느라 엄청 바빠.

5 To do an about face:
To reverse an opinion or decision

The senator campaigned as a conservative, but when he saw that the voters were more liberal, he did an about face and changed all of his policies to get their votes.

그 상원 의원은 원래 보수주의자로 선거 운동을 했는데, 유권자들이 더 진보적이라는 사실을 알게 되고서는 180도 태도를 바꾸고 그들의 표를 얻으려고 모든 정책을 바꿨어.

팀이 샬롯에게 "show those judges who's boss"라고 말합니다. 이 표현은 원래 사람들에게 누가 책임자인지 즉, 그 상황에서 누가 실세인지를 알려 준다는 뜻이에요. 그렇지만 여기서는 샬롯이 그 경연 대회의 심사를 책임지고 있다는 말이 아니죠. 팀은 샬롯에게 용기를 북돋아 주려고 심사 위원들 앞에서 자신감을 가지라는 말을 이렇게 표현하는 것입니다. 이렇게 "to show someone who's boss" 표현은 누가 실세인지를 보여준다는 말뿐만 아니라 자신감을 보여준다는 의미로도 쓰이는데, 특히 사람들이 서로 경쟁하는 문맥에서 자주 볼 수 있습니다. Boss 단어가 들어간 이디엄은 보통 다음의 두 가지 의미(실세, 또는 자신만만한 사람)로 쓰입니다.

Hey, I'm not a child; you don't need to boss me around.
야, 내가 애냐? 나한테 이래라저래라 안 해도 된다고.

*To boss someone around: 다른 사람에게 이래라저래라 하며 통제하다

I'm going to teach you how to make lasagna like a boss.
내가 자신 있게 라자냐 만드는 법을 너한테 가르쳐 주지.

I just sharpened these pencils like a boss!
난 이 연필들을 굉장히 자신감 있게 잘 깎았지! (익살스러운 표현)

*To do something like a boss: 뭔가를 자신감을 가지고 잘해 내다

CULTURE POINT

많은 미국인들이 반려동물과 함께 살고 싶어 하는데, 그중 개가 가장 인기가 있습니다. 어떤 미국인들은 특정 품종의 개를 키우는 것에 남다른 관심이 있어서, 순종의 개를 키우려고 많은 돈을 지출하기도 하지요. 그들은 자신의 개를 〈American Kennel Club〉이라고 하는 미국 애견가 클럽에 등록시키기도 합니다. 이 단체는 개의 품종과 개를 키우는 방법 등에 관한 정보를 제공합니다. 미국인들은 애견쇼(dog show)에 나와서 자신의 개를 보여 주기도 합니다. 그래서 미국의 많은 지역이나 주에는 개 경연 대회가 있는데, 그중 가장 큰 규모의 대회로 미국 애견가 클럽 전국 챔피언 대회(The American Kennel Club National Championship), 웨스트민스터 애견가 클럽 연례 애견쇼(The Westminster Kennel Club Annual Dog Show), 전국 애견쇼(The National Dog Show) 등이 있습니다. 참고로, 미국인들은 개의 품종을 사냥개(hound), 조렵견(sporting), 비조렵견(non-sporting), 종자가 작은 종(toy), 목양견(herding), 사역견(working), 테리어(terrier) 등의 그룹으로 구분합니다. 앞의 대화 속 피피는 말티즈로, 종자가 작고 귀여운 토이 품종에 속합니다.

영어로 말하고 싶은, 또는 못 알아들을 것 같은 예문에 체크해 보세요.

LESSON 7

메건: 너 뉴스 봤니? 우리 주가 코비드19 확진자로 꽉 차 있대!

키쇼어: 나도 알아. 정말 걱정되는 일이야. 게다가 주지사는 경제 재개 노력에 대한 자신의 입장을 당장 바꿀 것 같지도 않고.

메건: 나도 사업장들이 문을 열어서 계속 경제가 돌아가도록 해야 할 필요성은 이해하지만, 일단 병원이 넘치는 환자들을 감당 못할 지경에 이르면, 우리가 그냥 돌이켜서 확진자 수를 줄일 수는 없는 거잖아. 팬데믹은 그렇게 진행되는 것이 아니니까.

키쇼어: 맞아. 그러니까 내 말은, 난 주지사에게 이런 상황이 주어진 게 안됐다는 생각은 들어. 그렇지만 전 세계가 지금 똑같은 상황이잖아. 정말로 난 우리가 다시 락다운을 시작하고 생필품 사업장이 아닌 곳들은 문을 닫아야 한다고 생각해. 그런데 주지사가 다시 그렇게 할 거라고 하는 말을 단 한 번도 들은 적이 없어.

메건: 나도 동의해. 우리가 그렇게 하지 않으면, 우리 스스로 우리 무덤을 파는 건데 말이야.

Megan: Have you read the news? Our state is ❶ **up to its eyeballs in Covid-19 cases**!

Kishore: I know. It's so concerning, and the governor doesn't sound like he's going to ❷ **do an about face** on the reopening efforts anytime soon.

Megan: I understand the need to keep businesses open and to keep the economy going, but once we reach the point where the hospitals are overwhelmed, we can't simply ❸ **turn on a dime** and lower the numbers. Pandemics don't work that way.

Kishore: Yeah, I mean, I sympathize with the governor that this situation just ❹ **dropped into his lap**, but it's the same all over the world. I think we really have to start locking things down again and closing non-essential businesses. Not once have I heard him say that he will do this again.

Megan: I agree. If we don't, ❺ **we're just shooting ourselves in the foot**.

---

business 사업장, 가게, 상점

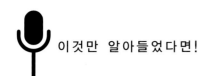
이것만 알아들었다면!

MP3 042

1 Up to one's eyeballs in ~:
Very busy or overwhelmed with ~ 할 일이 꽉 차 있는

Every year at tax time, I spend a weekend up to my eyeballs in receipts and tax forms so that I can file my income tax before the deadline.

매년 세금 정산 때마다, 마감일 전에 소득세 신고를 하려고 난 각종 영수증과 세금 관련 문서들로 정신없는 주말을 보내.

2 To do an about face: To reverse an opinion or decision
(의견 등을) 180도 전환하다

She thought the move to New York City was a great idea, but as soon as she heard about the housing costs, she did an about face and decided to move to a small town.

그녀는 뉴욕시로 이사하는 게 좋은 아이디어라고 생각했지만, 그곳 집값에 관해 듣자마자 생각을 180도 바꿔서 작은 도시로 이사 가기로 결정했어.

3 To turn on a dime: To turn a car quickly/To quickly and abruptly
change an idea or activity 차를 급회전하다/재빨리 방향 전환을 하다

The financial markets can turn on a dime. If the media anticipates more jobs, the markets go up; if they report anything negative, the markets drop.

금융 시장은 급변할 수 있어. 언론이 더 많은 일자리를 기대한다면, 시장은 상승할 거야. 만약 언론이 부정적인 걸 보도하면, 시장은 하락할 거고.

4 To dump something in(to) one's lap (= To drop something in(to) one's lap):
To give something suddenly and unexpectedly (either positive or negative)
~에게 어떤 일이나 무언가를 맡기다 (다소 갑작스러운 느낌)

I can't really say that this promotion just dropped into my lap. I've been working very hard for five years, but I didn't expect it to happen when it did.

이번 승진이 내게 그저 갑작스럽게 주어진 것이라고는 말 못하겠어. 지난 5년 동안 정말 열심히 일했거든. 그렇다고 승진이 되었을 때 그걸 기대하고 있지는 않았어.

5 To shoot oneself in the foot: To sabotage one's own
efforts 제 발등을 찍다/자기 무덤을 파다

My original plan was to do this presentation once, but my boss liked it so much that she now wants me to do it every month for new employees. I think I accidentally shot myself in the foot with this.

원래 내 계획은 이 발표를 한 번만 하는 것이었는데, 사장님께서 너무 좋아하셔서 신입사원을 위해 매달 했으면 하셔. 의도치 않게 내가 내 발등을 찍은 것 같아.

Grammar Point

키쇼어는 "Not once have I heard him say…"라고 말합니다. 이 문장에서 not once는 시간을 나타내는 부사로 기능하지요. 이런 시간의 부사가 문장 맨 앞에 올 때는 주어와 조동사의 어순이 다음과 같이 달라진다는 사실을 기억하세요.

시간의 부사 + 조동사 + 주어 + 본동사 (Not once + have + I + heard)

이와 똑같은 문법 형식을 가진 또 다른 예문을 볼까요?

Not once did I hear Patrick apologize for his mistake.
나는 패트릭이 자기 실수에 관해 사과하는 것을 단 한 번도 들어본 적이 없어.

No sooner had I arrived at the party than Susan showed up.
내가 파티 장소에 도착하자마자 수잔이 왔어.

CULTURE POINT

매년 4월이면, 미국인들은 연방 정부에 세금 보고를 해야 합니다. 세금 관련 마감일이 가까워지는 시기를 미국인들은 tax time이라고 합니다. Tax time이 되면, 많은 이들이 이 보고서를 제 시간에 끝내서 제출하려고 분투하지요. 수입이 많지 않은 미국인들의 경우, 표준공제액(standard deduction)으로 하는 것이 가장 좋은데, 이는 미국 정부가 개인이 세금을 낼 때 공제할 수 있도록 허락해 주는 금액입니다. 그렇지만 어떤 경우에는 세금 공제를 받을 수 있는 분야에서 발생한 비용을 모두 항목별로 적어서 제출하는 편이 더 낫습니다. 그런 항목의 예로 자영업자들의 사업장에 소요된 경비, 수술 등의 고가 의료비용, 자녀 양육 또는 교육에 소요된 비용 등이 있습니다. 이런 항목을 제출하는 것이 더 나은지, 아니면 그냥 표준공제액을 공제받는 것이 더 나은지를 알아보려면 1년 동안 쓴 비용을 모두 합산해서 표준공제액과 비교해 보면 됩니다. 물론 이 과정이 복잡하고 많은 시간이 소요되는 일이기 때문에 tax time이 되면 미국인들은 스트레스를 받습니다. 그래서 어떤 사람들은 그 모든 비용에서 발생한 영수증을 가지고 세무 대리인(tax preparer)이나 회계사를 찾아갑니다. 어떤 사람들은 인터넷에 있는 세금 정산 소프트웨어 프로그램을 이용하기도 합니다. 이것만으로도 충분히 스트레스 받는 미국인들에게 어떤 주들은 주정부 세금 정산도 따로 보고하라고 합니다. 그래서 미국인들은 tax time이 되면 각종 영수증과 씨름하느라 괴롭습니다.

LESSON 8

영어로 말하고 싶은, 또는 못 알아들을 것 같은 예문에 체크해 보세요.

이사벨라: 저기, 저랑 같이 스타벅스에 가실래요?

소피아: 그러고는 싶은데, 저는 보통 제 커피를 직접 만들거든요.

이사벨라: 스타벅스 커피를 안 좋아하시나 봐요?

소피아: 좋아는 하는데, 제가 엄청난 커피 중독자라서 하루도 빠짐없이 매일 스타벅스 커피를 마시게 되면, 금방 만만치 않은 비용이 되거든요.

이사벨라: 그건 그래요.

소피아: 그래서 저는 보통 제가 마실 커피를 직접 만들어요. 원하는 만큼 마실 수 있게요. 이게 또 아주 적은 예산으로 살아가야 할 때도 괜찮거든요. 게다가, 제가 마실 커피를 (크림이나 설탕 등을 넣을 때) 제가 완전하게 조절해서 만들 수 있는 게 좋거든요.

이사벨라: 정말 그러네요. 커피콩은 어디서 사세요?

소피아: 사실 저는 갈아 놓은 커피를 사요. 원래 럭키 고트에서 샀었는데, 그 집 커피가 좋을 때도 있고 별로일 때도 있어서, 지금은 레드아이에서 사요. 금요일에는 40온스짜리 봉지 하나에 10달러밖에 안 해요.

이사벨라: 40온스 봉지 하나에 10달러라고요? 완전 거저네요!

소피아: 맞아요. 거기 갈아 놓은 커피는 금요일마다 세일해요. 그나저나, 제가 짠순이로 보이지는 않아야 하는데요.

이사벨라: 전혀요. 저한테는 소피아 씨가 똑똑한 소비자로 보이는데요.

Isabella: Hey, you want to go to Starbucks with me?

Sophia: I'd love to, but I usually make my own coffee.

Isabella: You don't like Starbucks coffee?

Sophia: I do, but I'm a huge coffee ❶**junkie**, and if I drink a cup of Starbucks coffee every single day, it can really add up quickly.

Isabella: That's true.

Sophia: So I usually make my own coffee so that I can drink as much as I want, which also works when I'm on a ❷**shoestring budget**. Besides, I like it when I have full control over my coffee.

Isabella: That makes perfect sense. Where do you buy coffee beans?

Sophia: I actually buy ground coffee. I used to buy it at Lucky Goat, but their coffee was ❸**hit and miss**, and now I shop at RedEye. It's only 10 dollars for a 40-ounce bag on Friday.

Isabella: 10 dollars for a 40-ounce bag? ❹**That's a steal!**

Sophia: I know. Their ground coffee is on sale every Friday. Well, I hope I don't ❺**come off as a cheap person**.

Isabella: Not at all. To me, you ❺**come off as a smart shopper**.

---

ground 갈린(grind-ground-ground)
cheap person 짠순이, 짠돌이

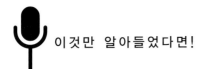 이것만 알아들었다면!

MP3 044

1 A junkie

My husband is a baseball junkie.

우리 남편은 야구 중독자야.

(커피, 게임 등의)
중독자

2 A shoestring budget

He has been running this program on a shoestring budget and has done a wonderful job.

그는 눈곱만한 예산으로 이 프로그램을 운영해 왔는데, 정말 잘해 냈어.

아주 적은 예산
/눈곱만한 예산

3 Hit or miss (= Hit and miss)

Let's just keep this between you and me. His work can be hit or miss.

이건 그냥 우리 둘만 아는 이야기로 합시다. 그 사람이 하는 일은 복불복입니다.

복불복인
/예측하기 어려운

4 It's a steal!

If we can buy this for 10 dollars, it's a steal.

우리가 이걸 10달러에 살 수 있다면 거저지.

거저다!

5 To come off as ~

He might sometimes come off as arrogant, but he's a modest guy.

가끔 건방져 보일 수도 있겠지만, 그는 겸손한 사람이다.

~처럼 보이다

Junkie라는 단어를 사전에서 찾아보면, 그 뜻이 '마약 중독자'(drug addict)입니다. 그래서 "He's a junkie."는 "그는 마약쟁이다."는 말이죠. 그런데 미국 일상 회화에서 이 단어는 꼭 마약이 아니더라도 무언가에 중독된 사람을 뜻할 때 쓰입니다. 그럴 때는 주로 junkie 앞에 중독된 대상이 붙어서, doughnut junkie(도넛 중독자), shopping junkie(쇼핑 중독자), movie junkie(영화 중독자) 등과 같이 쓰이죠. 이런 비슷한 유의 표현으로 알코올 중독자를 뜻하는 단어 alcoholic을 활용한 workaholic(일 중독자), shopaholic(쇼핑 중독자) 등의 단어도 있습니다.

CULTURE POINT

커피는 미국 문화에서 아주 큰 부분을 차지하기 때문에, 미국의 관공서나 공공 기관, 은행, 학교 등 어디를 가든 커피가 있습니다. 물론 요즘은 한국에도 커피가 구비된 곳이 많지만, 주로 뜨거운 물과 인스턴트 믹스 커피가 있는 경우가 대부분이지요. 이와는 달리, 미국은 주로 아메리카노 스타일의 원두커피가 있습니다. 대부분의 미국인들에게 커피를 마시는 것은 생활의 일부라서, 카페인에 민감한 사람들도 커피를 마실 수 있게 디카페인(카페인을 제거하거나 줄인) 커피를 함께 겸비한 곳이 많습니다. 그래서 많은 곳에서 커피 디스펜서(coffee dispenser)라고 불리는 용기를 두 개 볼 수 있는데, 자세히 보면 하나는 일반 커피(regular coffee), 다른 하나는 디카페인 커피(decaf)라고 적혀 있습니다. 디카페인 커피는 영어로 decaffeinated coffee인데, 미국인들은 보통 이를 줄여서 decaf/decaff라고 합니다. 발음은 [디-캐프]입니다. 디카페인 커피의 맛은 싫지만 일반 커피의 카페인을 모두 다 섭취하기 부담스러운 미국인들은 카페에서 half-decaf(반은 일반 커피 가루, 반은 디카페인 커피 가루를 섞어서 만든 커피)로 주문하기도 합니다.

LESSON 8

린지: 이 트레드밀(러닝머신) 좀 봐! 난 중고품 위탁 판매점에서 이런 종류의 물건도 파는 줄은 몰랐어.

아드리아나: 여긴 모든 걸 다 팔아. 트레드밀 필요하니?

린지: 음, TV 보면서 트레드밀에서 걷고 싶다는 생각이 좀 들었거든.

아드리아나: 그렇다면 이거 사지 그래? 100 달러밖에 안 하고, 새 것 같이 보이잖아. 가격도 진짜 좋은 것 같은데.

린지: 나도 아주 좋은 가격이라는 건 알겠는데, 우리가 지금 진짜 적은 예산으로 생활하고 있거든. 그리고 이런 중고 기계를 사는 게 복불복이라는 말도 들었고.

아드리아나: 에이. 내가 아는데 너희 부부가 100달러짜리 트레드밀 살 형편은 돼. 게다가, 너희 남편이 기술자니까 이 기계가 상태가 좋은 건지 아닌지 알 수 있을 거야. 남편한테 지금 전화해 보지 그래?

린지: 그 사람 여기 안 올 거야. 틀림없이 어떤 극한 스포츠 하느라 지금 정신없을 테니까.

아드리아나: 너희 남편 지난주에 스카이다이빙 하러 갔다고 그러지 않았니?

린지: 그 사람이 아드레날린 중독자라는 걸 넌 몰랐니? 매 주말마다 모든 종류의 스릴 있는 스포츠를 다 시도해.

Linzy: Look at this treadmill! I didn't know they sell these kinds of things at a consignment store.

Adrianna: They sell everything here. Do you need a treadmill?

Linzy: Well, I kind of wanted to walk on a treadmill while watching TV.

Adrianna: Then, why don't you buy this one? It's only 100 dollars, and it ❶**comes off as brand new**. I think it's a very good price.

Linzy: I know ❷**it's a steal,** but we're living on ❸**a shoestring budget**. I also heard that buying a used machine like this can be ❹**hit or miss**.

Adrianna: Come on. I know you guys can afford a 100-dollar treadmill. Besides, your husband is a mechanic, so he should be able to tell if this is in good condition. Why don't you call him now?

Linzy: He's not gonna come here. He must be busy playing some sort of extreme sport.

Adrianna: Didn't you say he went skydiving last week?

Linzy: Didn't you know he's an adrenaline ❺**junkie**? He tries all kinds of thrilling sports every weekend.

---

consignment store 중고품 위탁 판매점

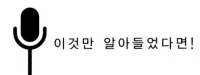

이것만 알아들었다면!

1

To come off as ~: To appear to be ~

He sometimes comes off as a pushover, but he's not.

그는 때때로 만만한 사람처럼 보이기도 하지만, 실제로는 그렇지 않다.

2

It's a steal!: It's a very very good price!

I only paid 200 dollars for this Prada bag. It was a steal.

난 이 프라다 핸드백을 겨우 200달러에 샀어. 거저였지.

3

A shoestring budget: An extremely limited budget

We need to complete this project on a shoestring budget.

우리는 이 프로젝트를 아주 적은 예산으로 마쳐야 합니다.

4

Hit or miss (= Hit and miss): Successful or unsuccessful/Good or bad/Unpredictable

We should stop relying on this hit-or-miss technique.

우리는 이렇게 복불복인 기술에 더 이상 의존해서는 안 됩니다.

> hit or miss가 명사 앞에 놓여 수식할 때는 하이픈으로 이어 쓴다.

5

A junkie: An addict

My daughter is a video game junkie.

우리 딸은 비디오 게임 중독자야.

Adrenaline junkie라는 단어를 봅시다. 아드레날린(adrenaline)은 긴장, 스트레스, 흥분 등과 관련된 부신 호르몬인데요, 그러니 '아드레날린 중독자'라는 이 말은 그런 느낌을 주는 스릴 있는 극한 스포츠(extreme sports)에 푹 빠진 사람을 말합니다. 많은 한국인들은 '미국 사람' 하면 기름진 햄버거 등의 음식을 먹는 비만인을 떠올리지만, 미국에는 과할 정도로 운동을 열심히 하는 adrenaline junkie 또한 많습니다.

CULTURE POINT

Lesson 2에서 잠깐 언급했듯이, 미국에는 다른 사람이 쓰던 물건을 주인을 대신해 팔아 주는 가게가 많은데, 이를 consignment store(중고품 위탁 판매점) 또는 consignment shop이라고 합니다. 물건 주인 대신 팔아 주기 때문에, 물건이 팔리고 나면 일정 퍼센티지의 돈을 물건 주인에게 지불합니다. 주로 옷과 액세서리를 취급하지만, 어떤 가게에는 별의별 물건들이 다 있습니다. Consignment store 중에는 특정 물품만 취급하는 곳도 있는데, 예를 들어, 제가 사는 동네에는 유소아 용품만 위탁 판매하는 Kids Pointe라는 가게가 있습니다. 아기 침대, 유모차, 장난감, 아기 옷, 동화책 등 유소아 용품은 모두 취급하는데, 주민들에게 굉장히 인기가 좋은 곳입니다. 금세 자라는 아이들에게 매번 비싼 새 옷을 사 주기 부담스러운 사람들이 많으니까요. 미국에는 consignment store 외에도 중고물품을 파는 가게가 많은데, 다른 곳들은 주로 사람들이 기부한 물건으로 운영됩니다. 성당이나 교회가 운영하는 가게들의 경우, 그 수익금을 자선 사업에 사용하기도 하지요. 또, 사람들이 기부하는 물건으로 운영되는 가게를 프랜차이즈 형태로 여러 군데 가지고 있는 회사도 있는데, 그 대표적인 기업이 Goodwill입니다. 그렇다면 미국인들은 왜 이런 곳에 자신이 쓰던 물건을 기부하는 걸까요? 기부를 하게 되면, 해당 가게에서 기부했다는 증서를 지급하는데, 이를 이용해 세금 공제를 받을 수 있기 때문입니다.

LESSON 8

모니카: 이 초콜릿 케이크, 팀 생일 파티에 딱 좋겠는걸. 게다가 가격도 12달러 밖에 안 하고.

크리스탈: 이 사이즈 케이크가 12달러라고? 완전히 거저네!

모니카: 맞아! 가장 저렴하지만, 그게 가장 덜 맛있다는 뜻은 아니지. 게다가, 너도 알다시피 우리가 눈곱만한 예산으로 이 파티를 계획하고 있잖니.

크리스탈: 나도 네 말이 무슨 뜻인진 아는데, 팀이 초콜릿 케이크 좋아하는 건 확실하니?

모니카: 확실해. 걔가 초콜릿 중독자거든.

크리스탈: 정말? 걔는 단걸 좋아하는 사람으로는 안 보이는데.

모니카: 나도 네가 무슨 말 하는지 알아. 그럼, 초콜릿 케이크를 2개 사야 할까? 하나 더 필요할지도 몰라. 10명 초대했으니까.

크리스탈: 우리 초콜릿 케이크 하나랑 바닐라 케이크 하나 사면 어때? 뭐, 어떤 사람들은 초콜릿 별로 안 좋아하기도 하니까.

모니카: 그게, 여기 바닐라 케이크가 맛이 있을 때도 있고 없을 때도 있어. 바닐라 대신 레드 벨벳 케이크를 사면 어때?

크리스탈: 좋아!

Monica: This chocolate cake looks perfect for Tim's birthday party, and it's only 12 dollars.

Crystal: 12 dollars for this size cake? ❶**It's a steal!**

Monica: I know! It's the least expensive, but that doesn't mean it's the least delicious. Plus, you know we're planning this party on

❷**a shoestring budget**.

Crystal: I know what you're saying, but are you sure Tim likes chocolate cake?

Monica: Oh, I am. He's a chocolate ❸**junkie**.

Crystal: Seriously? He doesn't ❹**come off as a person who has a sweet tooth**.

Monica: I know what you mean. So, should we buy 2 chocolate cakes? We might need one more because we invited 10 people.

Crystal: Why don't we buy 1 chocolate cake and 1 vanilla cake? You know, some people are not much into chocolate.

Monica: Well, their vanilla cake is ❺**hit or miss**. Why don't we buy a red velvet cake instead of vanilla?

Crystal: Sounds good!

---

have a sweet tooth 단것을 좋아하다
be into ~을 좋아하다

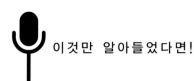 이것만 알아들었다면!

 MP3 048

1 It's a steal!: It's a very very good price! 거저다!

This brand-name microwave for 70 dollars is a steal.
이 유명 브랜드 제품 전자레인지가 70달러면 거저나 마찬가지야.

2 A shoestring budget: An extremely limited budget
아주 적은 예산/눈곱만한 예산

Although this movie was made on a shoestring budget, it won several awards.
이 영화는 아주 적은 예산으로 만들어졌는데도, 상을 여러 개 받았습니다.

3 A junkie: An addict (커피, 게임 등의) 중독자

I don't want my child to become a candy junkie.
난 내 아이가 사탕 중독자가 되는 건 바라지 않아.

4 To come off as ~: To appear to be ~ ~처럼 보이다

I'm sorry. I didn't mean to come off as flippant.
미안합니다. 건방지게 보일 의도는 없었어요.

5 Hit or miss (= Hit and miss): Successful or unsuccessful/ Good or bad/Unpredictable 복불복인/예측하기 어려운

The service you get in this store can be hit or miss depending on the salesperson's mood.
이 가게에서 받는 서비스는 판매원의 기분에 따라 좋을 수도 있고 나쁠 수도 있습니다.

Come off as 뒤에는 명사를 쓸 수도 있고 형용사를 쓸 수도 있습니다. 명사를 쓰면, '~처럼 보이다'는 뜻이고, 형용사를 쓰면 '~해 보이다'는 뜻이 됩니다.

He might be intelligent, but he comes off as <u>arrogant</u>.
그 사람이 똑똑할지는 모르겠지만, 거만해 보여. (형용사)

I don't like him because he comes off as <u>a racist</u>.
난 그 사람이 싫어. 왜냐면 인종 차별주의자처럼 보이거든. (명사)

Vocabulary Point

Hit or miss를 살펴봅시다. 우리가 다트 게임을 할 때, 화살을 던져서 과녁을 맞히면(hit) 성공이고, 화살이 과녁을 놓치고 빗나가면(miss) 실패하게 됩니다. 그러니 hit or miss는 성공할 수도 있고 실패할 수도 있다는 의미를 가진 이디엄입니다. 그런데 이 이디엄은 hit and miss라고 쓰이기도 합니다. 어떤 사람들은 뭔가를 시도했을 때 성공이나 실패 중 한 가지 결과만 일어나기 때문에, hit and miss는 논리적으로 말이 안 되는 표현이라고 주장하기도 해요. 한 번에 이 두 가지 결과가 동시에 모두 나타날 수 없기 때문입니다. 그렇지만 같은 일을 여러 번 시도했을 경우에는, 어떤 때는 성공하고 또 어떤 때는 실패할 수도 있을 테니 hit and miss 역시 말이 되는 표현입니다. 어쨌든 미국인들은 이 두 표현을 모두 자주 사용합니다. 두 이디엄 다 명사를 앞에서 꾸며 주는 형용사로 쓰일 때는(한정적 용법) 하이픈(-)으로 세 단어를 연결해야 합니다.

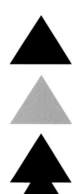

We can't rely on this type of <u>hit-and-miss</u> method.
이렇게 복불복인 방식에 의존할 수는 없어.

It's a <u>hit-or-miss</u> recipe. Why don't we look in the cookbook for another recipe?
그건 복불복 레시피야. 그 요리책에서 다른 레시피를 찾아보는 게 어떨까?

LESSON 9

영어로 말하고 싶은, 또는 못 알아들을 것 같은 예문에 체크해 보세요.

(회의 중에)

베스: 자, 이제 우리 프로젝트 목표를 점검했으니, 지난 몇 달 간 수집한 자료를 몇 가지 보여 드리며 공유하겠습니다. 잠시만요, 잠시만 기다려 보세요. 클릭이 안 되네요. (고친 후) 괜찮아요, 이제 됐습니다. 여기 다음 슬라이드를 봐 주세요. 이 그래프에서 보이는 것처럼, 5월에 가장 판매량이 높았습니다.

지미: 베스 씨, 제가 베스 씨가 하시는 말씀을 이해하고 있는지 확인하고 넘어가려고요. 5월에 가장 높은 성장률을 보였다고요? 저는 그게 우리가 광고 캠페인을 크게 했던 1월이었다고 생각했거든요.

베스: 맞아요, 지미 씨. 무슨 말씀하시는지 저도 잘 압니다. 저 또한 이 데이터를 보고 좀 의아했었거든요. 그렇지만 이 다음 슬라이드를 보시면, 판매량을 늘려 주는 몇 가지 일이 일어났다는 사실을 알 수 있습니다. 이걸 보세요. 우리는 4월에 여러 유튜버들이 우리 제품을 사서 개봉하고 사용해 보는 영상과 긍정적인 리뷰 영상을 찍게 했다는 것을 알 수 있습니다. 그리고 5월쯤에는 판매량이 급증했고요.

지미: 그러니까 광고 캠페인이 판매량 증가의 원인은 아니었던 거군요.

베스: 글쎄, 그렇기도 했고 아니기도 했어요. 광고 캠페인이 입소문이 나도록 했고, 그게 유명 유튜버들의 눈에도 띈 것이니까요.

지미: 그리고 그 유튜버들이 판매량을 한 단계 더 높여 줬고요.

베스: 바로 그거죠.

English CONVERSATION

MP3 049

(In a meeting)

Beth: Okay, so now that ❶**I've gone over the goals of our project**, I'm going to share some of the data that we collected over the last few months. Wait, hold on here a second. My clicker isn't working. (She fixes the clicker) All right, there we go. Take a look at this next slide. As shown in this graph, we see that our highest level of sales was in May.

Jimmy: Beth, I want to make sure that ❷**I'm on the same page with you**. The highest growth was in May? I thought it would've been in January when we did the big ad campaign.

Beth: Right, Jimmy. I know what you mean. I ❸**was scratching my head about the data**, too. However, when we look at this next slide, we see that several things happened to boost sales. Look at this: we had a bunch of YouTubers do unboxing videos and positive review videos in April. By May, the sales were skyrocketing.

Jimmy: So the ad campaign wasn't the reason for the sales.

Beth: Well, yes and no. The ad campaign created some ❹**buzz**, which caught the eye of the YouTube influencers.

Jimmy: And the YouTubers ❺**took it to the next level** for sales.

Beth: Exactly.

---

hold on here a second 잠시만 기다리다

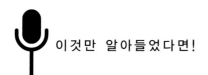 이것만 알아들었다면!

MP3 **050**

1 To go over something

Even though we had already gone over the rules of the card game, I had to explain them again.

우리가 그 카드 게임의 규칙을 이미 함께 살펴봤는데도, 내가 그 규칙들을 다시 설명해야 했어.

무언가를 검토하다
/논의하다

2 To be on the same page with someone about something

Before we spend money on a new computer system, everyone in the office needs to be on the same page about what we expect from the system.

새로운 컴퓨터 시스템에 돈을 쓰기 전에, 사무실의 모든 사람들이 그 시스템 설치를 통해 기대하는 것에 동의를 해야 합니다.

어떤 사안에 관하여
누군가와 같은 견해를
가지다/이해하다

3 To scratch one's head about something

The math department spent a few weeks scratching its head about how to move all of its classes online due to the pandemic.

수학과는 팬데믹으로 인해 모든 수업을 어떻게 온라인으로 바꿀 지에 관해 몇 주 동안 골머리를 앓았다.

이해가 안 돼 깊이
생각하다/골머리를 앓다

4 Buzz

There's a lot of buzz about this new facial cleanser on the Sephora website. Everyone says it's the best cleanser.

세포라 웹사이트에서 이 새로 나온 세안제에 관한 입소문이 대단해. 모두가 그게 가장 좋은 클렌저라고 말하네.

입소문/흥분/열광

주로 make, create, generate 등의 동사와 함께 '관심을 일으키다', '입소문을 퍼뜨리다'의 뜻으로 쓰인다.

5 To take something to the next level

Now that we have fifty students taking guitar lessons, we'd like to take our music school to the next level and create more advanced classes.

이제 우리 기타 수업을 받는 학생들이 50명이니까, 우리 음악 학교를 다음 단계로 끌어올리고 더 높은 수준의 수업을 개설하고 싶습니다.

~을 다음 단계로
끌어올리다
/업그레이드하다

베스는 대화에서 "As shown in this graph, ~"라고 말합니다. 이것은 "As it is shown in this graph, ~"를 줄여 쓴 것으로, 수동태 문장에서 출발한 표현입니다. 이렇게 쓰는 이유는 능동태인 "As you can see in this graph"보다 훨씬 더 격식을 갖춘 느낌이기 때문이죠. 이렇게 수동태 기반의 As-절은 격식을 갖춘 문어체 표현이라서 주로 학계나 전문적인 글에서 많이 볼 수 있습니다. 물론 가끔 구어체 영어에서 쓰이기도 하지만, 전체적인 경향이 그렇습니다. 이런 문법 구조를 가진 As-절을 몇 가지 더 볼까요?

As explained in the previous document, 앞의 문서에서 설명되었듯이.
As can be seen in Table 3, 3번 표에서 보이듯이.
As has been demonstrated in earlier research, 이전 연구에서 입증되었듯이.

CULTURE POINT

대화에서 베스는 파워포인트를 이용해 발표하는 도중 클릭이 안 돼서 다음 슬라이드로 넘어가지 못하고 있었습니다. 이런 일은 우리 모두 살아가면서 흔히 겪는 거죠? 그렇다면 이런 경우에 미국인들이 의사소통하는 방식과 패턴(communication pattern)을 한번 살펴볼까요? 베스는 "Wait, hold on here a second. My clicker isn't working. All right, there we go."라고 합니다. 여기서 베스는 "wait"과 "hold on here" 표현을 통해서, 사람들에게 뭔가 문제가 생겼다는 사실을 알립니다. 그런 후에, 그녀는 "The clicker is not working."이라고 하며, 구체적으로 뭐가 문제인지 밝힙니다. 그리고 문제가 해결된 후에는 "All right, there we go."라고 합니다. 이렇게 "There we go."는 문제가 해결되었다는 것을 알려 주는 표현입니다. 이는 굉장히 흔한 미국인들의 의사소통 패턴이지요. 예를 하나 더 볼까요? 누군가가 개를 데리고 산책을 나갔다가, 개의 산책용 벨트가 잘못 채워진 것을 알아차리게 됩니다. 이때 그는 이렇게 말할 수 있습니다. "Oh, that's not right. This part goes around your leg. Okay, there we go! Now we can go for a walk." 이때, "There we go!"는 "이제 제대로 됐다!"는 말입니다. 이런 것들은 사실 단순해 보이지만, 굉장히 미국적인 표현입니다. 그러니 이런 것들을 기억해 두고 적절한 상황에서 잘 사용하면, 훨씬 더 미국인들의 의사소통 방식에 가까운 영어를 할 수 있겠죠?

111

UNIT 2

(두 형제간 대화)

다니엘 (동생): 앤디 형, 지금 뭐 해?

앤디 (형): 유튜브 동영상 봐. 야, 다니엘. 네 음료수 좀 잘 봐! 내 노트북 컴퓨터에 그 음료 쏟는 거 싫어.

다니엘: 그 동영상 뭐에 관한 건데?

앤디: 신기술에 관한 리뷰야. 나도 그에 관한 몇 가지 리뷰를 했는데, 내 동영상을 보는 사람이 많이 없거든. 내 동영상을 좀 더 업그레이드시킬 필요가 있어서, 다른 사람들은 어떻게 하는지 보는 중이야. 이 사람이 자기 트위터랑 인스타그램으로 링크를 다 어떻게 걸어놨는지 보이지? 이게 바로 내가 해야 할 것이거든. 내 영상이 화제를 일으키도록 해야 해.

다니엘: 화제?

앤디: 응, 그건 사람들이 신나서 네 영상을 보고 싶어 한다는 뜻이야. 그런데 뭐 필요한 것 있니, 다니엘?

다니엘: 응. 내 수학 숙제하는 데 도움이 필요해.

앤디: (한숨을 쉰다) 칸 아카데미는 봤니?

다니엘: 응, 그런데 하나도 이해가 안 됐어. 형이 도와줄 수 있어?

앤디: 그래. 그런데 바로 어제 우리가 네 숙제 같이 보지 않았니?

다니엘: 맞아. 하지만 이건 추가로 해야 하는 숙제야. 우리 선생님께서 우리 반 아이들 모두가 같은 페이지에 있기 전에는 다음 주제로 넘어갈 수 없다고 하시거든. 그래서 내가 이 페이지를 끝내는 데 도움이 필요해.

앤디: 그게, 너희 선생님이 문자 그대로 '어떤 페이지'를 말씀하시는 게 아니야. 모두가 선생님이 가르치는 내용을 이해해야 한다는 말씀을 하시는 거지. 어쨌든, 나한테 문제나 보여줘 봐.

다니엘: 여기 있어. 이 문제 전부 다 도움이 필요해.

앤디: 음.... 와, 이건 나도 좀 당황스러운데. 진짜, 너한테 뭐라고 말해 줘야 할지를 모르겠어.

다니엘: 이크, 미안해, 앤디 형. 내가 방금 음료수를 좀 쏟았어.

앤디: 에잇! 다니엘! 동생들이란 정말!

(Two Brothers)

Daniel (little brother): Andy, what are you doing?

Andy (big brother): I'm watching YouTube videos. Hey, watch out with your drink, Daniel! I don't want you to spill that on my laptop.

Daniel: What are the videos about?

Andy: They're new technology reviews. I've already done some myself, but I don't have too many people watching my videos. I need to ❶ **take my videos to the next level**, so I'm watching how other people do theirs. See how this guy has all these links to his Twitter and Instagram? That's what I have to do. I've gotta generate some ❷ **buzz** about my videos.

Daniel: ❷ **Buzz**?

Andy: Yeah, it just means that people get excited and want to watch your videos. Is there something you need, Daniel?

Daniel: Yeah, I need some help with my math homework.

Andy: (sighs) Have you checked Khan Academy?

Daniel: Yeah, but it didn't make any sense. Can you help?

Andy: Sure, but didn't we just ❸ **go over your homework** yesterday?

Daniel: Yeah, but this is extra homework. The teacher says that he can't move on to the next topic until everyone in class ❹ **is on the same page**… so I need help with this page.

Andy: Well, the teacher doesn't literally mean a page; he just means that everyone understands what he's teaching. Anyhow, just show me the problems.

Daniel: Here you go. I need help with all of them.

Andy: Oh, hmm. Wow, this has me ❺ **scratching my head**, too. Gosh, I don't know what to tell you.

Daniel: Oops! Sorry, Andy, I just spilled some of my drink.

Andy: Damn it, Daniel! Little brothers!

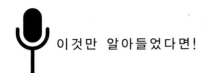
이것만 알아들었다면!

MP3 052

1

To take something to the next level:
To improve or further develop something

She's been a competitive diver for years, and
now she's decided to take it to the next level
by working with a private trainer. She hopes to
qualify for the Olympic team.

여러 해 동안 그녀는 경쟁력 있는 다이빙 선수였는데, 이제는
개인 트레이너와 함께 연습하면서 실력을 한 단계 더
업그레이드시키기로 했습니다. 그녀는 올림픽 팀 합류 자격에
통과하기를 바라고 있습니다.

2

Buzz: Positive interest in something (usually related to advertising something)

The clothing brand has to build some online buzz for its new line of jeans.
그 의류 브랜드는 새로 출시된 청바지 라인이 인터넷에서 입소문이 퍼지도록 해야 합니다.

3

To go over something:
To examine or discuss something

Hey, sorry I'm late for the meeting. Did the boss
already go over the question about work contracts
for next year?

저기, 회의에 늦어서 죄송합니다. 사장님께서 내년 업무 계약 관련
질문 사항을 이미 검토하셨나요?

4

To be on the same page with someone about something: To understand and agree with someone about a topic

Hmm. I have some questions about this. I'm not sure that I'm on the same page
with you.
음… 저 이것 관련해 몇 가지 질문이 있습니다. 제가 당신과 제가 같은 생각인지 잘 모르겠어요.

5

To scratch one's head about something:
To be puzzled about something and thinking hard about it

I don't like either candidate for president. I'm really scratching my head about
who to vote for.
저는 대통령 후보가 둘 다 마음에 안 들어요. 대체 누구를 뽑아야 할지 정말 모르겠어요.

감탄사 Oops는 다양한 상황에서 쓰일 수 있지만, 주로 어떤 문제를 일으키거나 사소한 실수를 한 후에 사과나 미안한 감정을 나타낼 때 쓰입니다. 동시에 놀람을 나타내기도 하는데, 그것은 뜻하지 않게 그런 실수를 하게 돼서 화자 자신도 놀랐다는 걸 표현하는 거죠. 이를테면, 미국인들은 다음과 같은 상황에서 이 감탄사를 씁니다.

어떤 방이 비어 있다고 생각하고 문을 확 열어젖혔는데, 어떤 사람이 바로 앞에 딱 서 있을 때, 또는 친구들에게 줄 음식을 한가득 담은 접시를 나르다가 음식 몇 가지를 땅바닥에 떨어뜨렸을 때 등이 바로 미국인들이 oops 하는 순간이랍니다. 어떤 사람들은 oops를 whoops라고 쓰거나 말하기도 합니다. 참고로, 2004년에 세계적인 인기를 모았던 브리트니 스피어스(Britney Spears)의 노래 제목도 "Oops! I Did It Again."(웁스! 제가 또 그랬네요.)이었습니다.

CULTURE POINT

칸 아카데미(Khan Academy)는 학교에서 배우는 여러 과목을 무료로 과외해 주는 교육기관입니다. 이곳의 창립자인 살만 칸(Salman Khan)은 자신의 사촌동생에게 온라인으로 수학 과외를 해 주다가 결국 다른 사촌동생들까지 모두 과외를 해 주게 됩니다. 그때 과외한 내용을 영상으로 제작해서 유튜브(YouTube)에 올렸는데, 그의 이 영상은 커다란 인기를 얻게 되죠. 결국 칸은 수학과 과학을 중심으로 각종 학과목을 과외해 주는 영상 제공 조직을 만들었습니다. 현재 칸 아카데미는 미국 수학능력시험(SAT)과 같은 어려운 시험을 대비해 주는 프로그램까지 제공하고 있습니다. 그래서 미국의 많은 초중고 아이들은 숙제가 힘들거나 공부가 어려울 때 칸 아카데미 영상을 찾아서 봅니다. 미국 교육 관계자들은 칸 아카데미의 영상이 인기 있는 이유로, 시청각 자료를 적절하게 활용하면서 대화식으로 진행하는 수업을 들고 있습니다.

LESSON 9

(요리쇼 중에)

베다니: 미국의 가장 최신 음식 문화 트렌드를 보여주는 "Let's Get Cookin'" 쇼에 오신 것을 환영합니다! 오늘 초대한 셰프는 샐리 호프만 씨로, 뉴욕 브루클린에 있는 4성급 레스토랑 코발트의 수석 요리사이십니다. 샐리 씨, 오늘은 무슨 요리를 해 주실 거예요?

샐리: 전통적인 미국 여름 음식을 어떻게 업그레이드시킬 수 있는지를 보여드리고 싶네요. 자, 첫 번째로, 저희 코발트에서는 핫도그를 어떻게 만드는지 보여드리겠습니다.

베다니: 우와, 핫도그요! 핫도그 싫어하는 사람은 없죠.

샐리: 그렇습니다. 핫도그는 그릴에 구워 먹을 수 있는 미국 국민 음식인데요, 제가 지금 보여드릴 핫도그는 저희 식당이 입소문을 많이 타도록 하게 했답니다.

베다니: 제가 샐리 씨 말씀을 정확히 이해하고 있는지 모르겠는데요. 4성급 식당에서 왜 핫도그를 메뉴에 넣고 싶어 했을까요?

샐리: 좋은 질문입니다! 그게, 사실 팬데믹 중이라 식당 홀을 닫아야 했지만, 저희는 계속 음식을 팔아야 했습니다. 저희는 무슨 음식을 어떻게 팔아야 할지를 고심했죠. 저희가 할 수 있는 여러 가지 옵션들을 검토해 본 후에, 사람들이 빠르면서 비싸지 않고, 위로가 되면서 맛있는 음식을 원한다는 사실을 알게 됐습니다. 그래서 저희가 식당 바깥에 핫도그 판매대를 설치했는데, 사람들이 정말 좋아했습니다.

베다니: 정말 좋은 아이디어네요!

샐리: 물론, 저희는 4성급 핫도그를 팔고 있답니다. 저희는 100% 쇠고기 핫도그 소시지를 사용하고, 그것을 베이컨으로 말아서 그릴에 굽습니다. 그리고 저희가 제공하는 독특한 토핑도 몇 가지 보여드릴 건데요. 예를 들어, 마카로니와 치즈, 잘게 부순 포테이토 칩, 그리고 과카몰리 등이 있습니다.

베다니: 놀랍네요! 모두 맛있겠어요. 독특한데, 맛있겠네요!

(On a cooking show)

Bethany: Welcome to "Let's Get Cookin'" where we showcase the latest food trends in America! My guest chef today is Sally Hoffman, head chef at Cobalt, a four-star restaurant in Brooklyn, New York. Sally, what are you going to cook for us today?

Sally: I'd like to show you how to ❶ **take some traditional American summertime foods to the next level**. So, first, I'd like to show you how we do hotdogs at Cobalt.

Bethany: Wow, hotdogs! Who doesn't love hotdogs?

Sally: That's right, and they're a classic American food for the grill, and the hotdogs I'm going to show you now created a lot of ❷ **buzz** for our restaurant.

Bethany: I'm not sure if ❸ **I'm on the same page with you**. Why would a four-star restaurant want to put hotdogs on their menu?

Sally: Good question! You know, during the pandemic, we had to close our dining room, but we needed to keep serving food. We ❹ **were scratching our heads about what to serve and how to serve it**. After we ❺ **went over our options**, we realized that people needed something quick, inexpensive, comforting, and delicious. We set up a hotdog cart outside of the restaurant, and people loved it.

Bethany: What a great idea!

Sally: Of course, we're selling four-star hotdogs. We use all-beef hotdogs, and we wrap them in bacon and grill them. I'm going to show you some of the creative toppings we offer; for example, mac-n-cheese, crushed potato chips, and guacamole.

Bethany: Amazing! These sound delicious…unusual, but delicious!

---

classic 대표적인
guacamole 과카몰리(아보카도를 으깬 것에
양파, 토마토, 고추 등을 섞어 만든 멕시코 요리)

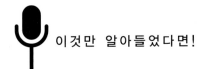 이것만 알아들었다면!

 MP3 054

1

To take something to the next level: To improve
or further develop something ～을 다음 단계로 끌어올리다/업그레이드하다

My French is getting better, but I really want to take it to the
next level. I've gotten a new language app, and I'm taking
private lessons with a native speaker for six weeks.

프랑스어 실력이 나아지고 있긴 하지만, 난 정말 프랑스어를 다음 단계로
업그레이드 시키고 싶거든. 그래서 새 언어 프로그램 앱을 샀고, 원어민에게
개인 교습을 6주 동안 받고 있어.

2

Buzz: Positive interest in something (usually related to
advertising something) 입소문/흥분/열광

I have a friend who writes books about creativity and does creativity workshops.
She generates buzz for her work by doing free, mini-workshops on Facebook.

나는 창의력에 관한 책을 쓰고 창의력 워크숍을 하는 친구가 하나 있어. 그녀는 페이스북에다 무료로 작은
워크숍을 진행하면서 자기 일에 관한 입소문을 퍼뜨리지.

3

To be on the same page with someone
about something: To understand and agree with someone about
a topic 어떤 사안에 관하여 누군가와 같은 견해를 가지다

I'm glad that we're all on the same page here, but we also need to decide on
some small and achievable goals if we're going to make more progress.

저는 이 지점에서 우리가 모두 같은 견해여서 기쁩니다. 그렇지만 우리가 좀 더 앞으로 나아가려면, 몇 가지
소소하고 달성 가능한 목표를 정해야 하기도 합니다.

4

To scratch one's head about something: To be
puzzled about something and thinking hard about it 이해가 안 돼 깊이 생각하다

I see how the carpenter built the stairs, but I'm scratching my head about why he
used these particular nails.

나는 그 목수가 어떻게 이 계단을 만들었는지는 알겠는데, 도대체 왜 이 특정 못을 사용했는지는 알 수가
없네.

5

To go over something: To examine or discuss something
무언가를 검토하다/논의하다

I'm looking forward to class today. The professor is going to go over the material
that will be on the final exam.

난 오늘 수업 정말 기대돼. 교수님께서 기말 시험에 나올 자료를 살펴봐 주실 거거든.

대화 속 TV쇼 이름이 Let's Get Cookin'이죠? 미국에 이런 이름의 요리 프로가 실제로 있습니다. 그런데 여기서 cooking을 왜 마지막 g를 뺀 스펠링으로 쓸까요? 미국 각 지역 방언의 구어체 영어를 살펴보면, 이렇게 마지막 g를 빼고 발음되는 경우가 상당히 많습니다. 그렇다고 해도 문어체 영어(written English)를 발음 나는 대로 적는 것은 올바른 언어 사용이 아니긴 하죠. 그렇지만, 특별한 경우에는 이 발음 그대로 적기도 하는데, 그럴 때는 아포스트로피(apostrophe)를 사용해서 마지막 g가 생략돼 있다는 것을 보여줍니다. 그래서 going은 goin'이 되고, eating은 eatin'이 됩니다. 미국인들이 동사+ing 형태를 이런 식으로 적는 이유는 이 발음이 주는 친숙하고 친근한 느낌 때문입니다. 이런 발음을 듣거나 보면, 심리적 거리감을 좁혀 준다고나 할까요? 그래서 이런 식의 스펠링을 광고나 식당 이름, 심지어 노래 제목에서도 흔히 볼 수 있습니다.

CULTURE POINT

미국인들은 핫도그를 굉장히 좋아해서 1년 내내 먹습니다. 미국인들의 핫도그 소비는 특히 여름에 크게 증가하는데, 여름에 가족, 친구들과 함께 야외에서 그릴에 구워서 먹을 수 있기 때문입니다. 핫도그는 너무나 인기 있는 음식이라서 미국 대도시에는 길에서 핫도그와 음료를 함께 파는 노점상이 많습니다. 핫도그에 들어가는 소시지는 소고기, 돼지고기, 닭고기, 칠면조 고기로 만드는데, 때론 이런 고기를 다 섞어서 만들기도 합니다. 참, 요즘은 채식주의자용 핫도그도 많이 나옵니다. 대부분의 가게에서 핫도그 위에 올리는 토핑은 무료로 주는데, 무료로 제공되는 토핑에는 머스터드, 케첩, 잘게 썬 양파, 렐리시 (relish: 오이나 야채 등의 피클을 다진 것) 등이 있습니다. 이 외에 돈을 더 지불해야 얹어 주는 토핑으로는 사우어크라우트(sauerkraut: '독일의 김치'라고 부르는 양배추 절임), 녹인 치즈, 칠리(chili: 토마토와 간 소고기로 만든 매콤한 스튜) 등이 있습니다. 배부르고 맛있게 먹을 수 있으면서도 값도 저렴해서 누구나 쉽게 즐길 수 있는 핫도그는 대부분의 미국인들에게 사랑받는 음식입니다. 그래서 스포츠 경기를 보러 가거나, 축제가 있을 때, 또는 영화를 보러 가도 항상 핫도그 파는 곳을 찾아볼 수 있습니다. 그런 곳에서 핫도그를 먹는 것이 미국의 전통이기 때문입니다.

UNIT 1

LESSON 10

영어로 말하고 싶은, 또는 못 알아들을 것 같은 예문에 체크해 보세요.

올리비아: 린지가 결혼식을 미뤄야만 한 게 참 실망스럽다.

카밀라: 무슨 일이니?

올리비아: 너 린지 이메일 안 읽었구나.

카밀라: 걔가 벌써 결혼식 연기 발표 이메일을 모두에게 보냈어?

올리비아: 보냈어. 예상했던 것보다 결혼식 준비가 더 힘든 일이었다고 하면서. 게다가, 지난주에 시하고 또 다른 계약을 맺었다고 하더라고. 마감일 전에 끝내려면, 그 프로젝트에 곧바로 뛰어들어야 한대.

카밀라: 이런 걸 잭하고 모두 상의한 거래?

올리비아: 당연하지. 그리고 잭이 린지와 린지 일을 존중해 주잖아.

카밀라: 우와, 잭이 천사처럼 보이네. 린지가 너무 부러워!

올리비아: 너희 남편도 널 지지해 주지 않니?

카밀라: 그렇지. 해가 서쪽에서 뜬다면 말이야.

올리비아: 그게 무슨 말이니?

카밀라: 내가 뭐든 그 사람 도움이 필요할 때마다, 자기는 더 중요한 일이 있어서 그 문제로 시간 낭비할 여력이 없다고 늘 말하거든.

올리비아: 너희 남편은 어떻게 너한테 그런 말을 할 수가 있지? 뭐, 그래도 우리 남편이 너희 남편만큼 돈을 잘 벌면, 나도 어떤 것에 대해서든 불평 안 하겠지.

English CONVERSATION

MP3 055

Olivia: It's a real ❶**bummer** that Linzy had to hold off her wedding.

Camilla: What's going on?

Olivia: You must not have checked her e-mail.

Camilla: Has she already sent out the wedding postponement announcement?

Olivia: She has. She said the wedding planning had been a more taxing job than she had expected. On top of that, she signed another contract with the city last week. In order to ❷**beat the clock**, she needs to ❸**jump on that project** right away.

Camilla: Has she discussed all this with Jack?

Olivia: Of course, and Jack respects Linzy and her career.

Camilla: Wow, Jack comes off as an angel. I'm so jealous of her!

Olivia: Isn't your husband supportive of you as well?

Camilla: Yes, ❹**when pigs fly!**

Olivia: What do you mean?

Camilla: Whenever I need his help with anything, he always says he can't afford to waste time on that because he ❺**has bigger fish to fry**.

Olivia: How can he say that to you? Well, then again, if my husband made as much money as yours, I wouldn't complain about anything.

---

taxing job 아주 힘든 일

121

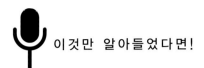 이것만 알아들었다면!

1 A bummer

Jane: The football game was cancelled due to heavy rain.
Jill: Bummer!

제인: 폭우 때문에 미식축구 경기가 취소됐어.
질: 왕짜증!

굉장히 실망스러운 일
/굉장히 짜증스러운 일

2 To beat the clock

She started the project a week before the deadline.
I don't know how she beat the clock.

그녀는 마감일 일주일 전에 그 프로젝트를 시작했거든.
어떻게 마감 시간 내에 끝냈는지 모르겠어.

(마감일/마감 시간 등의)
정해진 기한 내에 일을
마치다

3 To jump on something

If you don't jump on that job application today, the job
will be taken by someone else.

그 입사 지원서를 오늘 쓰기 시작하지 않으면, 그 자리는 다른 사람 차지가
될 겁니다.

어떤 일에 빨리 뛰어들다

4 When pigs fly

Tina: Do you think he's going to lend us some money?
Grace: Yes, when pigs fly!

티나: 그 사람이 우리한테 돈을 좀 빌려줄 것 같아?
그레이스: 응, 해가 서쪽에서 뜬다면!

해가 서쪽에서 뜬다면
(그런 일은 절대로
일어나지 않을 거야!)

5 To have bigger fish to fry

Do you really have to nitpick about this? Don't you have
bigger fish to fry?

이 일에 관해서 사사건건 트집을 잡으셔야겠어요? 이보다 더 중요한
할 일이 없습니까?

더 중요한 할 일이 있다

올리비아의 문장 "You must not have checked her e-mail."을 봅시다. Must 다음에 완료부정사(have + 과거분사)의 형태를 사용하고 있습니다. 〈미국적인 너무나 미국적인 영어회화 이디엄 1권〉에서 공부한 것처럼, 미국인들은 과거의 상황을 추측할 때, 'must/may/could/might + have + 과거분사'의 문법 형식을 사용합니다. 이때 자신의 추측에 강한 확신이 있다면, must를 씁니다. 이 형식을 부정문으로 만들 때는, 조동사 바로 뒤에 not을 붙이면 되죠. 그래서 올리비아도 "You must not have checked her e-mail."이라고 말하고 있는 거예요. 이때, "must haven't checked her e-mail"이라고 하면 문법적으로 틀린 표현입니다. 똑같은 형식의 다른 예도 볼까요?

Your teacher <u>must not</u> have seen you. (O) 선생님께서 너를 못 보셨나 보네.
Your teacher <u>must haven't</u> seen you. (X)

Vocabulary Point

To jump on something은 '어떤 일에 빨리 뛰어들다'는 뜻이라고 공부했습니다. 그런데 To jump on someone은 '누군가를 비난하다, 말로 공격하다(to attack someone/to criticize someone severely)'는 의미로 완전히 다른 뜻의 이디엄이 된다는 사실을 기억하세요.

Mr. Johnson jumped on me for not doing the math homework.
존슨 선생님이 내가 수학 숙제 안 했다고 심하게 뭐라고 하셨어.

LESSON 10

일레인: 그래, 네가 지원한 자리에 됐니?

에이미: 그 자리 났다는 얘기 듣자마자 내가 입사 지원 서류를 바로 준비하기 시작했지만, 마감 시간 내에 끝내지를 못했어.

일레인: 저런, 이를 어쩌니. 그래도 지원서를 그냥 제출하지 그러니? 네 이력서를 검토한 후에 그 사람들이 나중에 고용할 수 있는 사람들 명단에 넣어 줄지도 모르잖아.

에이미: 그런 일은 절대로 없을 거야. 에이, (입사 지원 서류 작성하는) 대신 그냥 클레어 파티에나 갔어야 했는데.

일레인: 네가 놓친 건 하나도 없어. 정말 실망스러운 파티였거든!

에이미: 설마!

일레인: 조촐한 파티이긴 했지만, 새라하고 난 그럭저럭 재미있게 보내고 있었거든. 그런데 데비가 나타난 후로...

에이미: 또? 나머지 이야기는 나한테 해 줄 필요도 없어. 걔는 진짜 분위기 완전 깨는 애야!

일레인: 그러니까 말이야! 난 걔가 파티에 왜 왔는지도 모르겠어. 그러니까 내 말은, 걔는 남의 파티 망치는 것 말고는 더 중요한 할 일이 없나?

에이미: 그게 바로 데비지!

Elaine: So did you get the position?

Amy: I **❶ jumped on the job application** as soon as I heard about the opening, but I wasn't able to **❷ beat the clock**.

Elaine: I'm so sorry. Why don't you submit the application anyways? After reviewing your résumé, maybe they will put you in the hiring pool.

Amy: That will happen **❸ when pigs fly**. Gosh, I should've just gone to Claire's party instead.

Elaine: You didn't miss anything. It was **❹ a real bummer**!

Amy: You must be kidding!

Elaine: Although it was a low key party, Sarah and I were kind of enjoying ourselves, but after Debbie showed up…

Amy: Again? You don't even have to tell me the rest of the story. She's such a party pooper!

Elaine: You can say that again! I don't even know why she came to the party. I mean doesn't she **❺ have bigger fish to fry** instead of spoiling someone's party?

Amy: That's Debbie.

---

low key 조용하고 떠들썩하지 않은
party pooper 흥을 깨는 사람
You can say that again! 내 말이 그 말이야!

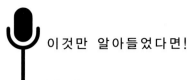

이것만 알아들었다면!

MP3 058

1 To jump on something:
To start something quickly

We should jump on this project right now.
우리는 즉시 이 프로젝트를 시작해야 합니다.

2 To beat the clock:
To finish something before a deadline (before time is up)

It's already 8:30. We should hurry to beat the clock.
벌써 8시 30분이네. 시간 내에 다 끝내려면 서둘러야 해.

3 When pigs fly: That will never happen

Linzy is going to get married to Tom when pigs fly.
린지가 톰과 결혼하는 일은 절대로 일어나지 않을 거야.

4 A bummer: Something that is very annoying

Bonnie and I have to work on the most difficult science project together, and the real bummer is we hate each other.
보니와 난 가장 어려운 과학 과제를 함께 해야 하는데, 진짜 짜증나는 건 우리가 서로를 싫어한다는 거야.

5 To have bigger fish to fry:
To have more important things to do

I don't want to waste my time on this. I've got bigger fish to fry.
저는 이 일에 시간 낭비하고 싶지 않습니다. 이보다 더 중요한 할 일이 있거든요.

When pigs fly는 돼지가 하늘을 나는 것처럼 '절대로 일어나지 않을 일'이라는 것을 표현하는 이디엄입니다. 한국어 표현 중에서는 '해가 서쪽에서 뜬다면' 정도에 해당하는 말이 아닐까 싶습니다. 그런데 많은 미국인들은 이 표현을 조금씩 변형해서 다음과 같이 사용하기도 합니다.

Kyle: I think Jim will finally give up drinking. 난 짐이 결국은 술을 끊을 거라고 생각해.
John: Yes, and <u>pigs might fly</u>! 응, 그렇다면 해는 서쪽에서 뜨겠지!

James: I will become a millionaire. 난 백만장자가 될 거야.
Jack: And <u>pigs may fly</u>. 그럼 해가 서쪽에서 뜨겠네.

Vocabulary Point 2

남의 파티에 와서 분위기 다 깨는 데비를 보고, 에이미는 "party pooper"라고 부릅니다. 분위기 좋을 때 찬물을 끼얹는 사람을 지칭하는 영어 표현에는 이 외에도 wet blanket이 있는데요, '찬물을 끼얹는 것'과 '젖은 담요'는 생각해 보면 일맥상통하는 개념이지요?

Why do you want to invite Debbie? She's such a wet blanket!
왜 데비를 초대하려고 해? 걔 완전 분위기 다 깨는 애잖아!

그렇다면, party pooper나 wet blanket과는 반대로 분위기를 띄우는 사람을 지칭하는 영어 단어에는 뭐가 있을까요? 바로 live wire입니다.

Thanks to Charlie, we had lots of fun. He was such a live wire!
찰리 덕분에 우리 얼마나 재미있었는지 몰라. 걔가 정말 분위기 메이커였어!

LESSON 10

크리스쳔: 여러분, 마감 시간 내에 끝내려면 우리가 더 빨리 일해야 합니다.

피터: 죄송하지만, 저는 이 사유서를 먼저 제출해야 해서요.

크리스쳔: 뭐 때문에요?

피터: 사장님께서 지금 바로 내라고 하세요. 사장님과 제가 굉장히 서로 의견이 팽팽한 대화를 나눴는데, 지난 번 줌 미팅(온라인으로 하는 원격 화상 회의) 때 제가 카메라를 켜지 않았다고 사장님께서 싫어하셨어요.

크리스쳔: 믿을 수가 없네요! 사장님이 우리 모두 지금 시간에 쫓기며 일하고 있다는 걸 아시면서, 신경 쓰셔야 할 일은 모두 다 뇌두고, 피터 씨가 카메라 안 켰다고 사유서를 쓰게 하셨다고요? 제 말은, 사장님은 더 중요한 할 일이 없으시답니까?

피터: 그러니까요! 저는 사소한 일까지 통제하려 드는 사장님 경영 방식에 좀 질렸어요.

크리스쳔: 우리 사장님은 언제쯤 합리적인 상사가 되실까요?

피터: 그런 일은 없을 겁니다.

크리스쳔: 좌우지간, 우리가 피터 씨 도움이 절실하게 필요할 때, 피터 씨가 쓸데없는 서류나 써야 한다는 건 정말 실망스런 일입니다.

피터: 죄송합니다. 제가 도와드릴 수 있게 당장 쓰기 시작해서 최대한 빨리 끝내는 게 낫겠어요.

Christian: Everyone, in order to ❶ **beat the clock**, we should work faster.

Peter: Sorry, but I should submit this explanation letter first.

Christian: What for?

Peter: The boss wants it right now. We just had a very tough conversation, and he was not happy about the fact that I didn't turn on the camera during our last Zoom meeting.

Christian: I can't believe it! He knows we're all fighting the clock, and out of all the things he should worry about, he chose to have you turn in a written explanation for not turning on the camera? I mean doesn't he ❷ **have bigger fish to fry**?

Peter: Thank you! I'm kind of sick of his micromanagement.

Christian: When is he going to become a reasonable boss?

Peter: ❸ **When pigs fly**.

Christian: At any rate, it's ❹ **a real bummer** that you need to write that stupid letter when we desperately need your help.

Peter: Sorry about that. I might as well ❺ **jump on that thing** and get it done as fast as I can so that I can help you guys.

---

explanation letter 사유서
fight the clock 시간에 쫓기며 일을 꾸려 나가다
micromanagement 세부 사항까지 통제/관리
might as well ~하는 편이 낫겠다

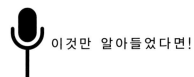 이것만 알아들었다면!

MP3 060

1 To beat the clock:
To finish something before a deadline (before time is up)
(마감일/마감 시간 등의) 정해진 기한 내에 일을 마치다

In order to beat the clock, we'd better speed up the process.
마감일 이전에 이 일을 끝내려면 절차를 빨리 진행하는 것이 좋겠습니다.

2 To have bigger fish to fry:
To have more important things to do
더 중요한 할 일이 있다

We've got bigger fish to fry than spending our time on this issue.
우리가 이 건에 시간을 쓰는 것보다 더 중요한 할 일이 있습니다.

3 When pigs fly: That will never happen
해가 서쪽에서 뜬다면 (그런 일은 절대로 일어나지 않을 거야!)

He's a filthy rich guy, but he's gonna donate money only when pigs fly.
그는 엄청난 부자이지만, 그가 돈을 기부하는 일은 절대로 없을 거야.

4 A bummer: Something that is very annoying
굉장히 실망스러운 일 /굉장히 짜증스러운 일

It's a total bummer that we missed the flight.
우리가 비행기를 놓친 게 너무나 실망스럽다.

5 To jump on something:
To start something quickly 어떤 일에 빨리 뛰어들다

If you want that job, you will have to jump on it right away.
그 일자리를 원하신다면, 지금 당장 뛰어들어야 할 겁니다.

130

크리스천의 문장, "He knows that we're all fighting the clock now."를 봅시다. To beat the clock이 '정해진 시간 내에 일을 마치다'는 의미인 반면, to fight the clock은 '시간에 쫓기며 일 처리를 하다'의 이디엄입니다. 그러니, fight the clock을 잘하면 beat the clock하게 되는 순간이 오겠지요?

We're really fighting the clock right now, and every second counts.
지금 우리 정말로 시간에 쫓기며 일하고 있어. 일분일초가 중요하다고.

Vocabulary Point 2

크리스천이 다른 중요한 일 때문에 바쁜 피터에게 별 것 아닌 일로 사유서를 쓰게 하는 직장 상사를 신랄하게 비판하자, 피터가 "Thank you!"라고 답합니다. 여기서 "Thank you!"는 고맙다는 말이 아니라, '네 말에 100% 동의한다.'는 뜻이겠죠? 이렇게 미국인들은 상대방의 말에 전적으로 동의할 때, "Thank you!"라고도 자주 말합니다.

Kimberly: On the whole, I agree with the BLM movement, but I just don't understand why they need to defund the police. Who's going to protect us when we're in a dangerous situation?

Christina: Thank you!
킴벌리: 대체적으로, 난 BLM 운동에 동의하지만, 왜 경찰에게 재정적 지원을 중단해야 하는지는 이해 못하겠어. 우리가 위험한 상황에 처했을 때 누가 우리를 지키란 말이야?
크리스티나: 나도 너하고 똑같은 생각이야!

참고로, 상대방 의견에 전적으로 동의할 때 사용하는 또 다른 표현으로 "Tell me about it!", "I couldn't agree with you more.", "You can say that again!", "Absolutely!" 등이 있습니다.

영어로 말하고 싶은, 또는 못 알아들을 것 같은 예문에 체크해 보세요.

(엄마와 세 아이(씨씨 11살, 미첼 8살, 브래들리 2살)의 대화)

메리 베스: (아이들에게) 너희들 다 와서 차에 타라. 할머니 할아버지 댁에 점심 시간 전에는 도착해야 해. 세상에! (아들에게) 브래들리, 아들, 완전히 빨개벗고 있네! 씨씨, 엄마가 차에 물건 싣는 동안 브래들리 옷 입는 것 좀 도와줄래? 미첼, 이 수건 든 가방 가지고 가서 차에 실어.

씨씨: 엄마, 브래들리가 내가 옷 못 입히게 해요! 게다가 내가 치워 놓은 장난감들도 건드렸어요.

메리 베스: 브래들리! 씨씨, 여기 브래들리 입을 옷이야. 이거 걔한테 입혀. 자, 이제 수영복하고 물놀이용 날개 다 챙겼는지 다시 확인해 보자.

씨씨: 엄마! 브래들리 기저귀 새로 갈아야 할 것 같아요.

메리 베스: 아이고, 브래들리. 이리 와 봐. 이 골칫거리 아가야. 기저귀 한번 보자. 아니네. (기저귀가) 바싹 말라 있네. 씨씨, 얘, 그냥 브래들리 옷만 입혀. 우리가 출발할 수 있게. 그런데 내가 선크림은 어디에 뒀더라?

씨씨: 네, 엄마. 이제 브래들리 옷 입었어요!

메리 베스: 고마워, 우리 딸! 어머나! 브래들리, 옷을 전부 거꾸로 입고 있네! (한숨 쉬며) 그래도 중요한 건 네가 옷을 입고 있다는 거지, 뭐. 자, 얘들아. 이제 수영장에서 수영하러 할머니네로 가 보자.

이번 과에 나오는 모든 대화는 미국 남부 방언으로 구성되어 있습니다. 여러분들이 미국 남부 영어를 맛볼 수 있는 계기가 되었으면 합니다. 그렇지만 집중적으로 공부하는 이디엄 다섯 개는 모두 미국 전역에서 쓰이는 표현입니다.

English CONVERSATION

MP3 061

(A Mom with Three Kids–Sissy 11, Mitchell 8, and Bradley 2)

Mary Beth: (to the kids) Y'all come on and get in the car. We've got to be at Mimi and Pawpaw's by lunchtime. Oh, my word! (to her young son) Bradley, son, ❶**you're butt naked**! Sissy, can you help him get dressed while I put things in the car? Mitchell, take this bag of towels and put it in the car.

Sissy: Mama, Bradley won't let me get him dressed! And he ❷**got into all the toys** that I just put away.

Mary Beth: Bradley! Sissy, here are some clothes for him; put these on him. Now, let me ❸**double-check** and make sure I've packed the bathing suits and the water wings.

Sissy: Mama! I think Bradley needs a new diaper.

Mary Beth: Oh, Bradley, come here, you little stinker, let me check your diaper. Nope. ❹**Dry as a bone**. Sissy, sweetie, just get him dressed, so we can ❺**get this show on the road**. Now, where did I put the sunscreen?

Sissy: Okay, Mom, he's dressed!

Mary Beth: Thank you, sweetie. What?! Bradley, your clothes are on backwards! (Sighs) But the main thing is that you're wearing clothes. Come on, y'all, let's get goin' to Mimi's to go swim in the pool.

---

stinker 골칫거리

133

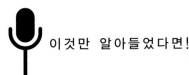
이 것 만 알 아 들 었 다 면!

1 To be butt naked

When I was a teenager, I used to go to the beach with my friends at night. We usually just swam, but Johnny sometimes ran around butt naked.

내가 10대였을 때, 난 친구들과 함께 밤에 해변가에 가곤 했어. 보통은 그냥 수영을 했는데, 조니는 가끔 완전히 벌거벗은 채로 뛰어다니곤 했지.

완전히 벌거벗다

이 표현은 나체 상태를 우스꽝스럽게 표현하면서 강조하는 말로, 격식을 차려야 하는 상황에서는 butt을 빼고 그냥 naked라고만 쓴다.

2 To get into something

Our new puppy was in the kitchen, and when no one was looking, he got into the dish towels and started chewing them up.

우리 집에 새로 들인 강아지가 부엌에 있었는데, 아무도 안 볼 때 행주를 건드리더니 씹어서 엉망으로 만들기 시작했어.

(남의 물건을) 건드리다/손대다

3 To double-check something

The teacher was entering final grades for the course and double-checked each student's score.

그 교사는 그 과목의 최종 성적을 입력하고 각 학생의 점수를 다시 한 번 확인했다.

자신이 한 일이 정확하게 됐는지 두 번째 또 체크하다

4 To be dry as a bone

I hope it rains this week; my garden is dry as a bone.

이번 주에는 비가 오면 좋겠어. 우리 집 정원이 바싹 말라 있거든.

바싹 말라붙다

5 To get this show on the road

"People, let's get this show on the road!" The gym teacher said to the students as they prepared to start an exercise class.

"여러분, 한번 시작해 봅시다!" 학생들이 체육 수업을 시작하려고 준비하자 체육 선생님이 학생들에게 말했다.

무언가를 시작하다

이 표현은 보통 그 일을 계획한 사람, 말하자면 그 활동을 이끄는 리더가 하는 말이다.

아마도 이 대화에서 y'all이 무슨 말인지 궁금하실 거예요. Y'all은 You all을 짧게 줄인 말로, you를 복수형으로 만드는 방식 중 하나입니다. 미국 남부 영어에서는 이 말이 굉장히 자주 쓰입니다. 그래서 미국인들은 누군가 이 단어를 사용하면 그를 남부 사람이라고 생각합니다. 남부 출신이 아닌 미국인들은 종종 y'all이 그저 단수 복수를 떠나 you를 대신하는 단어라고 생각하기도 하지만, 그건 사실이 아닙니다. 왜냐하면 y'all은 복수형으로만 쓰이기 때문이에요. 그렇지만 한 사람에게 이야기를 하면서도, 다른 사람을 포함해서 함께 '당신들'이라는 의미로 복수형 y'all을 사용하는 경우도 있습니다. 예를 들어, Jan이 Mary와 David를 저녁에 초대하면서 Mary에게 이렇게 말할 수도 있겠죠.

When y'all come to dinner, can you bring some wine?
저녁 먹으러 올 때 와인도 좀 가져올래요?

Mary에게만 이야기하고 있음에도 불구하고, y'all을 쓰는 이유는 이 단어가 Mary와 David 둘 다 포함하고 있기 때문입니다. 남부 미국인들은 y'all을 소유격으로도 만들어 사용합니다.

Is that y'all's car?
이거 당신들 차입니까?

마지막으로 남부인들은 큰 무리의 사람들이나 여러 그룹의 사람들을 일컬어 말할 때 all of y'all이라는 재미있는 표현도 사용한답니다.

CULTURE POINT

대화에서, 메리 베스가 아이들의 할머니 할아버지를 칭할 때, Mimi와 Pawpaw라고 합니다. 그녀가 미국 남부 출신이기 때문이죠. 미국 아이들은 '할머니', '할아버지'를 어떻게 부르는지 알아볼까요? 할머니 할아버지를 나타내는 단어로 grandmother와 grandfather가 있지만, 대부분의 미국 아이들은 이 두 단어 대신 다른 단어를 사용합니다. 미국 영어에서 grandmother를 뜻하는 단어로는 grandma, granny, grammy, nana 등이 있습니다. Grandfather는 grandpa, gramps, papa, poppy 등이 있고요. 미국 남부 아이들의 경우, 이 단어들을 쓰긴 하지만, 좀 더 많이 쓰이는 단어들은 따로 있습니다. 미국 남부에서는 grandma 대신 주로 mimi, meemaw, big mama, grandmama라고 부릅니다. Grandpa의 경우, pawpaw, big daddy, granddaddy가 있고요. 흥미로운 건 미국이 다문화 국가라서 자신이 속한 문화에 따라 할머니 할아버지를 부르는 말이 또 달라질 수 있다는 사실입니다. 예를 들어, 유대계 아이들은 할머니를 bubbe라고 부르는 경우가 많은데, 이건 유대 언어인 이디시어에서 온 단어입니다. 쿠바계 미국인들은 스페인어로 할머니를 뜻하는 abuelita라는 말을 씁니다.

LESSON 11

(할머니 댁에서)

할머니: (도착하는 아이들을 보며) 얘들아! 모두들 수영할 준비됐니? 시작해 보자! 너희들 모두 수영장이 어디 있는지 알지? 우리 걸음마쟁이는 어디 있지? 브래들리, 여기 와서 할머니한테 뽀뽀해 주렴. 너 정말 많이 컸구나!

메리 베스: 엄마, 애들 점심부터 먹게 하는 게 나을까요, 아님 수영부터 하게 할까요?

할머니: 아니다, 얘야. 애들 수영부터 하게 하렴. 일주일 내내 엄청 건조했는데, 오늘 오후에 폭풍우가 올 가능성이 40%라고 하더구나. 그러니 나중에 비 올 경우를 대비해서 우선 아이들이 지치도록 놀게 하자. 점심으로는 슬로피 조 샌드위치를 만들었단다. 그러고 보니, 햄버거 빵이 충분히 있는지 다시 한 번 체크해 봐야겠네.

메리 베스: 더 필요하면, 제가 가게에 빨리 갔다 올게요.

할머니: 지금 아버지가 가게에 계시니까, 더 필요하면 아버지한테 전화하면 돼.

씨씨: 할머니, 브래들리가 여기 오기 전에 옷도 안 입고 막 뛰어다녔어요.

할머니: 오우, 브래들리! 그런데 씨씨, 너하고 미첼도 그 나이일 때 빨개벗고 뛰어다녔단다. 다행히, 너희 모두 엉덩이가 귀엽잖니.

씨씨: 으악, 안 돼! 엄마! 할머니, 저것 좀 보세요! 브래들리가 부엌에 있는데, 햄버거 빵에 손대고 있어요!

메리 베스: 브래들리!

할머니: 오케이, 할아버지한테 내가 전화하마. 햄버거 빵이 더 필요할 것 같으니까.

(At Mimi's House)

Mimi: (To the children as they arrive) Well, hey kids! Are y'all ready to swim? Let's ❶ **get this show on the road**! Y'all know where the pool is. Where's my knee baby? Bradley, get over here and give Mimi some sugar. You are getting so big!

Mary Beth: Mom, would you rather have them eat lunch first or swim?

Mimi: No, honey, let them swim first. ❷ **It's been dry as a bone** all week, but today they said there's a 40% chance of afternoon storms, so let's get them tired out first in case it rains later. I made sloppy joes for lunch—that reminds me, I need to ❸ **double-check** and see if I have enough hamburger buns.

Mary Beth: I can run to the store if you need more.

Mimi: Your dad's at the store now, so I can call him if I need to.

Sissy: Mimi, Bradley was running around without clothes on before we got here.

Mimi: Oh, Bradley! Well, Sissy, you know you and Mitchell used to run around ❹ **butt naked** when you were that age. Fortunately, y'all have cute butts.

Sissy: Oh, no! Mom! Mimi, look! Bradley's in the kitchen, and ❺ **he's gotten into all the hamburger buns**!

Mary Beth: Bradley!

Mimi: Okay, let me call Paw Paw. I guess we're gonna need more hamburger buns.

---

knee baby 키가 어른 무릎 정도로 오는 어린아이
sloppy joe 고기를 다져 토마토 소스로 맛을 낸 것으로 둥근 빵 안에 넣어 먹음

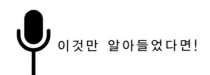 이것만 알아들었다면!

MP3 **064**

1
To get this show on the road: To start an activity

We were sitting around chatting at the start of a meeting at work. In order to get us to stop talking and begin the meeting, our boss said, "Okay, let's get this show on the road."

직장에서 우리는 회의 시작하면서 앉아서 수다를 떨고 있었어. 우리가 잡담 그만하고 회의를 시작하게 하려고 상사가 "오케이, 이제 회의 시작합시다."라고 말했지.

2
To be dry as a bone: To be very dry

I heard a strange sound coming from the engine of my car. When I checked the oil, to my horror, I found that it was dry as a bone.

내 차 엔진에서 이상한 소리가 나는 걸 들었어. 엔진오일을 체크했더니, 오싹하게도, 바짝 말라 있더라고.

3
To double-check something:
To check something a second time to make sure that you have done something correctly

Before leaving the house, I always double-check the kitchen to make sure that I've turned off the oven and unplugged the coffee maker.

집을 나서기 전에 오븐을 끄고 커피 메이커 코드를 뽑았는지 확인하려고 난 늘 부엌을 한 번 더 체크해.

4
To be butt naked: To be fully naked

My neighbor showed up at my front door butt naked. Trying to hide behind a plant, he explained that he had taken an outdoor shower after doing yardwork that left his clothes covered in mud. When he tried to get back into his house to put on fresh clothes, he realized he had locked himself out.

우리 옆집 남자가 우리 집 문 앞에 완전히 벌거벗은 채로 나타났지 뭐야. 나무 뒤에 숨으려고 하면서, 나한테 설명했는데, 정원 일을 마치고 옷이 진흙으로 뒤덮여서 야외에서 샤워를 했대. 깨끗한 옷으로 갈아입으려고 집으로 다시 들어가려고 했는데, 문이 잠긴 걸 알게 됐다고 하더라고.

5
To get into something:
To start meddling in something

We left a bag of birdseed out on the porch last night, and when we woke up in the morning, the bag was torn as if raccoons had gotten into it.

어젯밤에 베란다에 우리가 새 모이 주머니를 하나 놔 뒀는데, 아침에 일어나 보니 마치 너구리가 건드린 것처럼 그 주머니가 찢어져 있었어.

138

"Let's get this show on the road!"는 1800년대 박람회나 서커스 같은 순회공연과 관련해 생겨난 이디엄이라는 설이 있습니다. 그 당시에는 카니발이나 서커스를 하는 사람들이 그들이 소지한 모든 물건들을 전부 다 마차에 싣고서, 이 마을에서 저 마을로 공연하러 다녔습니다. 다시 말해, 그들이 새로운 마을에 갈 때마다, 문자 그대로 길에서(on the road) 쇼(show)를 했으니까요. '이렇게 길에서 쇼를 시작하다'의 뜻에서 어떤 일을 시작한다는 의미로까지 확대되어 쓰이게 됐습니다.

CULTURE POINT

미국 남부 지방 방언은 풍부하고 다양한 표현으로 유명합니다. 대화에서 할머니(Mimi)는 두 살배기 브래들리에게 knee baby라고 부르며 "Give me some sugar."라고 말합니다. Knee baby는 toddler(걸음마를 배우는 아이)의 동의어인데, 키가 어른의 무릎(knee) 정도까지 온다고 하여 생겨난 표현입니다. "Give me some sugar"는 그냥 봤을 때는 '설탕 좀 달라'는 의미 같지만 뽀뽀해 달라는 말입니다. 즉, to give someone some sugar는 to give someone a kiss와 똑같은 말인 거죠. 보통 할머니, 할아버지들이 손자 손녀에게 말할 때 쓰는 애정 어린 표현들입니다.

할아버지: 얘들아, 할아버지 가게 다녀왔다! 애들 지금 어디 있어요?

할머니: 애들 지금 뒤뜰 수영장에 있어요. 왜 이렇게 오래 걸렸어요?

할아버지: 슈퍼마켓에 갔다가 차에 기름도 좀 넣어야 했거든요. 연료 탱크가 거의 바싹 마를 지경이었으니. 슈퍼까지 갈 수 있었던 게 다행이지.

할머니: 내가 말한 대로 햄버거 빵 사 왔어요?

할아버지: 물론이죠. (계산대에서) 돈 내기 전에 내가 잊어버리지는 않았나 확인하려고 카트도 두 번씩이나 봤다니까요. '마누라 손에 죽을 수는 없지. 슬로피 조 샌드위치 먹게 하루 더 살아야 하니까!'라고 생각하면서 말이오! 오, 그긴 그렇고 무슨 일이 있었는지 알아요?

할머니: 뭔데요?

할아버지: 집으로 오는 길에, 어떤 남자가 길에서 조깅하고 있는 걸 봤어요. 거기에 대해서 별 생각 없었는데, 그러고 보니까, 그 사람이 옷을 하나도 안 걸치고 있는 거야! 그저 즐거운 시간을 보내면서 계속 달리더라고.

할머니: 당신 눈에 뭐가 안 보였던 건 아니고요?

할아버지: 내가 그 사람을 지나친 후에 백미러로 다시 봤어요. 나체로, 그러니까 완전히 빨개벗고 있더라니까요. 보면서도 믿기지가 않았어요. 하지만, 그러고 보니까, 그 사람이 적어도 운동은 하고 있고, 또 온몸에 멋지게 선탠이 되겠구먼 이런 생각이 들더군요.

할머니: (웃으면서) 어머나, 세상에! 별 희한한 사람도 다 있네.

할아버지: 에잇! 창문 밖으로 보니 새들이 우리 블루베리 나무를 건드렸구먼. 오늘 오후에 애들한테 블루베리 좀 따게 해 주려고 했는데. 뭐, 내가 가서 좀 남은 게 있는지 봐야겠어요.

할머니: 여보, 슬로피 조 다 됐어요. 메리 베스랑 애들 밥 먹게 안에 들어오라고 불러 줄래요?

할아버지: (문 밖으로 아이들을 부르며) 얘들아, 밥 다 됐어. 모두 다 들어와! 밥 먹기 시작하거라! 브래들리, 할아버지가 너 먹을 슬로피 조 샌드위치 만들려고 햄버거 빵을 새로 사 왔단다.

Paw Paw: Hey y'all, I'm back from the store! Now where are those kids?

Mimi: They're all out back in the swimming pool. What took you so long?

Paw Paw: Had to stop for gas after the supermarket—that tank ❶**was about as dry as a bone**. I'm lucky I even made it to the store.

Mimi: Did you get the hamburger buns like I asked?

Paw Paw: Sure did. I even ❷**double-checked** the cart to make sure I hadn't forgotten before I paid. I was thinking: I don't want my wife to kill me, and I'd like to live another day to eat a sloppy joe! Oh, and you won't believe this.

Mimi: What?

Paw Paw: On the way home, I saw a man out jogging along the road. Didn't think anything of it, and then it hit me, he wasn't wearing a stitch of clothing! Just runnin' along having a fine old time.

Mimi: Are you sure you're not seeing things?

Paw Paw: I checked my rear-view mirror after I passed him. Bare-assed and ❸**butt naked**. I couldn't believe it. But, then I thought, well, at least he's getting some exercise, and he'll get a good tan.

Mimi: (Laughing) Oh, goodness! Bless his heart.

Paw Paw: Darn! I can see through the window that some birds ❹**must've gotten into my blueberry bushes**. I was gonna let the kids pick some blueberries this afternoon. Oh, well, I'll check and see if there are a few left.

Mimi: Hey, the sloppy joes are ready. Can you call Mary Beth and the kids in to eat?

Paw Paw: (calling out the door) Hey kids, dinner's ready; y'all come on! ❺**Get this show on the road**! I got some fresh hamburger buns for your sloppy joe, Bradley!

---

have a fine old time 에너지가 넘치다

141

이것만 알아들었다면!

MP3 066

1

To be dry as a bone: To be very dry 바싹 말라붙다

We went out to New Mexico on vacation. It was beautiful, but it's dry as a bone out there. It's a desert climate, so I needed to drink more water and use lip balm all the time while we were there.

우리는 휴가 때 뉴멕시코로 갔어. 그곳이 아름답긴 했는데 메마르고 바싹 말라 있잖아. 사막 기후라서 거기 있을 때 난 물도 더 마시고 립밤도 항상 발라야 했지.

2

To double-check something: To check something

a second time to make sure that you have done something correctly

자신이 한 일이 정확하게 됐는지 두 번째 또 체크하다

I'd suggest you double-check your salary statement for this week. I've heard that there have been some errors in accounting.

이번 주 네 급여 내역을 한 번 더 체크해 봐. 회계 업무할 때 실수가 있었다는 말을 들었거든.

3

To be butt naked: To be fully naked 완전히 발가벗다

My mother told me that when my brother and I were little, she would let us play in the backyard, butt naked, in the sprinkler when it was hot outside.

우리 엄마가 말씀하셨는데, 내 동생이랑 나랑 어렸을 때, 바깥이 더우면 엄마가 우리를 뒤뜰에서 스프링클러 물을 맞으면서 빨개벗고 놀게 하셨대.

4

To get into something: To start meddling in something

(남의 물건을) 건드리다/손대다

My toddler got into my makeup while I was getting dressed. He put lipstick all over the mirror and walls in the bathroom!

내가 옷 갈아입는 동안, 우리 집 걸음마쟁이가 내 화장품을 건드렸지 뭐야. 화장실 거울하고 벽 여기저기에 립스틱 칠을 해 놨더라니까!

5

To get this show on the road: To start an activity
무언가를 시작하다

When I was a kid, every morning right before he took us to school, my father would say, "All right, kiddos, let's get this show on the road."

내가 어렸을 때, 매일 아침 아버지는 학교에 데려다 주시기 전에 "자, 얘들아, (오늘 하루도) 시작해 보자!"라고 말씀하셨지.

Y'all 외에도 미국 남부에서만 쓰이는 단어나 표현이 많이 있는데, 그중 하나가 bless one's heart입니다. 할머니는 조깅하는 남자 이야기를 듣고는 "Bless his heart!"라고 말합니다. 많은 경우, 남부에서 이는 걱정이나 못마땅함을 상대가 기분 상하지 않도록 조심스럽게 나타낼 때 사용하는 표현입니다. 예를 들어, 나체로 도로를 뛰어다니는 남자 이야기를 듣고서 할머니가 비난하거나 단정적인 말을 할 수도 있었을 거예요. 하지만 그녀는 미국 남부 스타일로 "Bless his heart!"라고 말합니다. 이는 그녀가 그 남자의 행동이 뭔가 잘못됐다고 생각하고, 그래서 그 사람이 좀 걱정된다는 말을 예의 바르게 하고 있음을 보여줍니다. 남부 미국인들은 북부나 서부 미국인들에 비해 훨씬 덜 직설적으로 자신의 감정이나 의사를 표현하는데, bless one's heart는 자신의 못마땅함을 부드럽게 나타낼 때 주로 쓰이죠. 그러니, 아무리 "Bless your heart!"라는 표현이 듣기에는 부드럽더라도, 혹시 어떤 못마땅한 것을 나타내는 상황은 아닌지 반드시 문맥을 살펴보세요.

CULTURE POINT

Sloppy joe는 직역하면 '지저분한 샌드위치'라는 뜻인데, sloppy가 messy(지저분한)의 동의어이기 때문입니다. 이 샌드위치는 토마토소스에 요리한 간 쇠고기로 만듭니다. 그 농도가 멕시코 음식인 칠리(간 고기, 콩, 칠리 고추로 만든 요리)와 비슷한데, 이를 스푼으로 떠서 햄버거 빵 위에 얹습니다. 기호에 따라 그 위에 치즈를 뿌리기도 하지요. 우리 기준에서는 햄버거 빵에 국물이 흐르는 스튜 같은 음식을 얹어 먹는 게 힘들어 보이지만, 미국인들은 이런 음식을 손으로 먹는 것에 익숙합니다. 그렇지만 sloppy joe는 식당 메뉴에서는 좀처럼 볼 수 없는 샌드위치입니다. 미국인들은 보통 이 샌드위치를 집에서 만들어 먹으니까요. Sloppy joe에 들어가는 고기 요리를 한 냄비 끓여 놓으면 손쉽게 여러 사람의 끼니를 해결할 수 있어서, 아이들이 많은 집에서 미국 엄마들이 종종 만드는 샌드위치입니다. 고기와 토마토가 들어가 영양 또한 풍부하기 때문에 한 끼 식사로 충분하니까요. Sloppy joe는 아이들도 좋아해서 햄버거나 핫도그처럼 미국 모든 지역에서 자주 만들어 먹는 음식입니다.

UNIT 1

영어로 말하고 싶은, 또는 못 알아들을 것 같은 예문에 체크해 보세요.

스칼렛: 코트니, 나한테 딱 맞는 커피 머신 고르는 것 좀 도와줄래? 이 에스프레소 메이커하고 멀티 기능 커피 메이커 중에서 뭘 사야 할지 모르겠거든.

코트니: 얼마나 하니?

스칼렛: 에스프레소 메이커는 150 달러고, 멀티 기능하는 건 250 달러야. 이게 콜드 브루 커피, 라테, 카푸치노 같은 모든 종류의 커피를 만든다는 사실을 고려해 보면, 그만한 값어치는 있는 가격이라고 생각하거든. 다른 종류의 차까지도 다 만들어 내! 한편으로는, 다른 기계는 가장 맛있는 에스프레소를 만드는데, 내가 보통은 에스프레소만 마시거든.

코트니: 뭐, 그런 경우면 난 그냥 이런 저런 부가 기능 없는 에스프레소 메이커를 사겠어.

스칼렛: 나도 그렇게 생각했었는데, 너 올해 슈퍼볼 광고 봤니? 그 광고가 이 멀티 기능 커피 메이커를 이 세상 최고의 커피 머신처럼 보이게 만들었더라고. 내가 그걸 안 사면 후회할 것처럼 느껴지기까지 한다니까.

코트니: TV 광고에서 하는 말 전부 다 믿으면 안 된다는 거 너도 알잖아.

스칼렛: 하하! 맞아. 사실 우리 언니는 광고들이 과장한다고 항상 불평하거든. 그건 그렇고 넌 어떤 커피 메이커를 쓰니?

코트니: 난 커피 향은 정말 좋아하지만, 커피는 안 마셔. 커피 한 방울만 마셔도 카페인 때문에 가슴이 벌렁거리니까.

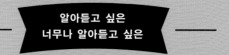

English CONVERSATION

MP3 067

Scarlett: Kourtney, can you help me choose the right coffee maker for me? ❶ **I'm torn between this espresso maker and this multifunctional coffee maker**.

Kourtney: How much are they?

Scarlett: The espresso maker is one-fifty ($150), and the multifunctional stuff is two-fifty ($250). Considering the fact that this one makes all sorts of coffee like cold brew coffee, lattes, cappuccinos, I think it's worth the price. It even makes all different types of tea! Then again, the other one makes the best espresso, and I usually just drink espresso.

Kourtney: Well, if that's the case, I would just buy a simple espresso maker without all the ❷ **bells and whistles**.

Scarlett: I also thought that way, but did you see the Super Bowl ads this year? Their ad made this multifunctional one look like the best coffee machine ever, and I almost feel like I'm going to regret it if I don't buy it.

Kourtney: You know you should ❸ **take the TV ads with a grain of salt**.

Scarlett: Haha! You're right. Actually, my sister ❹ **is** always **beefing** about the ads being exaggerated. By the way, what coffee maker do you use?

Kourtney: I love the coffee smell, but I don't drink coffee because one drop of coffee will give me caffeine ❺ **jitters**.

---

then again 또 한편으로는

145

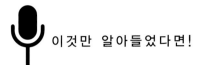 이것만 알아들었다면!

MP3 068

1 To be torn between A and B

I haven't decided what to major in yet. I'm torn between French literature and English literature.

나 아직 뭘 전공해야 할지 결정 못했어. 불문학과 영문학 중 어느 쪽을 선택할지 고민이야.

A와 B 중 어느 쪽을 선택할지 고민이다

2 Bells and whistles

Unlike the other one, this audio system does not have those bells and whistles, but its sound quality is the best.

다른 것과는 달리, 이 오디오 시스템은 이런 저런 부가 기능은 없지만, 음질은 최고입니다.

필수적인 것은 아니지만, 멋져 보이기 위해 추가로 덧붙여진 것(기능)들

3 To take something with a grain of salt

Kids tend to grossly exaggerate things, and I usually take their words with a grain of salt.

아이들은 무엇이든 몹시 과장하는 경향이 있으니까, 난 애들이 하는 말은 적당히 걸러 들어.

액면 그대로 받아들이지 않고 가감하여 듣다 /적당히 걸러 듣다

4 (To) Beef

I have no beef with you.

난 너한테 불만 없어.

불평(하다)

5 Jitters

I always get the jitters before taking a test.

저는 시험 치기 전에 항상 초조합니다.

신경과민/초조함 /조마조마함

이 단어는 보통 정관사 the와 함께 복수형(the jitters)으로 쓰인다.

스칼렛의 문장 "The espresso maker is one-fifty ($150), and the multifunctional stuff is two-fifty ($250)."를 봅시다. 여기서 150달러를 우리가 흔히 말하는 one hundred fifty가 아니라 one-fifty, 250 달러를 two hundred fifty가 아니라 two-fifty 라고 합니다. 이는 구어체 영어에서 가장 흔하게 가격을 말하는 방식입니다. 물론 이를 다르게 말할 수도 있는데, 정리해 보면 다음과 같습니다.

$150: A hundred and fifty*
A hundred fifty (dollars)
One-fifty
*참고로, 이를 말할 때 미국인들은 and는 줄여서 [a-hundre-dan fifty]처럼 발음합니다.

$250: Two hundred and fifty
Two hundred fifty (dollars)
Two-fifty

CULTURE POINT

슈퍼볼(The Super Bowl)은 미 프로 미식축구의 우승팀을 결정하는 경기입니다. 해마다 열리는 이 경기는 미 전역에 중계되므로, 미국 기업들은 이날 나가는 광고를 특히 더 심혈을 기울여 만듭니다. 그렇기 때문에, 이날은 그 해 미국 최고의 광고를 모두 볼 수 있는 날이기도 합니다. 이 덕분에 슈퍼볼 광고(Super Bowl Advertisements)의 우수성은 전 세계적으로 널리 알려져 있습니다. 물론 미국에서 영업하는 거의 모든 기업들이 이날 광고를 내고 싶어 하기 때문에, 광고 비용은 굉장히 비싸겠지요? 참고로, 〈Business Insider〉에 따르면, 2019년 슈퍼볼 평균 광고비는 30초당 525만 달러였다고 합니다.*

---

* 〈Business Insider〉 2020년 2월 2일자 기사 "How Super Bowl ad costs have skyrocketed over the years" 중에서

LESSON 12

조이: 그레이스, 직장 구하는 건 어떻게 돼 가니?

그레이스: 몇 군데 제안이 와서 지금 글래머와 엘레강스 중에서 고민하고 있어.

조이: 우와, 세상에! 축하해! 너무 잘됐다. 이제 너 프로 디자이너구나!

그레이스: 고마워, 조이! 처음에는, 면접 가기 전에 떨렸지만, 세 번째 인터뷰부터는 요령이 좀 생기더라고.

조이: 네가 뭐든 빨리 배운다는 걸 나야 늘 알고 있었지. 어쨌든, 힘든 결정이겠네. 그 둘 다 패션 업계를 이끄는 회사라서.

그레이스: 힘든 결정이긴 해. 니 에이미가 글래머에서 일하는 거 알았어? 걔는 회사가 제공하는 사원 복지에 굉장히 만족하는 것 같더라고. 글래머에 불만이 전혀 없다고 하네.

조이: 글쎄, 나라면 걔 말은 적당히 걸러 들겠어. 그게, 걔가 부정적인 감정에 관한 이야기는 극도로 말을 아끼니까.

그레이스: 나도 네가 무슨 말 하려는지 아는데, 나 또한 그 회사가 우수한 사원 복지를 제공한다고 생각하긴 했거든.

조이: 그래서 글래머 쪽으로 마음이 기울어지니?

그레이스: 한편으로는, 난 엘레강스가 옷이랑 핸드백 디자인하는 방식이 정말 좋거든. 솔직히 글래머 제품은 내 스타일이 아니야.

조이: 나도 엘레강스의 심플한 디자인이 좋아. 글래머는 이것저것 지나치게 많이 치장하는 경향이 있는 것 같아.

Zoey: Grace, how's the job search going?

Grace: I've got several job offers, and now ❶ **I'm torn between Glamour and Elegance**.

Zoey: Oh, my God! Congrats! I'm so happy for you. Now you're a professional designer!

Grace: Thanks, Zoey! At first, I had ❷ **the jitters** before going to the job interview, but from the third interview on, I kind of got the hang of it.

Zoey: I always knew you're a quick learner. Anyways, it must be a hard decision because both of them are leading fashion companies.

Grace: It is a hard decision. Did you know Amy works for Glamour? It seems like she's pretty satisfied with the benefits that the company provides. She says she has no ❸ **beef** with Glamour at all.

Zoey: Well, I would ❹ **take her words with a grain of salt**. You know, she's extremely reticent about negative feelings.

Grace: I know what you mean, but I also thought they provide superb benefits.

Zoey: So are you leaning toward Glamour?

Grace: Then again, I really like the way Elegance designs their clothes and handbags. Honestly, Glamour products are not my style.

Zoey: I also like Elegance's simple design. I think Glamour tends to add too many ❺ **bells and whistles**.

I'm so happy for you. 정말 잘됐다.
get the hang of ~ ~을 이해하다, 요령이 생기다
benefits (급여 외에 회사에서 사원들에게 제공하는) 복지, 수당
reticent 말을 잘 안 하는

149

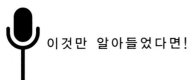

MP3 070

1. To be torn between A and B: To be unable to decide between A and B

I heard some people are torn between supporting the BLM protesters and supporting the police.

어떤 사람들은 BLM 시위자들을 지지해야 할지, 경찰을 지지해야 할지 고민하고 있다고 들었어.

---

2. Jitters: Extremely nervous feeling

What's the best way to calm the jitters?

초조함을 진정시키는 가장 좋은 방법이 뭘까요?

---

3. (To) Beef: Complaint/To complain

She always has a beef about her husband.

그녀는 항상 뭔가 자기 남편에 관한 불만이 있어.

---

4. To take something with a grain of salt: To regard something as exaggerated

She also told me the whole story, but I know what she did to him, so I took it with a grain of salt.

그녀가 내게도 그 이야기를 처음부터 끝까지 다 해 줬지만, 난 그녀가 그에게 무슨 짓을 했는지 알기 때문에 적당히 걸러들었어.

---

5. Bells and whistles: Additional features that are not essential

They jacked up the price after adding a few bells and whistles.

그 회사는 몇 가지 부가 기능을 더한 다음에 가격을 올렸어.

Beef는 원래 '소고기'라는 뜻입니다. 하지만 이 과에서 배우는 바와 같이, 슬랭으로 '불평/불만, 불평하다'는 의미로도 쓰이죠. 그런데 이 두 의미는 쓰이는 문맥도 다르지만 문법적으로도 다르게 기능합니다. 즉, '소고기'의 뜻으로 쓰일 때는 불가산명사이지만, '불평/불만'의 의미로 쓰일 때는 가산명사로 주로 쓰입니다. 그런데 잘 생각해 보면 헷갈릴 것이 하나도 없습니다. 다진 쇠고기 등의 의미로 쓰이는 음식 재료 beef를 우리가 한 개, 두 개 셀 수는 없잖아요. 그렇지만 불평/불만의 뜻으로 쓰일 때는 "불만이 하나 있어."라고 말할 수 있는 것처럼 세는 것이 가능합니다. 그래서 이와 동의어인 complaint도 주로 셀 수 있는 명사로 쓰입니다.

My roommate always makes a complaint about my food.
내 룸메이트는 언제나 내 음식이 불만이야.

그러니 자연스럽게 이 두 단어의 관사 사용이 달라진다는 점도 함께 기억하세요.

I had beef with James.
제임스와 소고기를 먹었어.

I had a beef with James.
나 제임스에게 불만이 있었어.

Vocabulary Point

'불만'을 뜻하는 슬랭 beef는 미국인들이 굉장히 흔히 사용하는 이디엄인데, 심지어 지미 팰런 쇼(The Tonight Show Starring Jimmy Fallon)에는 "What's the beef?"(불만이 뭐야?)라는 코너도 있습니다. 제목과 어울리게, 유명 배우 두 명이 가상으로 싸우는 상황을 연출해서 웃음을 유발하는 코너입니다. 그런데 '소고기'라는 뜻의 beef가 어쩌다 '불평, 불만'을 뜻하는 이디엄이 되었을까요? 다른 이디엄과 마찬가지로 이 단어에도 여러 가지 어원이 있는데, 그중 가장 흥미로우면서도 기억하기 쉬운 것을 하나 살펴보겠습니다. 미국 서부 개척 시대에 양을 기르는 축산업자들과 소를 기르는 축산업자들이 서로 좋은 목초지를 차지하려고 경쟁했다고 합니다. 그때 양을 치는 사람들은 소를 치는 사람들과의 갈등이나 그들에 대한 불만을 beef라고 불렀다고 하네요. 그 사람들이 실제로 beef farmer(소를 키우고 소고기를 팔아서 수익을 내는 사람들)이니, 납득이 가는 설명이지요?

LESSON 12

그레이엄: (컴퓨터 가게에서) 여기야! 여기가 우리 도시에서 가장 큰 컴퓨터 가게니까, 네가 원하는 걸 찾을 수 있을 거야. 너 노트북 사고 싶어 했잖아, 그렇지?

숀: 실은 데스크톱 컴퓨터를 사야 할지 노트북을 사야 할지 고민이야.

그레이엄: 여기가 노트북 섹션 같아 보이니까, 여기부터 먼저 둘러볼까?

숀: 좋은 생각이야!

그레이엄: 야, 이거 좋아 보인다. 한 번 볼래?

숀: 그러자.

그레이엄: 우와, 여기 보면 이 모델에 맥스 Q 디자인 그래픽이 있는데, 원래 RTX 모델보다 25%까지 더 빠르다고 하네. 4K OLED 터치 디스플레이는 반응 시간 속도가 최고로 빠르다고 하고. 우와! 최고의 사진 편집 성능이 있는 포토샵용 신기술을 만들어 냈네. 그들이 이번에 더한 이 추가 기능 덕분에 복잡한 사진 편집 작업도 쉽게 할 수 있어. 이거 놀랍지 않니?

숀: 끝내주게 보이긴 하는데, 이 브랜드에 관한 내 불만은 이거야. 내가 그런 대단한 프로그램들을 절대로 안 쓰는 거면 어떻게 하지? 이 회사 컴퓨터가 그렇게 비싼 이유는 지나치게 많은 기능을 넣어서 그런 거잖아. 그런데 난 그저 기본 모델이 필요할 뿐이거든.

그레이엄: 아, 그런 게 네가 찾는 거면 내가 그런 모든 부가 기능이 없는 좋은 컴퓨터를 알아. 따라와 봐.

숀: 알았어. 그런데 GP 브랜드부터 먼저 한번 봐도 될까? 테드가 맨날 자기 GP 노트북이 얼마나 좋은지 자랑해서. 걔는 그게 최고의 노트북인 것처럼 말하더라.

그레이엄: 우리끼리 말인데, 테드 말은 적당히 걸러서 들어. 걔는 뭐든 과장하는 경향이 있거든. 야, 너 괜찮니?

숀: 괜찮아. 내가 카페인이 든 걸 마시고 나면 벌렁거리거ㄹ

그레이엄: 그렇지만 우리 오늘 커피나 차 안 마셨는데.

숀: 핫도그 먹을 때 pop을 조금 마셨거든.

그레이엄: Pop? 콜라 말하는 거야? 너 카페인에 굉장히 민감한가 보구나.

Graham: (At a computer store) Here we are! This is the biggest computer store in town, and you should be able to find what you want. You wanted to buy a laptop computer, right?

Shawn: Actually, ❶ **I'm torn between a desktop and a laptop**.

Graham: It looks like this is the laptop section, so why don't we look around here first?

Shawn: Sounds like a plan!

Graham: Hey, this one looks nice. You want to check it out?

Shawn: Why not?

Graham: Wow, it says this model has Max Q Design graphics which is up to 25% faster than the original RTX. The 4K OLED touch display delivers super fast response time. Oh, my God! They came up with this new technology for Photoshop that includes the best photo editing performance. The extra feature they added can handle complex photo editing tasks with ease. Isn't that amazing?

Shawn: It looks fabulous, but here's my ❷ **beef** about this brand. What if I never use any of those fancy programs at all? The reason why their computers are so pricey is because they overdo the features, but I just need a basic model.

Graham: Oh, if that's what you're looking for, I know a good one without all the ❸ **bells and whistles**. Follow me.

Shawn: Good, but can we take a look at the GP brand first? Ted always boasts about how wonderful his GP laptop is. He made it sound like it's the best laptop ever.

Graham: Between you and me, ❹ **take his words with a grain of salt**. He tends to exaggerate things. Hey, are you okay?

Shawn: Oh, I'm okay. It's just that I get ❺ **the jitters** after drinking caffeinated stuff.

Graham: But we didn't drink coffee or tea today.

Shawn: I had some pop with the hotdogs.

Graham: Pop? You mean Coke? You must be pretty sensitive to caffeine.

153

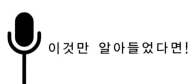 이것만 알아들었다면!

 MP3 072

1

To be torn between A and B: To be unable to decide

between A and B A와 B 중 어느 쪽을 선택할지 고민이다

If you're torn between two choices, just follow your heart.
네가 두 가지 선택 중에서 고민이라면, 그냥 네 마음 가는 대로 해.

2

(To) Beef: Complaint/To complain 불평(하다)

He was beefing about how expensive the wine was.
그는 그 와인이 얼마나 비싼 지에 관해 불평했어.

3

Bells and whistles: Additional features that are not essential

필수적인 것은 아니지만, 멋져 보이기 위해 추가로 덧붙여진 것(기능)들

Why do you need to buy the best cell phone with all the
bells and whistles?
넌 그 모든 부가 기능이 다 있는 제일 좋은 핸드폰을 왜 사야 하니?

4

To take something with a grain of salt:

To regard something as exaggerated

액면 그대로 받아들이지 않고 가감하여 듣다/적당히 걸러 듣다

Don't be too anxious. Just take the news with a grain of salt.
너무 걱정하지 마. 뉴스는 그냥 적당히 걸러 듣도록 해.

5

Jitters: Extremely nervous feeling 신경과민/초조함/조마조마함

Fortunately, once the job interview began, the jitters left.
다행히도, 일단 면접이 시작되니까 초조한 감정이 사라졌어.

Bells and whistles의 어원을 알아볼까요? 이 이디엄은 증기기관차가 달리던 시대에 시작됐다고 합니다. 기관차가 달릴 때 사람들이 그것을 알고 피할 수 있도록 문자 그대로 종(bells)을 울리거나, 호루라기(whistles)를 불었겠지요. 바로 이런 용도로 당시 기관차에 종과 호루라기를 달았지만, 사실 종과 호루라기는 없어도 기차가 달리는 데는 전혀 지장이 없는 물건들입니다. 그래서 현대 영어에서 bells and whistles는 '꼭 필요하지는 않지만 멋이나 사치로 추가된 무엇'을 뜻하는 표현으로 쓰이게 되었습니다.

CULTURE POINT

손이 pop을 마셨다고 하자, 그레이엄이 "Pop? You mean Coke?"라고 되묻습니다. 이는 미국의 각 지역 방언(American dialects)의 차이를 살짝 보여주는 대목입니다. Soft drink라고도 불리는 콜라나 사이다 등의 청량음료를 미 동북부 지역과, 캘리포니아주, 플로리다주 등지에서는 주로 soda라고 부릅니다. 그런데 Midwest라고 불리는 일리노이주, 미시간주, 미네소타주를 포함한 중서부 지역에서는 pop이라고 부르죠. 몇몇 남부 주들은 이를 Coke라고 부르는데, 재미있는 사실은 코카콜라 브랜드가 아닌 그냥 청량음료를 가리킬 때에도 이 단어를 씁니다. 그러니, 이 대화를 통해서 우리는 손이 중서부 지역 출신이라는 사실을 알 수 있습니다.

155

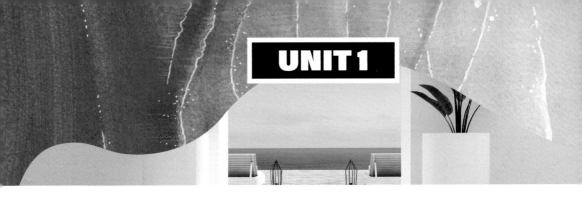

LESSON 13

영어로 말하고 싶은, 또는 못 알아들을 것 같은 예문에 체크해 보세요.

베티나: 매트, 넌 엄마랑 아빠가 올해로 결혼하신 지 50년이라는 게 믿기니?

매트: 그러게. 그리고 결혼생활도 행복하시긴 했지.

베티나: 엄마 아빠에게 뭘 해 드려야 할까? 이빈이 두 분 금혼식인데, 내 생각에 두 분이 금으로 만든 선물을 받는 것에는 별 관심이 없으실 것 같아.

매트: 없으시겠지. 네 말이 맞아. 난 두 분에게 크고 근사한 파티를 열어 드릴까 생각했는데, 두 분이 큰 파티를 원하실 것 같지는 않아.

베티나: 맞아. 그리고 엄마 건강 문제 때문에 엄마가 가끔 쉽게 피곤해하시잖아. 그래서 파티는 엄마가 즐기지 못하실 수도 있어.

매트: 가족끼리 편하게 쉬는 휴가는 어떨까? 그냥 좀 긴 주말에 해변에서 말이야. 너하고 내가 구체적인 것들을 다 정할 수 있잖아. 엄마 아빠는 손가락 하나 까딱 안 하셔도 될 거고.

베티나: 오, 그거 좋은 생각이다! 우리 둘이서 비용은 반반씩 부담할 수 있고, 그럼 충분히 널찍한 콘도를 하나 잡을 수 있겠지?

매트: 비치 하우스를 하나 빌리는 게 더 좋을 것 같은데. 침실이 많이 딸린 괜찮은 비치 하우스가 좀 있거든. 바로 딱 해변에 위치한 것 말이야. 욕실이 딸린 마스터 침실이 몇 개나 있는 곳도 있어. 그러니 우리 모두 좋은 방에서 지낼 수 있는 거지. 어떤 건 엘리베이터도 있어서 엄마가 계단을 오르거나 하는 건 안 하셔도 돼.

베티나: 좋은데, 매트. 게다가 그때는 성수기와 비수기 사이인 5월 초니까, 아마 더 저렴한 가격에 구할 수 있을 거야.

매트: 그렇지! 아직 여름은 아닐 때니까 해변이 북적거리지는 않을 거야. 그래도 날씨는 여전히 좋을 거고, 우리가 돈 들인 만큼 확실히 본전을 뽑을 수 있을 거야.

베티나: 우리 각자 이에 대해 좀 더 알아보자. 엄마 아빠가 괜찮은 날짜 확인해서 스케줄도 잡고. 내 생각에는 이게 두 분 결혼기념일을 축하하는 가장 좋은 방법인 것 같아!

매트: 그래. 나도 우리가 두 분께 드릴 수 있는 가장 좋은 선물은 가족들과 함께하는 시간인 것 같아.

Bettina: Matt, can you believe that Mom and Dad have been married for fifty years this year?

Matt: I know…and happily married, too.

Bettina: What should we do for them? This is their golden anniversary, but I don't think they'd care about getting gifts made of gold.

Matt: Na, you're right. I was thinking about ❶ **throwing them some fancy shindig**, but I don't think they'd really want a big party.

Bettina: True, and with Mom's health issues, sometimes she gets tired easily, so a party might not be enjoyable for her.

Matt: What about a relaxing family vacation—maybe just a long weekend—at the beach? You and I can manage all the details. Mom and Dad won't have to ❷ **lift a finger**.

Bettina: Oh, that's a great idea! You and I could ❸ **go fifty-fifty on the cost**. Do you think we can find a condo that would be big enough?

Matt: It might be nicer to rent a beach house. They have some very nice ones with lots of bedrooms, right on the beach. Some of them even have several master bedrooms with bathrooms, so all of us would have nice rooms. Some have elevators, so Mom wouldn't have to walk up stairs or anything.

Bettina: That sounds good, Matt. Plus, it would be in early May during the shoulder season, so maybe we could get a lower rate.

Matt: Exactly, it won't be summer time yet, so the beaches won't be crowded, but the weather will still be great. We'd definitely get more ❹ **bang for our buck**.

Bettina: Let's each do a little research on this, check with Mom and Dad about dates and ❺ **get this lined up**. I think this is the best way to celebrate their anniversary!

Matt: Yeah, I think the best gift we can give them is time with the family.

---

master bedrooms (부부용) 주 침실
shoulder season (특히 봄이나 가을) 성수기와 비수기 사이

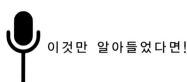이것만 알아들었다면!

MP3 074

1 To throw (someone) a shindig

For my boss's retirement, the company threw a big shindig.

내 직장 상사의 정년퇴직을 위해서 회사에서 큰 파티를 열어 주었다.

크고 떠들썩한 파티를 열다

2 To lift a finger

Teenagers are so lazy. They sit around playing video games all day and never lift a finger to help clean up the house.

10대 아이들은 너무 게을러. 둘러앉아서 하루 종일 비디오 게임이나 하고 집 청소하는 거 도와주는 데는 손가락 하나 까딱 안 하지.

무언가를 하거나 누군가를 도와주기 위해 최소한의 노력을 하다

3 To go fifty-fifty on something

My colleague and I drove to a conference together and went fifty-fifty on the cost of gas.

내 동료와 나는 학회에 같이 운전해서 갔고, 차 기름값을 반반씩 부담했다.

반반씩 부담하다/반반씩 가져가다

4 Bang for one's buck

Most college students want to go to an expensive, prestigious university, but you get more bang for your buck by going to a good, public university.

대부분의 대학생들이 등록금이 비싼 일류 대학에 가고 싶어 하지만, 괜찮은 공립대학에 가면 등록금으로 낸 돈 이상의 가치가 있는 교육을 받는다.

돈 들인 가치/본전을 뽑을 수 있을 만한 가치

5 To get something lined up

My daughter is starting 7th grade, and before she starts school, we need to get some vaccination booster shots lined up.

우리 딸이 7학년을 시작하는데, 학교 시작하기 전에 백신 추가 접종을 맞도록 스케줄을 잡아 놔야 해.

마련하다/준비하다/스케줄을 잡다

158

해안가가 즐비한 미국이라 해안에서 보내는 휴가(beach vacation)는 미국인들에게 가장 인기 있는 휴가 방식 중 하나입니다. 미국은 나라가 워낙 크기 때문에 성수기가 지역마다 조금씩 다릅니다. 그렇다면 이에 관련된 단어를 몇 가지 살펴볼까요? 성수기(the most popular time)는 미국인들이 보통 high season이라고 많이 부릅니다. 그러니 이와 반대되는 비수기(the least popular time)는 당연히 low season이라고 부르죠. 그렇다면 대화에서 베티나가 말하는 the shoulder season은 뭘까요? 바로 성수기와 비수기 사이에 낀 기간을 말합니다. 이를테면, 가장 인기 있는 휴가철인 여름 바로 전인 늦봄이 shoulder season에 속합니다.

미국의 해안가에서 흔한 숙박 형태는 잠시 빌릴 수 있는 콘도(condominium)가 대부분입니다. 반면, 어떤 해안가에는 콘도보다는 빌려 쓰는 집들이 훨씬 더 많습니다. 그 이유는 이런 지역의 경우, 토지 사용 제한법(zoning laws)에 기반을 두어 지을 수 있는 빌딩의 크기를 규제해서 콘도 같은 건물이 들어서기 힘들기 때문입니다. 이런 지역에서는 때로 으리으리하게 큰 집을 빌릴 수도 있는데, 침실과 화장실이 많은 그런 집들입니다. 미국인들은 일가친척이 모여서 벌이는 파티, 일명 family reunion을 할 때 이런 집을 빌리기도 합니다. 작은 집이나 콘도를 여러 개 빌리는 것보다 이런 큰 집 하나를 빌리는 것이 더 저렴하기 때문이죠. 그래서 앞의 대화에서 매트가 "We'd definitely get more bang for our buck."이라고 말할 수 있는 겁니다.

CULTURE POINT

결혼기념일은 미국인들에게 매우 특별한 날입니다. 이날 부부는 집이나 식당에서 근사한 저녁을 먹으며 간단하게라도 기념하려고 하죠. 좀 더 크게 축하하고 싶은 부부들은 부부 둘만 떠나는 여행을 계획하기도 합니다. 물론 가족 또는 지인들을 초대해서 파티를 하는 경우도 있고요. 그런데 흥미로운 건, 미국에서는 전통적으로 결혼기념일에 하는 선물의 종류가 해마다 정해져 있다는 사실입니다. 이를테면, 첫 번째 결혼기념일에는 종이(paper)로 된 선물을, 두 번째 결혼기념일에는 면(cotton)으로 된 선물을, 세 번째 기념일에는 가죽(leather)으로 된 선물을 해야 합니다. 네 번째 기념일에는 과일이나 꽃(fruit or flowers), 다섯 번째 기념일에는 목재(wood)로 된 제품, 여섯 번째 기념일에는 철(iron)로 된 제품이나 캔디(candy), 일곱 번째 기념일에는 모직(wool) 제품이나 구리(copper)로 만든 제품, 여덟 번째 기념일에는 청동(bronze)으로 만든 제품, 아홉 번째 기념일에는 도자기류(pottery), 열 번째 기념일에는 주석이나 알루미늄(tin or aluminum) 제품, 열한 번째 기념일에는 강철(steel) 제품, 열두 번째 기념일에는 실크(silk)로 된 제품 등과 같이 끊이지 않고 이어 나가죠. 그러다 50번째에는 금(gold)으로 된 것을 선물해야 하는데, 그래서 50번째 결혼기념일을 금혼식(the golden anniversary)이라고 부릅니다. 바로 이런 전통 때문에 대화에서 베티나가 "금으로 된 선물"을 언급하는 거예요.

모리스: 그래, 척. 너랑 수잔이 수잔 어머님이 쓰실 컴퓨터를 마련할 수 있었던 거야?

척: 응, 그런데 어머님이랑 좀 다퉈야 했어. 컴퓨터 가게의 어떤 녀석이 시장에서 이 새 브랜드가 가장 좋은 컴퓨터라고 어머님을 설득했더라고. 뭐 하지만 결국 우리가 어머님께 맥북 사 드렸지.

모리스: 오, 맥북이 좋지. 좀 비싸긴 하지만.

척: 그건 그래. 하지만 난 진짜 PC보다는 맥 컴퓨터가 본전을 더 뽑는다고 생각하거든. 그리고 와이오밍에 있는 수잔 오빠와 우리가 비용을 반반씩 부담했기 때문에, 그렇게 나쁘지 않았어.

모리스: 수잔이 남자 형제가 둘인 것으로 알고 있었는데.

척: 맞아. 한 명은 와이오밍에 있고, 다른 한 명은 캔자스에 있어. 캔자스에 있는 형제가 좀 나쁜 놈이야.

모리스: 오, 맞아. 모든 가족마다 그런 사람이 꼭 하나씩 있지!

척: 작년 같은 경우는, 우리 장모님 80번째 생신에는 생신 축하로 캔자스에 있는 그 처남이 가족들 모두 크루즈 여행을 가길 원하더라고.

모리스: 그런데 그게 문제가 되는 거야?

척: 글쎄, 그 처남이 우리가 모든 일을 다 하고 비용도 다 내기를 바랐거든. 자기는 손가락 하나 까딱 안 하려고 했던 거지. 그러니까 그냥 공짜 크루즈 여행을 원했던 것뿐이야. 그렇지만, 그 처남이 우리 모두가 버는 거 합친 것보다 더 많이 벌거든.

모리스: 진짜 짜증난다.

척: 결국에는, 우리가 장모님 생신에 굉장히 멋진 파티를 열어 드렸고, 장모님께서 정말 기뻐하셨어. 그러니 다 괜찮게 마무리되긴 했지.

Maurice: So, Chuck, were you and Susan able to ❶ **get a new computer lined up** for Susan's mom?

Chuck: Yeah, we had to fight with her a little bit. Some guy at the computer store had convinced her that this new brand was the best computer on the market, but eventually we purchased a MacBook for her.

Maurice: Oh, those are nice, but kind of pricey.

Chuck: It's true, but I really think that you get more ❷ **bang for your buck** with Macs than with PCs. Plus, Susan's brother up in Wyoming ❸ **went fifty-fifty on the cost** with us, so it wasn't too bad.

Maurice: I thought Susan had two brothers.

Chuck: She does. One is in Wyoming, and the other one is in Kansas. The one in Kansas is kind of a jerk.

Maurice: Oh yeah, every family has one of those!

Chuck: Like last year, for my mother-in-law's 80th birthday the brother in Kansas wanted the family to go on a cruise to celebrate.

Maurice: And…is that problematic?

Chuck: Well, he wanted us to do all the work and pay for everything, and he wasn't going to ❹ **lift a finger**. He just wanted a free cruise, but the guy makes more money than the rest of us combined.

Maurice: That's so annoying.

Chuck: In the end, we ❺ **threw my mother-in-law a very nice shindig** for her birthday, and she was really happy, so it all worked out okay.

161

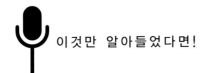

이것만 알아들었다면!

1 To get something lined up: To organize, arrange, or schedule something

Eileen, can you get the dates lined up for the training presentations in April?
에일린 씨, 4월 트레이닝 프레젠테이션 날짜 스케줄 좀 잡아 주겠어요?

---

2 Bang for one's buck: Value for one's money

I wanted a new car, but I realized that I would get more bang for my buck if I bought one that was just a year or two older than the latest model.
난 새 차를 사고 싶었는데, 최신 모델보다 1, 2년 더 된 차를 사면 본전 이상을 뽑을 수 있겠다는 사실을 깨달았지.

---

3 To go fifty-fifty on something: To split the cost or responsibility for something

When my friend and I have lunch, we always go fifty-fifty on the check.
내 친구랑 난 점심 먹을 때, 우리는 항상 계산을 반반씩 해.

---

4 To lift a finger: To make the slightest effort to do something or help someone

After Sharon helped you with your job application last month, the least you can do is lift a finger and print out those reports for her.
지난달에 샤론이 너 입사 지원하는 것을 다 도와줬으니, 최소한 손가락 까딱해서 그녀의 보고서는 프린트해 줘야지.

---

5 To throw (someone) a shindig:
To have a big boisterous party

We thought they would throw an elaborate shindig for the grand opening of the new museum, but instead, they had a smaller, private party.
우리는 그들이 새 박물관을 개관하면서 정성 들인 성대한 파티를 열 거라고 생각했지만, 대신에 자기들끼리 작은 파티를 했다.

대화에서 척이 "Some guy at the computer store had convinced her that..." 이라고 말하죠? 그런데 일반적으로 문법책에는 some 뒤에 불가산명사가 오면 단수형을(예: some money), 가산명사가 오면 복수형을(예: some guys) 쓴다고 나와 있습니다. 그래서 이 부분에서 왜 some guy라고 썼는지 궁금한 독자도 있을 거예요. 대부분의 경우는 문법책 내용처럼 some 뒤에 복수형 명사를 쓰는 것이 맞습니다. 그렇지만, 미국 구어체 영어(colloquial style)에서 관용적으로 이렇게 "some + 단수형 가산명사"를 쓰기도 합니다. 이는 어떤 사람을 살짝 부정적인 뉘앙스를 담아서 말할 때 쓰는 표현입니다. 다시 말해, 이런 표현에는 그 사람이 별로 중요하지 않다거나 또는 신뢰하기 힘든 사람이라는 의미가 담겨 있습니다. 대화에서 척은 컴퓨터 가게에서 일하는 그 사람(some guy)의 목적이 비싼 컴퓨터의 판매라는 것을 알고 있습니다. 그런 이유에서 장모님이 그 사람 말을 지나치게 신뢰해서 다른 컴퓨터를 권하는게 힘들었다는 것이 보입니다. Some + 단수형 가산명사의 이런 부정적인 뉘앙스를 보여주는 또 다른 문장도 볼까요?

I was waiting for the bus when some creepy man came up to me.
(보기만 해도) 소름 끼치는 어떤 남자가 나한테 다가왔을 때, 난 버스를 기다리고 있었어.

이 문장에서 some을 빼고 그냥 a creepy man이라고 말해도 되지만, some creepy man이라고 쓰면 미심쩍음이나 불신감을 조금 더해 주는 뉘앙스를 띕니다.

Vocabulary Point

Shindig는 크고 떠들썩한 파티를 말합니다. 미국인들에게는 시골풍의 좀 구식 느낌이 나는 것으로, 이를테면 미국 시골 농가의 댄스파티(barn dance) 같은 느낌의 단어라고 할까요? 하지만 많은 미국인들이 여전히 이 단어를 쓰는데, 주로 공식적이거나 호화로운 행사를 지칭하는 단어로 쓰입니다. 그런데 문제는 이 단어가 지닌 뉘앙스가 다소 조롱조라는 점입니다. 다시 말해, 정말로 호화로운 파티를 열면서 고상한 척하는 사람들을 깎아내리려는 의도로 사용될 수도 있는 단어이기 때문입니다.

이 단어의 어원은 조금 불분명한데, 많은 이들은 이 단어가 일종의 하키 게임을 말하는 고어 shinny 또는 shindy에서 왔다고 믿습니다. 그렇다면 어떻게 이 단어가 파티와 연관이 있게 되었을까요? 하나의 가설은 옛날에 하키 게임이 마치 파티와 같이 소란스럽고 재미있었기 때문이라고 합니다. 그래서 시간이 지나면서 이 단어가 파티를 뜻하게 되었다고 하네요.[*]

---

[*] 이 부분은 미리엄 웹스터 사전을 참고했습니다. (https://www.merriam-webster.com/dictionary/shindig)

LESSON 13

이벤트 기획자: 그러니까 고객님께서는 은퇴 기념 파티 계획에 대한 도움이 필요하시다는 거죠?

고객: 네, 제가 시립 교향악단에서 일하는데, 저희 지휘자님이 35년 근무를 마치고 은퇴하시거든요. 그래서 저희가 진심으로 그분께 경의를 표하고 축하드리고 싶어서요.

이벤트 기획자: 꽤 성대한 뭔가를 생각하고 계시다고 이해하면 될까요?

고객: 네! 뭔가 품격 있으면서 재미도 있는 것으로요.

이벤트 기획자: 생각하시고 계신 일정은 어떻게 되나요?

고객: 몇 달 시간이 있습니다. 4월 말에는 준비가 되었으면 해요.

이벤트 기획자: 네, 알겠습니다. 제 생각에 좋은 장소로 스튜어트 하우스가 어떨까 싶은데요. 혹시 들어보셨어요?

고객: 네, 대학교 근처에 있는 아름다운 빅토리아 건축 양식 맨션이죠?

이벤트 기획자: 네. 근사한 곳이에요. 진짜 꽤 호화롭고요. 거기에 춤 출 수 있는 멋진 무도회장도 있어요. 그곳에서 제공하는 케이터링 서비스까지 이용하시면, 내시는 돈 가치 이상의 서비스를 받으실 거예요. 외부 케이터링 업체를 고용하시면 비용이 더 들 거고요. 스튜어트 하우스 셰프가 고객님께서 원하시는 어떤 음식도 다 만들 수가 있습니다. 예산은 어떻게 생각하시고 계십니까?

고객: 저희가 이번에 정말 할 수 있는 건 다 하고 싶어요. 그리고 시립 발레단과 비용을 반반씩 부담할 거라서 진짜 특별한 뭔가를 할 수 있는 비용도 있어요.

이벤트 기획자: 좋습니다! 그렇게 되면 저희가 뭔가 참신하게 기획할 수 있는 입지가 좀 생기네요. 시향에서 음악은 준비해 주시겠지요?

고객: 네, 제가 저희 음악가들과 이야기해서 뭐로 할 건지 결정한 내용 알려드릴게요. 저희가 다른 세부적인 것들을 도와드려야 할까요?

이벤트 기획자: 시작하려면 제가 고객님께 정보를 많이 받아야 할 거예요. 하지만 일단 계획이 다 세워지면, 고객님께서는 정말로 손가락 하나 까딱 안 하셔도 된답니다. 그게 바로 이벤트 기획자가 있는 이유죠! 지휘자님을 위해 끝내주는 파티를 열어 드리겠습니다.

고객: 정말 기대되네요! 우리 지휘자님께서 굉장히 놀라실 거예요!

Event planner: So, you'd like help planning a retirement party, correct?

Client: Yes, I work for the City Symphony, and our director will be retiring after 35 years of service, so we'd really like to do something to honor and celebrate him.

Event planner: I take it that we're thinking of something quite grand?

Client: Yes! Something elegant but also fun.

Event planner: And what's your timeline like?

Client: We have a few months. We'd like to ❶ **get something lined up** for the end of April.

Event planner: Okay, good. I think a great venue would be Stewart House. Are you familiar with it?

Client: Yes, the beautiful Victorian mansion near the university?

Event planner: Yes. It's a wonderful venue—quite opulent really. They have an excellent ballroom for dancing too. If you use their catering services, you'll get more ❷ **bang for your buck**. Hiring outside catering will cost more. The Stewart House chefs can do any kind of food you'd like. What's your budget like?

Client: We'd really like to go all out with this, and ❸ **we'll be going fifty-fifty on the cost** with the City Ballet, so we can afford to do something really special.

Event planner: Excellent! That'll give us some room to be creative. I assume that the symphony will be providing the music?

Client: Yes, I'll speak to our musicians and let you know what we decide to do. Will you need us to help with other details?

Event planner: I'll need a lot of information from you to start, but once I create a plan, you really don't have to ❹ **lift a finger**. That's what planners are for! We'll ❺ **throw an amazing shindig** for your director.

Client: I'm so excited! Our director's going to be so surprised!

---

timeline 시각표
venue (콘서트·스포츠 경기·회담의) 장소
opulent 호화로운, 엄청나게 부유한
go all out ~에 에너지 혹은 정열을 쏟아붓다

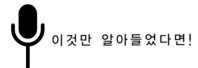

1

To get something lined up: To organize, arrange, or
schedule something 마련하다/준비하다/스케줄을 잡다

When you're planning a wedding, you need to get so many things lined up: the place for the reception, the photographer, the florist, the catering—it's a lot of organizing.

결혼식을 계획할 때는 진짜 많은 것들을 준비해야 해. 피로연 장소, 사진사, 플로리스트랑 음식 서비스, 준비할 것들이 정말 많다고.

2

Bang for one's buck: Value for one's money
돈 들인 가치/본전을 뽑을 수 있을 만한 가치

Dan usually buys the lunch deal at the pizza place near his office. He gets two large slices and a drink for only five dollars. It's a lot more bang for his buck than eating at the burger place which costs twice as much.

댄은 보통 사무실 근처 피자집에서 할인된 점심을 사거든. 피자 큰 거 두 조각하고 음료 한 잔에 5불밖에 안 내. 그 두 배로 돈이 드는 햄버거 집에서 먹는 것보다 훨씬 더 본전을 뽑는 거지.

3

To go fifty-fifty on something: To split the cost or
responsibility for something 반반씩 부담하다/가져가다

My brother and I inherited a house. We sold it and went fifty-fifty on the earnings.

남동생과 내가 집을 한 채 물려받았어. 우리는 그걸 팔아서 번 돈을 반반씩 가져갔어.

4

To lift a finger: To make the slightest effort to do something or help
someone 무언가를 하거나 누군가를 도와주기 위해 최소한의 노력을 하다

After he treated me so unprofessionally in that meeting, I refuse to even lift a finger to help him.

그 회의에서 그 사람이 날 그렇게 프로답지 못하게 대한 후에, 난 그를 돕는 데 손가락 하나 까딱하는 것도 거절하고 있어.

5

To throw (someone) a shindig: To have a big
boisterous party 크고 떠들썩한 파티를 열다

When my sister turned 60, my siblings and I surprised her by throwing a really fancy shindig.

우리 누나가 60이 됐을 때, 우리 형제자매들과 내가 정말로 근사한 파티를 열어서 누나를 놀라게 했어.

대화에서 이벤트 기획자가 "What's your budget like?", "What's your timeline like?"라고 묻습니다. 여기서 like는 사실 꼭 필요하지는 않은 단어죠. 다시 말해, "What's your budget?", "What's your timeline?"이라고 해도 문법적으로 전혀 문제가 없는 말입니다. 그런데도 많은 경우 미국인들이 굳이 "What is ＿＿＿ like?"라고 묻는 이유가 뭘까요? 그것은 이런 문맥에서 like가 들어가면 좀 더 상세한 기술 (묘사)를 해 달라는 요구(a request for a description)가 더해지기 때문입니다. 이런 예를 한 번 볼까요?

Jen: What's Vancouver like?
밴쿠버는 어떤 곳이에요? (말씀해 주실래요?)

Kim: It's so beautiful and very international.
아주 아름답고, 국제적인 곳이죠.

참고로, 여기서 like가 들어가고 안 들어가고는 격식이 있느냐 예의를 갖추느냐와는 별 상관이 없습니다.

CULTURE POINT

미국인들은 이벤트 기획자를 주로 결혼식, 금혼식 같은 특별한 결혼기념일 파티나 은퇴 파티, 졸업 파티, 종교 행사, 회사 행사 등을 할 때 찾습니다. 그런데 미국의 이벤트 기획자들이 다른 나라와 다른 점이 있다면, 그것은 문화적 다양성이 굉장히 폭넓다는 점입니다. 즉, 미국에서는 그 지역의 인구 구성원 분포에 따라 다양한 문화와 전통에 맞춰 이벤트를 열어 주는 기획자를 찾을 수가 있습니다. 다시 말해, 전통적인 미국 스타일의 졸업 파티를 열어 주는 이벤트 기획자도 있고, 또 나이지리아의 전통 결혼식을 해주는 업체도 있다는 얘기입니다. 유대인 인구가 많은 남부 플로리다의 경우, 바르 미츠바(Bar and bat mitzvah)라 불리는 유대교의 성인식을 해주는 곳이 많습니다. 한국계 미국인들이 많이 사는 도시에는 한국식 전통 잔치를 준비해 주는 곳도 있고요. 여러분도 아시다시피, 대부분의 미국인들이 이민자이거나 이민자의 후손입니다. 바로 그런 점 때문에 특별한 행사 때면 자신들의 문화유산과 뿌리를 찾는 미국인들이 많은데, 이를 이벤트 기획자들은 잘 포착해서 그들의 마케팅에 활용합니다.

LESSON 14

영어로 말하고 싶은, 또는 못 알아들을 것 같은 예문에 체크해 보세요.

(형제자매 사이의 대화)

제이미: (전화 상으로) 여보세요.

레슬리: 제이미, 너 어디니?

제이미: 내가 새로 알바를 구했는데, 이 카페 사장님이 자기 아들 데리러 가야 해서 내가 대신 자리 지키고 있어. 무슨 일이야?

레슬리: 뭐? 너 이벤트 기획자하고 만나기로 한 약속 잊었니?

제이미: 무슨 이벤트 기획자?

레슬리: 엄마랑 아빠 은혼식 말이야!

제이미: 이를 어째! 난 도대체 왜 이렇게 잘 까먹는 인간이지! 정말 미안해, 레슬리 누나.

레슬리: 너 요즘 들어서 뭘 잘 잊어버리는 것 같아. 혹시 너 무슨 일 있니?

제이미: 그게, 이번 학기에 내가 감당할 수 없을 만큼 일을 벌인 것 같아.

레슬리: 나도 그렇게 생각했어. 도대체 뭣 때문에 알바를 세 개나 해야 하는데?

제이미: 내가 지난달에 새 노트북 컴퓨터 산 것 누나도 알잖아. 그게 엄청 비쌌고, 그래서 그 신용카드 대금을 내야 하거든.

레슬리: 아빠한테 도움을 좀 받지 그러니?

제이미: 말도 안 돼. 아빠는 그렇게 비싼 컴퓨터 내가 아예 못 사게 하실 거야!

레슬리: 그냥 네가 논문 이런 거 쓰는 데 그 컴퓨터가 필요하다고 말씀드려.

제이미: 내가 그런 식으로 이야기를 꾸며 내면, 아빠가 알아내실걸. 애를 다섯이나 키우셨기 때문에 그런 것쯤은 식은 죽 먹기니까.

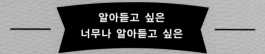

English CONVERSATION

MP3 079

(Between two siblings)

Jamie: (On the phone) Hello.

Leslie: Jamie, where are you?

Jamie: I've got this new part-time job, and the owner of this café had to pick up his son, so ❶ **I'm holding down the fort**. What's going on?

Leslie: What? Did you forget our appointment with the event planner?

Jamie: What event planner?

Leslie: For mom and dad's silver anniversary!

Jamie: Oh, my God! I'm such ❷ **a flake**! I'm so sorry, Leslie.

Leslie: It seems like you've been kind of forgetful lately. Is everything okay with you?

Jamie: Well, I feel like I've bitten off more than I can chew this semester.

Leslie: I thought so too. Why in the world do you need 3 part-time jobs?

Jamie: You know I got a new laptop last month, and it ❸ **cost an arm and a leg**, and I need to pay off the credit card bill.

Leslie: Why don't you get some help from dad?

Jamie: Are you kidding? He's not gonna let me buy such an expensive computer!

Leslie: Just tell him you need the computer for your thesis or something.

Jamie: If I ❹ **cook up a story** like that, he'll find out. He's raised 5 kids, and that's ❺ **a no-brainer for him**.

---

thesis 논문

169

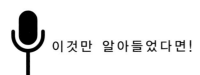 이것만 알아들었다면!

MP3 080

1 To hold (down) the fort

My boss is on a business trip, and I need to hold down the fort.

내 직장 상사가 지금 출장 중이라 내가 대신해서 자리를 지켜야 하거든.

요새를 지키다/누군가를 대신해서 자리를 지키다 (일을 봐 주다)

2 A flake

You forgot to do that again? You're such a flake!

너 그거 하는 걸 또 잊어버렸니? 너 정말 왜 그렇게 잘 까먹냐?

뭘 잘 잊어버리는 사람 /약속을 까먹고 잘 안 지키는 사람

3 To cost an arm and a leg

With all its bells and whistles, this computer costs an arm and a leg.

그 모든 부가 기능을 다 포함해서 이 컴퓨터가 엄청나게 비싸.

매우 값비싸다

4 To cook up something / To cook something up

We found out that he cooked up the whole story.

우리는 그가 그 모든 이야기를 꾸며 냈다는 사실을 알게 됐어.

(이야기나 변명 따위를) 꾸며 내다/지어 내다

5 A no-brainer

This math problem is a no-brainer for me.

이 수학 문제는 나한테 식은 죽 먹기야.

아주 쉬운 결정/문제

no-brainer 뒤에 오는 대상은 to/for 를 써서 나타낼 수 있다.

To cost an arm and a leg의 어원에 관해서는 여러 가지 설이 있습니다. 그중 가장 잘 알려진 건 20세기 초에 발생한 세계대전에서 유래했다는 설입니다. 쉽게 예상할 수 있듯이, 이 전쟁 중에는 사선에서 전투에 임하는 군인들이 말 그대로 팔이나 다리를 잃는 일이 무수히 많았습니다. 그래서 이를 두고, '사람들로 하여금 그들의 팔과 다리를 지불하도록 할 만큼 비싼 값을 치른 전쟁'이었다는 표현이 실제로 있었습니다. 사실 우리가 살면서 손가락 하나만 다쳐도 얼마나 불편한가요. 그런데 팔 하나와 다리 하나가 없다고 하면 얼마나 불편하겠어요. 그런 걸 감수할 정도로 내주었다는 의미에서 to cost an arm and a leg이 '엄청 비싸다'의 뜻을 가지게 되었다고 합니다.

CULTURE POINT

Lesson 13에서는 미국인들이 전통적으로 결혼기념일에 하는 선물을 햇수별로 살펴보았습니다. 그런데 미국인들에게 어떤 결혼기념일은 좀 더 커다란 의미를 갖는데, 그런 결혼기념일에는 특별한 이름이 붙습니다. 이를테면, 25번 째 결혼기념일을 은혼식(the silver anniversary), 50번 째 결혼기념일을 금혼식(the golden anniversary), 그리고 60번 째와 75번 째 결혼기념일을 다이아몬드혼식(the diamond anniversary)이라고 부릅니다. 이런 기념일의 이름은 어디서 유래되었을까요? 바로 그날 해야 하는 선물에서 따온 이름입니다. Lesson 13에서 이야기했던 햇수별 결혼기념일 선물을 계속 이어가다 보면, 25번 째 기념일에는 은(silver)을, 50번 째는 금(gold)을, 그리고 60번 째는 다이아몬드(diamond)를 선물합니다. 참고로, 금혼식이나 다이아몬드혼식에는 부부의 자녀들과 손자 손녀들이 이날을 축하하기 위해서 큰 파티를 열어 주기도 합니다. 작년에 제 남편 직장 동료가 자기 형제자매들과 함께 시에 소속된 어느 회관을 빌려서 부모님의 금혼식 파티를 열었습니다. 아주 큰 파티여서 저희 가족도 초대되어 그곳에 갔는데, 거기서 200명이 넘는 그들의 가족과 친구들을 만날 수 있었습니다.

LESSON 14

아내: 왜 그렇게 우울한 얼굴이에요, 여보?

남편: 롭 때문에 정말 미치겠어요. 내가 자리 비웠을 때 그 사람이 책임지고 일을 맡았는데, 일을 아주 엉망으로 만들어 놨어요. 아주 중요한 고객을 만나기로 돼 있었는데, 글쎄 그 사람이 그걸 잊어버렸지 뭐예요. 어쩜 그렇게 사람이 그런 일까지도 잊어버리지?

아내: 여보, 그 사람 예전에도 크게 실수한 적이 있고, 그 사람이 만든 문제 해결하느라 큰 비용이 들었잖아요. 당신 왜 그 사람한테 그런 중요한 일을 처리하도록 했어요?

남편: 그게, 그 사람한테 기회를 한 번 더 주고 싶었다고나 할까요. 게다가, 그 사람이 해야 할 일이 그저 그 고객에게 서류를 주고 거기 사인하도록 하는 것뿐이었어요. 그 사람도 그런 건 식은 죽 먹기라고까지 말했다고요.

아내: 그래서 이제 어쩔 거예요?

남편: 그 사람한테 한 번 더 기회를 줘야 하겠죠. 적어도 실수를 할 때 그 사람이 변명은 꾸며대지 않으니까. 그리고 그 사람도 이번 일로 틀림없이 뭔가 배웠을 거예요.

아내: 오, 나도 그랬기 바라요.

172

Wife: Why the long face, honey?

Husband: I'm so frustrated because of Rob. He ❶ **was holding the fort** while I was away, and he made a big mess. He was supposed to meet with a very important client, and he forgot to do that. Why the hell is he such a ❷ **flake**?

Wife: Honey, he has made a huge mistake before, and it ❸ **cost an arm and a leg** to fix the problem he created. Why did you have him take care of an important task like that?

Husband: Well, I kind of wanted to give him a second chance. Besides, all he had to do was give the client some documents and have them sign them, and he even said it was ❹ **a no-brainer** to him.

Wife: So what are you going to do?

Husband: I guess I'll just have to give him another chance. At least he doesn't ❺ **cook up an excuse** when he makes a mistake. Also, he must have learned something this time.

Wife: Oh, I hope so too!

이것만 알아들었다면!

MP3 082

1. To hold (down) the fort: To take on the responsibility of something while the person in charge is absent

Why don't you go home and get some rest? I'll hold down the fort.

집에 가서 좀 쉬지 그래요? 제가 대신해서 자리 지켜드릴게요.

---

2. A flake: A forgetful person/ An unreliable person

I wouldn't rely on her. She's a flake.

나라면 그녀에게 맡기지 않겠어. 뭐든 정말 잘 잊어버리는 사람이거든.

---

3. To cost an arm and a leg: To be extremely expensive

I don't want to shop there. Their handbags cost an arm and a leg.

난 그 가게에서 물건 사기 싫어. 거기 핸드백은 정말 비싸도 너무 비싸.

---

4. A no-brainer: Something that requires no mental effort

It was a super easy decision to make. It was a no-brainer to me.

그건 정말 무척이나 결정하기 쉬웠어. 내겐 고민할 필요조차 없는 일이었지.

---

5. To cook up something /To cook something up: To invent (a story or an excuse)

The politician was charged with cooking up a scheme to evade taxes.

그 정치인은 탈세를 하려고 날조한 혐의로 기소되었다.

To cost가 이 이디엄에서처럼 '(값이나 비용이) 들다'의 의미로 쓰일 때는 불규칙 동사로, 과거형과 과거분사형도 cost입니다. (동사 변화: cost-cost-cost)

My first car cost 500 dollars. I was a poor student at that time.
내 첫 번째 차는 500달러였어. 그때는 가난한 학생이었거든.

그렇지만, to cost가 '비용을(원가를) 산출하다'는 의미로 쓰일 때는 규칙 동사로 과거형과 과거분사형 모두 costed입니다. (동사 변화: cost-costed-costed)

The car dealer costed the SUV at a very expensive price last month.
자동차 판매업자가 지난달에 그 SUV 원가를 아주 비싸게 산출했어.

Vocabulary Point

아내는 남편에게 왜 그렇게 우울한 얼굴을 하고 있느냐고 물으면서, "Why the long face?"라고 말합니다. 여기서 long face는 우울하거나 슬픈 얼굴(sad face)을 뜻합니다. 그렇다면 어떻게 long face가 슬프고 우울한 얼굴을 뜻하는 표현이 되었을까요? 보통 우리가 웃거나 미소를 지을 때는 얼굴이 옆으로 넓어집니다. 그래서 함박미소를 wide smile이라고 하지요. 참고로 wide face는 미소 짓는 얼굴이라는 뜻은 없고, 그냥 넓적한 얼굴이라는 뜻입니다. 하지만 우리가 우울하거나 슬플 때는 얼굴이 다소 좁아지면서 길어지는 표정을 짓게 되죠. 다소 건조한 듯한 이 표현은 다음의 재미있는 농담 때문에 더 널리 퍼지게 되었다는 설이 있습니다.

A horse walks into a bar. The bartender says, "Hey, why the long face?"
말이 술집에 걸어 들어갔다. 그러자 바텐더가 "Hey. why the long face?"라고 말했다.

여기서 long face는 중의적으로 해석될 수 있습니다. 슬픈 얼굴, 그리고 문자 그대로 긴 얼굴. 말의 얼굴 길이를 떠올려 보면 이해가 되는 농담이죠?

LESSON 14

(두 직장 동료 간의 대화)

니콜라스: 다시 돌아오신 걸 환영합니다!

루터: 고맙습니다, 니콜라스 씨! 제가 멀리 가 있는 동안 사무실 모든 분들이 서로 도우면서 절 대신해 자리를 지켜 주셔서 얼마나 고마운지 몰라요. 여러분들 덕분에 제가 재판에 참석할 수 있었습니다.

니콜라스: 당연히 저희 믿고 일 맡기셔도 됩니다. 우리는 깜빡깜빡하는 사람들이 아니니까요.

루터: 하하하. 저도 여러분이 열심히 일하는 분들이라는 걸 잘 알고, 그래서 신뢰합니다.

니콜라스: 그래서 재판은 어떻게 되었나요?

루터: 그게, 우리 측 변호사가 훌륭하게 잘해 줘서 우리 경쟁사가 그 보고서를 조작했다는 사실을 증명해 냈습니다. 확실히 그들이 우리 측에 손해 배상을 해야 할 겁니다.

니콜라스: 정말 잘됐네요! 참, 그리고 우리 생산 시스템을 어찌 할지에 관한 결정도 해야 합니다.

루터: 그 결정은 제가 이미 했는데요, 고민할 필요조차 없습니다. 물론 전체 생산 시스템을 보수하는 데는 엄청난 비용이 들 겁니다. 그렇지만 길게 보면 그 비용을 들일 만한 가치가 있다는 걸 제가 알거든요.

니콜라스: 알겠습니다! 컨설턴트에게 언제 연락해야 할까요?

루터: 가능한 한 빨리요. 시간이 절대적으로 중요하니까요.

(Between two coworkers)

Nicolas: Welcome back to town!

Luther: Thank you, Nicolas! I really appreciate that everyone in the office supported each other and ❶ **held down the fort** while I was away. Thanks to you, I was able to attend the court trial.

Nicolas: Of course, you can rely on us. We're not ❷ **flakes**.

Luther: Ha ha… I know you guys are all hard workers, and I trust you.

Nicolas: So how did it go?

Luther: Well, our lawyer did a fantastic job and proved that our rival company ❸ **cooked up the report**. I'm sure they'll have to compensate us for the loss.

Nicolas: Sweet! Oh, we also need to make the decision about our production system.

Luther: I've already made that decision, and it's ❹ **a no-brainer**. Of course, it'll ❺ **cost an arm and a leg** to repair the whole production system, but I know it will be worth the cost in the long run.

Nicolas: Got it! When should we contact the consultants?

Luther: As soon as possible because time is of the essence.

---

compensate 보상하다
of the essence 절대적으로 중요한

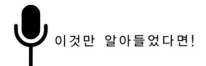

이것만 알아들었다면!

MP3 084

1

To hold (down) the fort: To take on the responsibility of something while the person in charge is absent

요새를 지키다/누군가를 대신해서 자리를 지키다 (일을 봐 주다)

Thank you all for supporting each other and holding down the fort while I was on paternity leave.
저(남자) 출산 휴가 가 있는 동안 여러분 모두 서로 도우면서 자리 지켜 주셔서 감사합니다.

2

A flake: A forgetful person/An unreliable person

뭘 잘 잊어버리는 사람/약속을 까먹고 잘 안 지키는 사람

He's known as the "flake" in my class.
그 애는 우리 반에서 '뭐든 잘 까먹는 녀석'으로 알려져 있지.

3

To cook up something /To cook something up:

To invent (a story or an excuse) (이야기나 변명 따위를) 꾸며 내다/지어 내다

It's a ridiculous story. He must have cooked it up.
진짜 이상한 이야기야. 그가 꾸며낸 이야기인 거야. 틀림없어.

4

A no-brainer: Something that requires no mental effort

아주 쉬운 결정/문제

The answer to Mr. Kim's question was a complete no-brainer.
김 선생님의 질문에 대한 답은 정말 쉬웠어.

5

To cost an arm and a leg:

To be extremely expensive 매우 값비싸다

Do you think it's going to cost an arm and a leg to fix this problem?
이 문제를 해결하는 데 비용이 엄청 들 거라고 생각하세요?

No-brainer는 brain에서 파생한 단어로, 두뇌(brain) 즉, 머리를 쓸 필요가 없는 아주 쉬운 문제나 결정을 뜻합니다. 이렇게 brain에서 파생한 또 다른 재미있는 표현으로 brainy도 있습니다. Brain에 -y를 붙여서 형용사화한 표현으로, '아주 똑똑한', '지적인'이라는 의미가 있습니다. 그래서 〈개구쟁이 스머프〉에 나오는 똘똘이 스머프의 영어 이름도 Brainy smurf랍니다. Brainy가 들어간 몇 가지 예문을 볼까요?

He looks brainy. (= He looks intelligent.)
그는 지적으로 보여.

That's the problem of dating a brainy guy.
그게 바로 똑똑한 남자와 데이트할 때 생기는 문제지.

CULTURE POINT

미국은 세계에서 소송을 가장 많이 하는 나라이기도 합니다. 뉴욕 타임스에 따르면 미국인들은 GDP (Gross Domestic Product)의 2.2퍼센트를 소송비로 사용하는데, 그 액수는 다른 어느 나라보다도 높다고 합니다.* 저는 이런 사실을 미국에 살면서 종종 체감합니다. 예를 들어, 몇 년 전 플로리다주의 한 환경 단체가 주정부 소속 전기/가스 부서에 소송을 건 적이 있습니다. 이들은 주정부가 공사를 하다가 아주 오래된 어떤 나무의 뿌리를 건드렸다고 주장했는데, 그게 플로리다주 환경법에 위배됐던 거라네요. 공사는 그 나무에서 꽤 먼 곳에 있었고, 또 해당 공사를 기획한 토목공학자들은 나무 뿌리의 길이까지 감안해서 한 공사였기 때문에 뿌리를 건드리지 않았다고 주장했습니다. 그러자 소송을 건 환경 단체는 그 나무는 종의 특성상 뿌리가 아주 길게 뻗는 나무라며 반박했고요. 결국 주정부에서 해당 나무를 5년간 모니터하면서 나무에 어떤 문제가 생기면 책임지겠다는 각서를 쓴 후에 환경 단체가 소송을 취하합니다. 또 바로 얼마 전에는 저희 동네 주민 한 명이 자기 집 울타리의 담을 조금 높여서 다시 만들려고 했습니다. 그런데 문제는 동네 입주자 협회(HOA: Home Owners' Association)에서 만든 담의 높이에 제한을 두자는 규칙이 있었는데, 그는 그 규칙에 문제가 있다면서 입주자 협회장에게 소송을 걸겠다고 공식 문서를 보냈습니다. 그래서 몇몇 동네 사람들이 이웃끼리 소송하는 일은 막자면서 협회장을 설득해서, 결국 담 높이 규칙을 바꾸는 일도 있었습니다.

* More Money Into Bad Suits – NYTimes.com

영어로 말하고 싶은, 또는 못 알아들을 것 같은 예문에 체크해 보세요.

스테파니: 안녕하세요, 제러미 씨! 회의 어땠는지 물어보려고 했는데, 제러미 씨 얼굴에 어땠는지 다 쓰여 있네요.

제러미: (한숨 쉬며) 에휴. 그렇게 안 좋아 보여요?

스테파니: 뭐 제러미 씨도 아실 텐데요. 별로 안 좋아 보여요. 무슨 일 있었어요?

제러미: 저희가 내규랑 우리 부서의 몇 가지 다른 법률 문서를 봐야 했어요. 진짜로 꼼꼼하게 하나하나 다 봤는데, 뭐 그건 필요했죠. 그런데 정말 고통스러울 정도로 지루했어요.

스테파니: 맞아요, 저도 그런 비슷한 일을 해야 했던 적이 있는데, 말 그대로 페인트가 마르는 걸 보는 것만큼이나 재미없더라고요.

제러미: 솔직히 저는 페인트 마르는 걸 지켜보는 게 내규를 손보는 것보다 더 낫겠어요! 어쨌든, 스테파니 씨는 우리 같은 작은 부서에서 논쟁할 거리는 별로 없을 거라고 생각하실 거예요. 뭐, 지루한 일이니까 다들 그냥 빨리 끝내자고 했을 거라 생각하실 테지만, 절대 그렇지 않았어요!

스테파니: 린다 씨죠?

제러미: 어떻게 알았어요? 린다 씨가 내규 하나하나 그 빌어먹을 세부 사항에 일일이 다 트집을 잡으셔야 했던 거죠. 우리 전부 다 소리 지를 뻔했다니까요.

스테파니: 낸시 씨도 거기에 있지 않았어요? 그분이 그런 것에 뭔가 제재를 가할 수 있지 않았나요?

제러미: 그게, 저도 낸시 씨를 정말 좋아는 하지만, 이런 상황에서는 그분이 줏대가 없어요. 그래서 우리 모두 거기 있었던 거죠. 린다 씨에게 하루 종일 잡혀서 말이에요.

스테파니: 저기, 제가 회의를 얼마나 오래 했는지 물어봐도 될까요?

제러미: 6시간이요! 전 회의 끝나고 제가 소리 지르면서 야산으로 뛰어갈 줄 알았다고요!

스테파니: 6시간이요? 그렇게 스트레스 받은 표정일만도 하네요!

English CONVERSATION

MP3 085

Stephanie: Hi, Jeremy! I was going to ask how the meeting was, but I can see it **❶ written all over your face**.

Jeremy: (sighing) Ugh. Do I look that bad?

Stephanie: Well, you tell me. You don't look very happy. What happened?

Jeremy: We had to go over the by-laws and some other legal documents for the department. We **❷ went over it with a fine-tooth comb**, which was necessary, but also painfully boring.

Stephanie: Oh, yeah, I've had to do some similar tasks like that; it's **❸ as much fun as watching paint dry**.

Jeremy: Actually, I'd prefer watching paint dry to working on by-laws! Anyhow, you would think there's not that much for our little team to argue over. It's a boring task, let's just get it done, but oh, no, no!

Stephanie: Was it Linda?

Jeremy: How did you guess? She had to **❹ nitpick over every damned detail of the by-laws**. We were all ready to scream.

Stephanie: Wasn't Nancy in there too? Couldn't she do something about it?

Jeremy: You know, I love Nancy, but in situations like this, she **❺ has no spine.** So there we all were, held captive by Linda all day long.

Stephanie: Dare I ask…how long was the meeting?

Jeremy: Six hours! I thought I would run screaming into the hills after that.

Stephanie: Six hours? No wonder you look so stressed out!

You tell me. 이미 다 아시잖아요. (상대방이 이미 답을 알고 질문한 것 같을 때)
by-law 내규
How did you guess? 어떻게 아셨어요?
hold someone captive ~를 포로로 잡아 두다
Dare I ~? (그럴 주제는 아니지만 감히) 제가 ~해도 될까요?

181

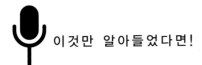 이것만 알아들었다면!

 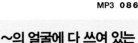
MP3 086

1 Written all over someone's face

~의 얼굴에 다 쓰여 있는

I knew she was having a good day before she even said a word; it was written all over her face.

난 그녀가 한 마디 하기도 전에 즐거운 하루를 보내고 있다는 걸 알았어. 얼굴에 다 쓰여 있었으니까.

2 To go over something with a fine-tooth comb

세밀하게 조사하다 /이 잡듯이 뒤지다

The lawyer read the contract with a fine-tooth comb before presenting it to her client.

그 변호사는 고객에게 건네주기 전에 계약서를 꼼꼼하게 다 읽었다.

3 As much fun as watching paint dry

매우 지루하고 따분한 /더럽게 재미없는

I just attended a three-hour training session on human resource development; it was as much fun as watching paint dry.

나 방금 인적 자원 개발 관련 3시간짜리 트레이닝에 참석했었거든. 정말 지루해 죽는 줄 알았다니까.

> 무언가가 지루하고 재미없다는 것을 익살스럽게 표현하는 이디엄이다.

4 To nitpick over something

하찮은 일에 트집을 잡다 /자잘한 일까지 간섭하다

My sister nitpicks over everything. She made me go back to the bakery three times to get exactly the right kind of decorations on a birthday cake.

우리 언니는 정말 별것 아닌 일에 사사건건 트집을 잡아. 정확하게 자기가 원하는 장식의 생일 케이크를 사 오도록 언니가 나를 빵집에 세 번이나 다시 가게 했다니까.

5 To have no spine

용기(줏대)가 없다 //(어떤 문제를 해결하기 위해) 행동하기를 두려워하다

He has no spine; when his boss asked him to take on that extra project, he should have refused.

그는 줏대가 없어. 상사가 그에게 그 추가 프로젝트를 또 맡겼을 때, 못한다고 했어야지.

Dare(감히 ~하다)는 굉장히 흥미로운 단어입니다. 현대 영어에서는 이 단어를 예전만큼은 사용하지 않기 때문에, 이 단어가 들어간 문장이 정중한 표현으로 들리기도 하지요. 미국인들은 이 단어를 부정문에서 자주 사용하는데, dare 뒤에 to부정사나 원형부정사가 옵니다.

We didn't dare <u>ask them</u>.
We didn't dare <u>to ask them</u>.
우리는 감히 그들에게 (그걸) 물어보지 못했다.

앞의 대화에서 스테파니는 "Dare I ask…?"라고 묻는데, 이 말은 "Do I really want to know?(궁금하니까 말씀 좀 해주시겠어요?)" 정도의 의미입니다. 이 문장은 dare 때문에 좀 더 공손하면서도 예스러운 표현처럼 들리는데, 그리고 바로 이런 점 때문에 그녀의 말이 익살스럽게 느껴집니다. 왜냐하면 이 문장은 dare로 인해, 스테파니가 회의가 길어졌다는 것을 짐작하고는 있었지만 자신의 짐작이 사실이라는 걸 확인하는 건 조금 꺼려한다는 망설임을 나타내기 때문입니다.

Vocabulary Point

제러미는 scream 단어가 들어간 두 이디엄을 사용하고 있습니다. "We were all ready to scream.", "…run screaming into the hills." 말이지요. 이 두 가지 표현 모두 어떤 상황에 대한 극도의 짜증스러움을 나타내는 것으로, 미국인들은 이렇게 부정적인 감정을 동사 scream을 써서 나타낼 때가 많습니다.

I was so angry/frustrated/mad/annoyed/bored that I could scream.
난 너무 화나서/불만스러워서/성질이 나서/짜증나서/지루해서 소리를 뻰했다니깨!

참고로, run screaming into the hills는 짜증스러운 상황에서 벗어나고 싶다는 느낌을 표현할 때 쓰이기도 합니다.

My dean asked me to chair the most demanding committee at the university. I would rather run screaming into the hills because my workload is already so heavy.
우리 학장이 나한테 우리 대학에서 가장 할 일 많은 위원회의 회장을 맡으라고 하더라고. 난 차라리 소리 지르면서 야산으로 뛰어가고 싶었어. 내 업무량이 이미 엄청나니까.

UNIT 2

영어로 말하고 싶은, 또는 못 알아들을 것 같은 예문에 체크해 보세요.

수잰: 안녕하세요, 잭 씨! 어떻게 도와드릴까요?

잭: 안녕하세요, 수잰 씨! 승진 심사용 파일 정리하는 일은 거의 끝냈는데, 그거 제출하기 전에 수잰 씨한테 몇 가지 좀 여쭤 보고 싶었거든요.

수잰: 그러세요.

잭: 연봉 협상 관련 문서가 있는데, 이건 마티 씨가 하게 그냥 놔둘 수 있다고 알고 있어요. 그분이 제 상사니까요. 그런데 우리끼리 얘긴데요, 이 부분은 제가 직접 쓰는 게 더 나을까요?

수잰: 제 개인적인 생각으로는, 잭 씨가 직접 히시라고 권하고 싶어요. 잭 씨가 직접 더 높은 연봉을 받기 위해 협상할 수도 있다고 생각하거든요. 마티 씨는 연봉 인상 협상을 할 때는 줏대가 없어요.

잭: 맞아요. 제가 생각했던 것도 바로 그거예요. 두 번째 질문은 제가 어디에 그 서류를 제출하느냐인데, 수잰 씨한테 드리나요, 아니면 앨런 씨한테 드리나요?

수잰: 어느 쪽이든 괜찮아요. 앨런 씨나 저한테 주시면 돼요. 하지만 제가 미리 말씀드리는데, 저희 둘 다 부사장실에 보내기 전에 파일에 있는 자잘한 것 하나하나까지 정확하게 하셨는지 다 볼 거예요. 잭 씨한테 개인적인 감정이 있어서가 아니라, 그저 우리 할 일을 하는 것일 뿐이에요.

잭: 알겠습니다. 수잰 씨한테 드리기 전에 꼼꼼하게 훑어볼게요.

수잰: 고마워요, 잭 씨! 나도 이 과정 중 몇 가지는 굉장히 따분한 일이라는 걸 알아요. 그렇지만 다 제대로 진행되면, 잭 씨는 승진하는 거예요! 할 일이 많다는 건 알지만, 보상이 따를 거고요.

잭: 도움 주셔서 감사해요, 수잰 씨. 일단 이걸 다 끝내고 나면, 제가 얼마나 안도하는지 제 얼굴만 봐도 아실 거예요!

MP3 087

Suzanne: Good morning, Jack. How can I help you?

Jack: Hi, Suzanne! I've almost finished organizing the files for my promotion, and I wanted to ask you a few questions before I submit them.

Suzanne: Sure thing.

Jack: There's a form about salary negotiation, and I know I can leave this for Marty because he's my supervisor, but, just between you and me, is it better for me to fill out this part on my own?

Suzanne: Personally, I recommend that you do this yourself. I think you can negotiate for a higher salary on your own. Marty ❶ **has no spine** when it comes to negotiating pay raises.

Jack: Yeah, that's what I was thinking, too. My second question is about where I submit the forms. Do I give them to you or to Alan?

Suzanne: Either one. You can give them to Alan or myself, but I'll warn you; we are both going to ❷ **nitpick over every detail** before we send them to the vice president's office. It's nothing personal; we're just doing our job.

Jack: I understand. I'll ❸ **go over the files with a fine-tooth comb** before I give them to you.

Suzanne: I appreciate that, Jack! I know some of this process is ❹ **as much fun as watching paint dry**, but if all goes well, you'll get promoted! I know it's a lot of work, but it will pay off.

Jack: Thanks for your help, Suzanne! Once I'm finished with this, you'll see the relief ❺ **written all over my face**!

185

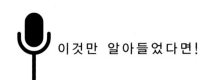

이것만 알아들었다면!

MP3 088

1 To have no spine: To lack courage/To be afraid to take action

One of the receptionists at work takes really long lunch breaks, and our boss was supposed to handle this, but he has no spine and he hasn't done anything about it.

우리 회사 안내 직원 중 한 명이 점심시간을 진짜 오래 써. 그리고 사장님이 그 문제를 해결해야 하거든. 근데 사장님이 그런 말을 할 용기도 없어 가지고 그것 관련해서 아무 것도 안 하고 있어.

2 To nitpick over something:
To be overly critical about small details

When we were building our house, we had to nitpick over every detail with the builder. If you're not specific, you won't get what you're paying for.

우리 집을 지을 때, 우리는 건축업자한테 작은 것 하나까지 모두 간섭해야 했어. 구체적으로 지시하지 않으면, 지불한 돈만큼의 대가를 받지 못하거든.

3 To go over something with a fine-tooth comb: To examine something very carefully

There was one sentence from the chapter that I needed for my paper. I had to go through the chapter with a fine-tooth comb to find it.

그 챕터에서 내 페이퍼에 필요한 문장이 하나 있었거든. 난 그 문장 찾으려고 그 챕터를 아주 꼼꼼하게 다 읽어야 했어.

4 As much fun as watching paint dry:
Very boring

My brother and his wife think that golf is the most exciting sport, but I think it's as much fun as watching paint dry.

내 남동생이랑 올케는 골프가 세상에서 가장 신나는 스포츠라고 생각하지만, 난 골프가 정말 더럽게도 재미없다고 생각해.

5 Written all over someone's face:
When a person's emotions are clear from the look or expression on their face

From the way my dad was frowning, I could read the anger that was written all over his face.

아빠가 얼굴을 찡그리는 모습에서, 난 아빠가 얼마가 화가 나 있는지 알 수 있었어. 아빠 얼굴에 다 쓰여 있었거든.

수잰이 말한 문장, "You can give them to Alan or myself."를 봅시다. 여기서 수잰은 "You can give them to Alan or me."라고 말할 수도 있었지만, me 대신 myself라고 합니다. 현대 미국 영어에서는 이런 문맥에서 me 대신 myself가 굉장히 흔하게 쓰이지만, 규범문법학자들은 이때 재귀대명사 myself를 사용하는 것이 문법적으로 틀리기 때문에 그렇게 쓰면 안 된다고 주장합니다. 그럼에도 불구하고, 많은 미국인들이 이미 그렇게 사용하고 있는 게 현실입니다. 현재 논란이 되고 있는 이 사안이 어떻게 결론이 날 것인지는 좀 더 시간을 두고 지켜봐야 할 것 같습니다. 이런 문맥에서 더 많은 사람들이 myself를 쓰게 돼서 이게 완전히 받아들여지는 문법 법칙이 될지는 아무도 모르는 일이니까요. 역사적으로 언어는 언제나 변해 왔으니 말입니다. 그렇지만 영어를 공부하는 학습자 입장에서 이런 새로운 문법 용례와 그에 따른 규범문법학자들의 논쟁이 존재한다는 사실 정도는 알아두면 도움이 되겠죠? 참고로, 이런 문맥에서 myself를 사용하는 것이 더 낫다고 고집하는 미국인들은, 이때 myself가 me보다 더 프로페셔널하게 들린다고 주장합니다. 그래서 저는 이런 말도 들었습니다.

"Sue, John, and myself have worked very hard on the project."
수, 존, 그리고 제가 이 프로젝트를 위해 열심히 일했습니다.

Nitpick은 문자 그대로 의미를 따져 보면 조금 역겹습니다. Nit(복수형: nits)이 머릿니(lice)의 알을 말하니까요. 머릿니 알이니 사람 머리카락 속에 들어갈 수도 있겠지요. 머리카락 속에 있는 머릿니 알을 없애는 일은 상상만 해도 힘들 것 같지 않습니까? 머리카락 한 올 한 올을 다 살펴보면서 빼내야 할 테니까요. 그러니 nitpicking은 그야말로 짜증스러울 정도로 꼼꼼하고 세심하게 해야 하면서도 시간이 많이 소요되는 일입니다. 그래서 미국인들은 이 단어를 부정적인 의미로 많이 사용합니다. 물론 사람들이 어떤 일을 매우 조심스럽고 꼼꼼하게 끝내야 할 때 흔히 사용하기도 합니다. Nitpick은 동사로 to nitpick about/over와 같이 쓰이는데, 이 단어의 형용사형은 nitpicky입니다.

I'm sorry I have to be so nitpicky about this, but we have to make sure that all of the signatures match.
이렇게 사소한 것까지 다 체크해야 해서 죄송하지만, 저희가 모든 서명이 다 일치하는지 확인해야 합니다

LESSON 15

존: 다니엘 씨, 어떻게 지내세요? 며칠 전 동네 주민 협회 모임에 갔었어요?

다니엘: 안녕하세요, 존 씨! (한숨 쉬면서) 네, 회의에 갔었어요.

존: 다니엘 씨 얼굴에 불만스러운 감정이 다 나타나네요. 제가 그 회의 회의록을 막 읽고 있었는데요. 제가 참석을 못해서 왜 그런 결정이 내려졌는지 자세히 알고 싶었어요.

다니엘: 제가 불만이었던 건 정말 우리가 논의해야 했던 이슈는 우리 동네 보안과 재산세와 관련해서 새롭게 바뀌는 것이었다는 거예요. 제 말은, 세금만 해도 논의할 것이 얼마나 많은 주제예요. 게다가, 세금 관련 이야기를 한다는 게 굉장히 지루하긴 하지만, 그래도 해야 할 이야기잖아요.

존: 또 세금 관련해서 그것을 완전히 이해하려면 정말 철저하게 꼼꼼히 다뤄야 하기도 하죠.

다니엘: 맞아요. 그건 쉬운 일도 아니고, 엄청난 집중력을 요하는 일이에요. 그런데 그걸 하는 대신에, 앞뜰에 관목은 얼마나 크게 심을 수 있는지에 관해 자잘한 것까지 전부 간섭하면서 우리가 첫 한 시간을 썼지 뭐예요. 세금과 보안 관련 문제로 넘어갔을 때는 모두가 완전 지쳐 있었어요.

존: 누가 회의를 주도했어요?

다니엘: 대런 씨요.

존: 아, 그랬군요.

다니엘: 맞아요, 대런 씨가 토론 주제를 장악해서 세금 문제를 최우선에 두었어야 했는데 말이에요. 제가 이런 말 했다는 거 아무한테도 말하지 마세요. 그렇지만 대런 씨가 줏대가 없어요. 다시는 그 사람이 그 회의 주도해서는 안 돼요.

존: 다니엘 씨가 무슨 말씀하시는지 잘 알아요. 에휴, 뭐 지금 보니 제가 그 회의에 참석 못한 게 오히려 잘된 일인 것 같네요!

John: Hey, Daniel, how's it going? Were you at the neighborhood association meeting the other day?

Daniel: Hi, John! (Sighing) Yeah, I was at the meeting.

John: Well, the frustration is ❶ **written all over your face**. I was just reading the minutes of the meeting. I wasn't able to attend and wanted to know more about the decisions that were made.

Daniel: I'm just frustrated because the real issues that we needed to discuss were neighborhood security and new changes to property taxes. I mean, the taxes alone were a big topic to discuss. And, you know, discussing taxes is about ❷ **as much fun as watching paint dry**, but we need to do it.

John: And you really have to ❸ **go over that tax stuff with a fine-tooth comb** to understand it completely.

Daniel: Right. It's not easy stuff, and it takes a lot of focus. But instead of doing that, we spent the first hour ❹ **nitpicking over how large the bushes can be in front yards**. By the time we moved on to the taxes and security stuff, we were all exhausted.

John: Who was facilitating the meeting?

Daniel: Darren.

John: Oh, I see.

Daniel: Yeah, he should have controlled the topics and made the taxes the top priority. Don't tell anyone I said this, but, the guy ❺ **has no spine**. He should never facilitate the meeting.

John: I know exactly what you mean. Gosh, well, now I'm kind of glad that I missed this meeting!

---

minutes 회의록
property tax 재산세
facilitate (회의 등을) 이끌다, 주관하다
top priority 최우선순위

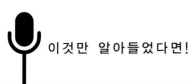

1 Written all over someone's face: When a person's emotions are clear from the look or expression on their face ~의 얼굴에 다 쓰여 있는

When he heard she was moving away, I could see how sad he was; it was written all over his face.

그녀가 멀리 이사 간다는 소식을 그가 들었을 때, 우리는 그가 얼마가 슬펐는지 알 수 있었어. 그의 얼굴에 다 쓰여 있었거든.

2 As much fun as watching paint dry:
Very boring 매우 지루하고 따분한/더럽게 재미없는

My mother is very religious and loves a long church service, but I'm not religious at all. To me, a long sermon is as much fun as watching paint dry.

우리 어머니는 굉장히 신앙심이 깊고 긴 예배도 무척 좋아하시지만, 난 전혀 그렇지 않거든. 나한테 긴 설교는 그렇게 지루할 수가 없어.

3 To go over something with a fine-tooth comb: To examine something very carefully
세밀하게 조사하다/이 잡듯이 뒤지다

I went through the box of photographs with a fine-tooth comb to find the one of my grandmother when she was 10 years old.

우리 할머니가 10살 때 찍은 그 사진을 찾으려고 나는 사진 상자를 샅샅이 뒤졌어.

> 이 표현은 with a fine-tooth comb 으로도 쓰인다.

4 To nitpick over something: To be overly critical about small details 하찮은 일에 트집을 잡다/자잘한 일까지 간섭하다

My teacher nitpicks over everything when it comes to writing. Every grammar, spelling, and punctuation error must be corrected in order to get a high score.

우리 선생님은 작문에 관해서는 사소한 것까지 다 트집을 잡아. 높은 점수를 받기 위해서는 모든 문법, 철자법, 구두법 실수 하나하나까지 전부 다 고쳐야 해.

5 To have no spine:
To lack courage/To be afraid to take action
용기(줏대)가 없다/(어떤 문제를 해결하기 위해) 행동하기를 두려워하다

We needed Alan to stand up for our department at the meeting with the CEO, but he has no spine in these situations. He was too afraid to argue with the leadership.

우리는 앨런이 CEO와 회의에서 우리 부서를 대표해 맞서 주기를 바랐지만, 그는 이런 상황에서는 용기가 없어. 그는 너무 무서워서 지도부와 논쟁할 수가 없었던 거야.

To have no spine과 같은 뜻인 다른 이디엄도 많은데, 그중 spine의 동의어 backbone을 사용한 표현부터 봅시다.

The guy has no <u>backbone</u>; he should never facilitate a meeting!
그 남자는 줏대가 없어. 그 사람은 절대로 회의를 이끌어서는 안 돼!

같은 의미지만, 주로 사적이고 편안한 자리에서 사용할 수 있는 no guts가 있습니다.
She has <u>no guts</u> to stand up to her boss. 그녀는 직장 상사에게 맞설 용기가 없다.

그리고 좀 저속한 표현으로 To not have the balls to do something이 있는데, balls란 남성의 고환(testicles)을 말합니다. 그러니 자연스럽게 이 표현은 주로 남자가 남자에게 말할 때 쓰이죠. 하지만 매우 드물긴 해도, 여자에게 이 표현을 쓰는 사람도 있습니다. 이 표현 자체는 그저 비겁하다는 의미를 가지고 있을 뿐 남녀를 성적으로 가리는 건 아니니까요. 물론 이런 표현은 공적인 자리에서는 절대로 사용하면 안됩니다. 굉장히 사적인 자리에서만 쓸 수 있는 이디엄이라는 걸 꼭 기억하세요.

He should have negotiated for more money, but he didn't <u>have the balls to</u> ask for more.
그는 돈을 더 달라고 협상했어야 했지만 그럴 배짱이 없었다.

마지막으로, To have no spine의 의미를 한 단어로 표현한 spineless 단어도 함께 외워 두세요.

My boss is <u>spineless</u>; she lets everyone else make all the decisions.
우리 사장은 줏대가 없어. 다른 사람들이 모든 결정을 하게 한다니까.

CULTURE POINT

대부분의 미국 동네에는 주민협회(Homeowner's associations)가 있습니다. 많은 미국인들은 이를 HOA라고 부르죠. 이런 협회들은 그 동네와 주민들을 위한 규칙을 만들고 그것이 다 지켜지도록 노력합니다. 그 협회가 속한 동네에 집을 소유하고 있는 사람들은 회비를 내서 협회가 잘 운영되도록 도움을 주지요. 회비는 주로 그 동네 공용 수영장을 관리하거나 공공장소의 잔디를 깎거나 나무를 가꾸는 일 등에 쓰입니다. 그리고 보통 그 동네 주민들이 돌아가면서 회장, 부회장직을 맡습니다. HOA에서 하는 회의는 생산적일 수도 있지만, 간혹 감정적인 싸움이 일어나기도 합니다. 서로의 사유지(부동산)에 커다란 영향을 주는 결정을 이웃들이 함께해야 하는 경우도 있기 때문입니다. 다른 여느 단체와 마찬가지로, HOA는 선한 의도를 가진 사람들이 장악할 수도 있지만, 때로는 어떤 정치적인 의도를 가진 사람들이나 이웃 험담을 늘어놓는 사람들이 장악하는 경우도 있습니다. 그러고 보면, 사람 사는 곳은 어디나 다 똑같은 것 같습니다.

LESSON 16

영어로 말하고 싶은, 또는 못 알아들을 것 같은 예문에 체크해 보세요.

(어학원에서)

데릭: 팬데믹이 시작된 후, 우리가 거의 절반 정도의 학생들을 잃어서 현재 등록한 학생 숫자가 매우 낮아요.

마크: 우리가 굉장히 힘든 상황에 있는 건 알지만, 우리 학원만 그런 건 아니니까요. 아시다시피, 코로나바이러스 팬데믹 때문에 우리 같은 어학원들이 문을 많이 닫았습니다.

데릭: 저도 알지요. 바로 그래서 다음 학기 계획이 정말로 필요한 거고요. 윌슨 박사님이 이 학교에 자신의 피땀을 쏟아부었잖아요. 어학원이 계속 유지되도록 우리가 최선을 다해야 합니다.

마크: 맞아요. 그게 우리가 할 수 있는 최소한이죠. 제가 모든 수단과 방법을 강구해 봤는데, 우리에게 주어진 유일한 선택은 학생들을 원격으로 가르치는 것인 것 같습니다.

데릭: 저도 온라인 수업을 제공하는 것이 훌륭한 옵션이라고 생각하지만, 몇몇 학생들이 대면 수업을 듣고 싶어 하면 어쩌죠? 강사와 학생들 모두가 마스크를 쓴다면, 그 또한 옵션이 될 수도 있을 것 같은데요.

마크: 무슨 말씀 하시는지는 알지만, 현실은 우리 학생들 반 이상이 온라인으로 수업을 듣고 싶어 한다는 겁니다.

데릭: 우리가 그 두 가지 수업 방식을 함께 진행한다면요? 그렇게 할 수 있다면, 양쪽 그룹의 학생들을 모두 만족시킬 수 있을 거잖아요.

마크: 훌륭한 계획이긴 한데, 두 가지 수업을 어떻게 효율적으로 진행할 수 있을까요? 그건 강사들에게 다소 힘든 일일 거예요.

데릭: 좋은 질문입니다! 그게 우리가 지금 곰곰이 생각해 볼 문제예요.

마크: 알겠습니다! 우리가 좀 더 세밀한 계획을 세우면 바로 시작합시다.

(At a language school)

Derrick: Since the pandemic hit, we've lost almost half of our students, and the enrollment is pretty low now.

Mark: I know ❶ **we're in deep water**, and it's not just our school. You know, the coronavirus pandemic has closed down many language schools like ours.

Derrick: I know, and that's why we really need to get a plan for next semester. Dr. Wilson poured his ❷ **blood, sweat, and tears** into this school, and we should try our best to keep the school open.

Mark: Yeah, that's the least we can do. I actually ❸ **explored every avenue**, and it seems that the only option we have is teaching students remotely.

Derrick: I also think offering online classes is a great option, but what if some students want to take them face-to-face? If the instructor and the students all wear masks, I suppose that can be an option as well.

Mark: I know what you mean, but the reality is more than half of our students want to take classes online.

Derrick: What if we offer hybrid classes? If we can do that, we'll be able to satisfy both groups of the students.

Mark: Sounds like a fabulous plan, but how are we going to conduct the hybrid class effectively? It's going to be somewhat challenging for the instructors.

Derrick: Good question! That's something to ❹ **chew on** right now.

Mark: Good! Once we have the detailed plans, let's ❺ **buckle down on it**.

---

hybrid 혼합(물)
challenging 힘든 (다소 긍정적인 뉘앙스)

193

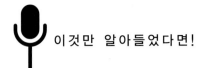 이것만 알아들었다면!

MP3 092

1 To be in deep water

If I don't finish this report today, I'll be in deep water.
이 보고서 오늘 끝내지 않으면, 내가 굉장히 곤란한 상황에 처하게
될 거야.

굉장히 어려운 상황에
처해 있다

2 Blood, sweat, and tears

I gave blood, sweat, and tears for this, but I wasn't chosen.
난 이 일을 위해 피눈물 나는 노력을 했지만, 뽑히지 않았어.

피눈물 나는 노력

3 To explore every avenue (= To explore all avenues)

I explored every avenue open to me and decided that this was the best option.
난 내게 주어진 모든 수단과 방법을 강구했고, 이것이 가장 좋은
선택이라고 결정 내렸어.

어떤 문제 해결이나
목표 달성을 위해
모든 수단과 방법을
강구하다

4 To chew on ~

I'd like to chew on it before making any decision.
어떤 결정을 하기 전에 그 일에 대해 제가 곰곰이 생각해 보고 싶습니다.

~를 곱씹어 보다
/곰곰이 생각하다

5 To buckle down (on ~)

All right, it's time to get started and buckle down on this goal.
자, 이제 시작해서 이 목표를 향해 본격적으로 나아갈 시간입니다.

(~를) 본격적으로
시작하다

데릭의 문장, "What if we offer hybrid classes?"를 보세요. 이렇게 제안을 하거나 어떤 의견을 낼 때도 What if ~ 절을 쓸 수 있는데, 이럴 때는 그냥 현재시제를 쓰면 됩니다.

What if we <u>offer</u> them a discounted price?
우리가 그분들에게 할인된 가격을 제시하면 어떨까요?

What if we <u>invite</u> all his family members?
우리가 그분 가족들까지 모두 초대하면 어떨까요?

그렇지만 제안하는 사람이 자신의 제안에 확신이 없을 때는 과거형을 씁니다.

What if we <u>chose</u> the other option?
혹시 우리가 다른 선택을 하면 어떨까요?

What if I <u>answered</u> yes to that question?
혹시 제가 그 질문에 예스라고 답하면요?

이제는 동사 시제에 따라 살짝 달라지는 뉘앙스를 알고 what if절을 쓰세요.

CULTURE POINT

미국 전역에는 수많은 어학원이 있습니다. 미국 주요 대학에는 모두 집중 영어 프로그램(Intensive English Program)이 있어서, 그 대학에 진학하는 국제 학생들에게 학업에 필요한 영어를 가르칩니다. 대학이 아닌 사설 어학원 역시 외국어로서의 영어(English as a Second Language) 수업을 제공합니다. 그런데 이런 영어 교육 기관들이 트럼프 행정부의 반이민 정책으로 인해 코로나 바이러스 팬데믹이 시작되기 2–3년 전부터 이미 경영난을 겪기 시작했습니다. 일례로, 플로리다 주립대학교 집중 영어 프로그램의 경우, 대학 측에서 중동 지역 지원자들에게 I–20[*]를 보냈지만, 현지 미국 대사관이 그들에게 비자 발급을 하지 않아서 그 학생들이 미국에 들어오지 못하는 경우도 있었습니다. 이런 상황이 지속되자, 미국 내 주립대학교의 집중 영어 프로그램이 아예 문을 닫는 경우까지 생겼죠. 그러다 2020년 코로나바이러스 팬데믹이 시작되자, 미국에서 영어를 공부하던 많은 학생들이 자기네 나라로 돌아가면서 상황은 더욱 악화되었습니다. 이렇게 언어 교육 분야는 크루즈업계, 관광업계, 항공업계와 더불어 미국에서 팬데믹으로 인해 가장 큰 타격을 받은 업종 중 하나입니다.

---

* 미국 대학에서 합격자들에게 발급하는 서류로, 이 서류를 가지고 그 지역 미국 대사관에 가면 학생 비자(F1)를 발급해 줍니다.

LESSON 16

아버지: 해리슨, 너 괜찮니?

아들: 아빠, 저 사실 아빠랑 뭐 좀 상의하고 싶었는데요, 아빠가 제 결정을 안 좋아하실 수도 있어요.

아버지: 그게 뭔데?

아들: 제가 진로에 관해 한동안 곰곰이 생각해 봤는데요, 저도 아빠처럼 배우가 되기로 결심했어요.

아버지: 배우가 되고 싶다는 게 진심이니? 배우가 재미있긴 하지만 굉장히 힘든 직업이란다. 이 꿈을 위해서 네 모든 걸 다 쏟아부을 준비가 돼 있어?

아들: 준비 됐어요, 아빠. 저 플로리다 주립대 연극학과에 지원하고 싶어요. 모든 길을 다 알아봤는데, 이 길이 저한테 가장 좋은 선택이라고 결정했어요.

아버지: 네가 이미 결정을 했다면, 아빠가 모든 방법으로 널 지원해 주마.

아들: 감사합니다, 아빠. 왠지, 전 아빠가 제가 배우가 되는 걸 원치 않으신다고 생각했거든요. 제 결정에 화내실 지도 몰라서 두려웠어요.

아버지: 당연히 그렇지 않지! 그래서 네가 힘든 상황인 것처럼 보였던 거야?

아들: 좀 그래요. 하하. 제 결정을 지지하신다고 하니까, 제가 이 꿈을 위해 본격적으로 시작해 볼게요. 일단 에세이를 먼저 써야 하고, 또 오디션 준비도 해야 해요.

MP3 093

Father: Harrison, is everything okay with you?

Son: Dad, I actually wanted to discuss something with you, and you might not like my decision.

Father: What is it?

Son: ❶ **I've been chewing on my future career** for a while, and I've decided to become an actor just like you.

Father: Are you sure you want to become an actor? It's an exciting but very challenging job. Are you ready to give your ❷ **blood, sweat, and tears** for this dream?

Son: I am, Dad, and I want to apply to the theater department at FSU. I ❸ **explored all avenues** and decided this is the best option for me.

Father: If you've made that decision, I'll support you in every way.

Son: Thank you so much, Dad. Somehow, I thought you didn't want me to become an actor, and I was afraid that you might be upset with my decision.

Father: Of course, not! Is that why you looked like you ❹ **were in deep water**?

Son: Kind of. Ha ha... Since you support my decision, I'm gonna ❺ **buckle down on this**. I should write an essay first and also prepare for the audition.

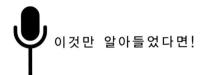

이것만 알아들었다면!

1

To chew on ~: To think about something carefully

This book gives me something to chew on.
이 책은 내게 깊이 생각할 거리를 준다.

2

Blood, sweat, and tears:
A lot of time, effort, and energy

This project has involved the blood, sweat, and tears of many people.
이 프로젝트에는 많은 사람들의 피땀이 들어갔다.

3

To explore every avenue (= To explore all avenues): To investigate all possible means to find a solution to a problem or to achieve a goal

We should explore every avenue to solve our financial problem.
우리의 재정 문제를 해결하기 위해 가능한 모든 해결 방안을 알아봐야 합니다.

4

To be in deep water: To be in a difficult situation

I feel like I'm in deep water now. I don't know how to deal with this situation.
내가 지금 굉장히 힘든 상황에 처한 것 같아. 이 상황을 어떻게 대처해야 할지 모르겠어.

5

To buckle down (on ~): To start to work hard

We've planned everything down to the last detail, and all we need to do is buckle down.
우리는 세부 사항까지 모두 상세하게 계획했고, 이제 본격적으로 시작만 하면 됩니다.

To be in deep water와 동의어로 함께 공부해 두면 좋은 이디엄으로 to be in hot water가 있습니다. Deep water(깊은 물) 속에 있다는 말과 hot water(뜨거운 물) 속에 있다는 말은 둘 다 곤경에 빠져 있다는 의미로 쉽게 해석될 수 있지요? 그런데 이 두 이디엄은 같은 의미이기는 하지만, to be in hot water의 의미가 좀 더 한정적입니다. 이를테면, to be in deep water는 '힘든 상황에 처해 있다'(to be in a difficult situation)는 일반적인 의미를 가지고 있습니다. 그런데 to be in hot water는 '뭔가 잘못한 것에 대한 벌을 받게 되다'(to be in trouble)는 의미가 포함되어 있다고 할 수 있어요. 그래서 to be in deep water가 힘든 상황에 처해 있는 문맥에서 포괄적으로 다 쓰이는 반면, to be in hot water는 잘못에 대한 대가를 지불해야 하는 상황에서 주로 쓰입니다. 참고로, to be in hot water는 침입자나 적군에게 뜨거운 물을 부어 쫓았다는 고대의 관습에서 시작되었다는 설이 있습니다.

My brother was caught cheating on the math test, and he's in hot water with his teacher.
내 동생이 수학 시험 보면서 커닝하다가 들켜서 지금 선생님께 혼나게 생겼어.

The politician is in hot water after people found out he lied about the pandemic.
사람들이 그 정치인이 팬데믹 관련해 거짓말했다는 걸 알게 된 후 그는 궁지에 몰렸어.

The scientist is in deep water after it was discovered that he manipulated the test results.
실험 결과를 조작했다는 사실이 밝혀진 후에 그 과학자는 궁지에 처해 있어.

Whenever I was in deep water, my mom was there for me.
내가 힘들 때마다 엄마는 나와 함께 계셨다.

She has lost her green card, and she's now in deep water.
그녀는 영주권을 잃어버렸고, 그래서 지금 곤란한 상황에 처해 있다.

Vocabulary Point 2

이 과에서 buckle down은 '(어떤 일을) 시작하다/착수하다'는 의미가 있다고 배우고 있습니다. 그렇다면 buckle up은 무슨 뜻일까요? 바로 '안전벨트를 매다'입니다. 그래서 "Buckle up!"이라고 하면 "Fasten your seat belt."(안전벨트를 매세요.)와 같은 말입니다. 함께 외워 두세요.

Please buckle up before you start driving.
운전 시작 전에 안전벨트부터 매세요.

노아: 리암, 왜 그렇게 우울한 얼굴이야?

리암: 나 지금 굉장히 곤란한 상황에 처한 것 같아.

노아: 무슨 일인데?

리암: 내가 이 연기 학교에 지원했는데, 스캔한 추천서는 받을 수 없다고 하네.

노아: 누가 추천서를 썼는데?

리암: 우리 고등학교 국어 선생님이 쓰셨어. 선생님이 나한테 스캔한 추천서를 이메일로 보내 주셨는데, 원본은 안 주셨거든. 그런데 지금 막 선생님이 외국에 가시고 안 계시다는 사실을 알게 됐어. 마감일은 이번 주 금요일이라 정말 뭘 어떻게 해야 할지 모르겠어. 난 그 사람들에게 왜 이게 문제가 되는 건지 놀라서 말이 안 나올 지경이야.

노아: 심정은 이해하지만, 규정을 그 사람들이 정하는 거니까 (그 사람들이 하는 대로 따라야 하잖아). 그게 네가 지원한 유일한 학교니?

리암: 내가 연기 학교 여러 곳에 지원했지만, 그 학교가 나한테 가장 좋은 곳이야. 휴, 나 정말 이 학교에 합격하려고 내 모든 걸 다 쏟아부었다고. 이건 정말 너무 실망스러운 일이야.

노아: 나도 네가 오랫동안 네 진로 문제로 고민했다는 거 알아. 일단 결정하고 나서는 바로 본격적으로 준비하기 시작했고. 야, 그냥 다른 선생님께 추천서 써 달라고 부탁드리면 어때? 너 모범생이었잖아. 너한테 추천서 써 주시겠다는 선생님이 여러 분이실 거야.

리암: 그렇지만 마감 시간 전까지 3일밖에 안 남았어. 나를 위해 그렇게 해 줄 분이 계실 것 같니?

노아: 리암, 난 네가 이 문제를 해결할 때까지 모든 수단과 방법을 다 강구해 봐야 한다고 생각해. 고등학교에 지금 당장 전화해서 널 가르쳤던 선생님 중 누구라도 만날 수 있는지 알아봐. 네 상황을 설명드리면, 그분들이 반드시 널 도와주실 거야.

MP3 095

Noah: Liam, why the long face?

Liam: I feel like ❶ **I'm in deep water** now.

Noah: What's the matter?

Liam: I've applied to this acting school, and they say they cannot accept the scanned version of the recommendation letter.

Noah: Who wrote the letter?

Liam: My high school language arts teacher did. He sent me the scanned copy via e-mail but didn't give me the original, and I've just found out he's out of the country now. The deadline is this Friday, and I just don't know what to do. I'm dumbfounded as to why this should be a problem for them.

Noah: I feel you, but they make the rules. Is that the only school you've applied to?

Liam: I've applied to several acting schools, but that school is the best one for me. Gosh, I gave my ❷ **blood, sweat, and tears** to get accepted to this school, and this is so frustrating.

Noah: I know you ❸ **chewed on your future career** for a long time, and once you made that decision, you ❹ **buckled down on it**. Hey, why don't you ask another teacher to write a recommendation letter? You were a good student. There are a bunch of teachers who'd write one for you.

Liam: But only three days left before the deadline. Do you think there's going to be someone who will do this for me?

Noah: Liam, I think you should ❺ **explore every avenue** until you find the solution. Call the high school right now and see if you could meet any of your former teachers. If you explain your situation, I'm sure they'll help you out.

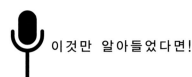

이것만 알아들었다면!

MP3 096

1 To be in deep water: To be in a difficult situation
굉장히 어려운 상황에 처해 있다

My brother bought too many things with his credit card last month, and he's now in deep water.
내 남동생이 지난달에 신용카드로 너무 많은 것을 사서 지금 굉장히 곤란한 상황에 처해 있어.

2 Blood, sweat, and tears: A lot of time, effort, and energy
피눈물 나는 노력

I poured my blood, sweat, and tears into this business.
난 이 사업에 내 모든 것을 다 쏟아부었어.

3 To chew on ~: To think about something carefully
~를 곱씹어 보다/곰곰이 생각하다

Could you please give me some time? I need to chew on it before I decide.
저한테 시간을 좀 주시겠습니까? 제가 결정하기 전에 생각을 좀 해 봐야 해서요.

4 To buckle down (on ~):
To start to work hard (~를) 본격적으로 시작하다

If we want to finish this report before the deadline, we'd better buckle down.
마감 시간 전에 이 보고서를 끝내고 싶다면, 우리가 본격적으로 시작하는 편이 좋겠어요.

5 To explore every avenue (= To explore all avenues): To investigate all possible
means to find a solution to a problem or to achieve a goal
어떤 문제 해결이나 목표 달성을 위해 모든 수단과 방법을 강구하다

In order to improve the situation, we should explore all avenues.
이 상황을 개선하기 위해서, 우리는 모든 수단과 방법을 강구해야 합니다.

미국 대학에 지원할 때는 추천서를 제출해야 합니다. 대학교의 경우 고등학교 선생님의 추천서를, 대학원의 경우 학부 교수님의 추천서를 받아서 제출합니다. 그런데 이는 학교뿐만 아니라 직장에 지원할 때도 마찬가지입니다. 영화 〈악마는 프라다를 입는다: The Devil Wears Prada〉를 보면, 이 추천서 제도를 코믹하게 그려낸 장면이 있습니다. 미란다(메릴 스트립 분) 아래서 일하던 주인공 앤드리아(앤 해서웨이 분)가 그 다음 직장을 구하려고 면접을 보죠. 그런데 추천서를 부탁받은 그녀의 전 직장 상사인 미란다가 다음 내용을 팩스로 보냈다는 말을 듣습니다.

"If you don't hire her, you're an idiot."
그녀를 고용하지 않으면, 당신은 멍청이야!

정말 짧고 강렬하지만 최고의 추천서죠? 그런데 어떤 경우는 추천서가 아니라 추천인/신원보증인 (reference)의 연락처를 적어 내라는 곳도 있습니다. 이런 회사는 추천인에게 직접 연락해서 지원자에 관해 이것저것 물어보기도 합니다. 예를 들어, 제가 가르쳤던 어느 학생은 미국 연방 정부(Federal government of the United States)의 공무원이 되려고 지원했는데, 그 학생 추천인 명단에 저도 있었습니다. 그리고 연방 정부 소속 공무원이 약속을 잡고 저를 찾아와서는 그 학생에 관해 이런저런 질문을 했습니다. 질문 내용은 그 학생이 성실한지, 그리고 신뢰할 만한 사람인지 등이었습니다. 물론 저와 한 대화 내용은 모두 기밀 사항이라고 했습니다. 제가 가르친 또 다른 어느 학생은 공립초등학교에 교사로 지원했는데, 해당 학교에서 제게 전화해서는 학생에 관한 여러 가지 질문을 했습니다. 학교 측은 그 학생이 자신의 생각을 명확하게 전달하는 의사소통 능력(clear communication skills)이 있는지, 그리고 어린아이들을 맡겨도 될 만한 사람인지 등을 중점적으로 알고 싶어 했습니다.

그런데 미국인들에게는 일종의 관습과도 같은 이 추천인 제도가 부정적으로 작용하는 경우도 있습니다. 일례로, 제 친구 여동생이 어느 가게에서 일하다가 주인과의 불화로 그만두게 되었습니다. 사실 가게 주인의 비상식적인 행동으로 인한 불화였기 때문에 원인을 따져 보면 그녀의 잘못이라고 하기도 힘든 상황이었죠. 그런데 그녀가 그 다음 직장으로 지원한 곳에서 그녀의 이력서를 보고서는 바로 전 직장이던 문제의 그 가게에 전화해서 그곳 주인과 통화를 하게 됩니다. 자기네 가게에서 끝이 안 좋았으니 그 주인이 좋게 이야기했을 리가 없겠지요. 그 결과, 그녀는 면접을 통과하고도 그 직장에 들어갈 수 없게 됩니다. 경쟁자가 있고 면접에서 똑같이 좋은 인상을 남겼을 경우에 이런 상황이면 당연히 불리하게 작용하겠지요? 저는 친구 동생이 겪은 이 일을 통해서, 지원자의 됨됨이를 어느 한두 사람의 판단에 의존하는 이 추천인 제도의 맹점 또한 엿볼 수 있었습니다.

영어로 말하고 싶은, 또는 못 알아들을 것 같은 예문에 체크해 보세요.

루시: 브리아나, 집에서 애들 데리고 어떻게 지내?

브리아나: 솔직히? 우리 모두 집에만 갇혀 있다 보니 이젠 미칠 것 같아. TV만 너무 많이 보고, 운동은 제대로 못하고 있고, 나들 서로의 신경만 긁고 있지.

루시: 너네 식구들 모두 지금 다른 사람들과 똑같은 것 같아! 우리 첫째, 제임스가 올해 중학교에 들어가거든. 선생님들이 학생들에게 여름 동안 해야 하는 숙제를 묶음으로 주셨어. 그래서 아이들이 팬데믹 때문에 너무 뒤쳐져서 학년 시작하지 않도록 말이야. 그렇지만 세상에, 그 애가 학교 숙제를 하게 하려고 개랑 얼마나 격전을 벌이고 있는지 몰라!

브리아나: 맞아, 중학교가 최악이지! 우리 막내가 지금 고등학교 2학년(한국 고등학교 1학년에 해당)이지만, 중학교 때를 기억하는데, 정말 끔찍한 악몽이었어! 내가 말해 주는데, 중학교 아이들은 인지 능력이 달팽이 수준이야. 개네들은 정말 아무것도 기억 못 해.

루시: 맞아, 나도 다른 엄마들한테 같은 얘기 들은 적이 있어. 학교에 다닐 때에는, 제임스한테 숙제를 공책에 적어 놓으라고 얘기했고, 그러면 그 애는 공책을 깜빡하고 학교에 두고 오곤 했어.

브리아나: 맞아, 그렇지만 그땐 또 애들한테 공책을 책가방 안에 넣어야 하고 또 책가방을 집으로 잊지 말고 가지고 오라고 말해 줘야 하지!

루시: 제임스하고는 언제나 내가 지는 싸움을 하는 것 같아.

브리아나: 나도 무슨 말인지 알아. 아이들 심정도 난 이해해. 사실 사춘기는 누구에게나 힘든 시기고, 우리가 이런 여름에 애들에게 공부하도록 시키는 건, 게다가 이런 팬데믹 중에는 거의 불가능에 가까운 일이지!

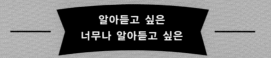

Lucy: Breanna, how's it going with the kids at home?

Breanna: Honestly? ❶ **We're all going stir-crazy** at this point. Too much TV not enough exercise. ❷ **Everyone's getting on each other's nerves**.

Lucy: You guys sound like everyone right now! My oldest one, James, is starting middle school this year. The teachers gave them a summer packet to complete so that they wouldn't start the year too far behind because of the pandemic. But, oh my gosh, it's been ❸ **a knock-down-drag-out fight** with that kid to get him to do any school work!

Breanna: Oh, middle school is the worst! My youngest one is a sophomore now, but I remember those days, and I don't wish them on my worst enemy! I tell you, kids in middle school have the cognitive capacity of slugs; they can't remember anything.

Lucy: You know, I've heard the same from other moms. When school was in, I'd tell James to write down his homework in his notebook, but then he'd forget his notebook at school.

Breanna: Right, but then you have to remind them to actually put the notebook in their backpack and remember to bring the backpack home!

Lucy: I think ❹ **I'm fighting a losing battle** with James.

Breanna: I know what you mean. I feel for our kids. Adolescence is always a difficult time, and trying to get them to do school work over the summer like this, and during a pandemic ❺ **to boot**—nearly impossible!*

I don't wish them on my worst enemy! 최악이야!
(나랑 원수지간인 사람한테도 바라지 않을 만큼 끔찍한 일이라는 의미)

---

* 여기서 동사 is가 생략된 걸 문맥에서 알 수 있죠? 구어체 영어에서는 미국인들이 대화하면서 강조하기 위해 이렇게 쓰기도 합니다.

205

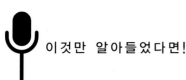이것만 알아들었다면!

MP3 098

1 To go stir-crazy

When I was little, my brother and I got the chicken pox at the same time and had to stay home for a week. We were a little stir-crazy after spending that much time at home.

어렸을 때, 우리 오빠랑 내가 동시에 수두에 걸려서 일주일 동안 집에 있어야 했거든. 우리는 그 많은 시간을 집에서만 있다가 거의 미치기 직전이었던 것 같아.

좁은 공간에 오래
갇혀 있다가 미쳐 버리다

2 To get on one's nerves

My grandparents love each other, but they also get on each other's nerves all the time.

우리 할머니 할아버지는 서로 사랑하시지만, 또 늘 서로의 신경을 건드리셔.

누군가의 신경을 건드리다

3 A knock-down-drag-out fight

Look, I think we should just agree to disagree. I don't want to get into a knock-down-drag-out fight with you about this.

이것 봐! 내 생각엔 우리가 그냥 서로의 의견 차이를 인정해야 할 것 같아. 나는 이 문제로 너하고 격전을 벌이고 싶지 않거든.

격전/인정사정없는 싸움

이 표현은 때로 몸 싸움(an actual physical fight)이나 투쟁을 의미하기도 한다.

4 To fight a losing battle

Trying to keep a nightclub open during the pandemic is fighting a losing battle. It's almost impossible to make enough money to survive.

이런 팬데믹 중에 나이트클럽 영업을 계속하려는 것은 질 것이 뻔한 싸움을 하는 겁니다. 최소한의 유지 비용을 버는 것조차 거의 불가능한 일이니까요.

질 게 뻔한 싸움을 하다
/실패할 게 뻔한 일을
하다

5 To boot

If you buy this new laptop right now, we'll include these earbuds, an extended warranty, and some free software to boot.

이 노트북 컴퓨터를 지금 바로 구매하시면, 이 이어폰과 기간 연장 보증서, 게다가 무료 소프트웨어까지 함께 드리겠습니다.

게다가 (앞서 한 말에 다른
말을 덧붙일 때 쓰는 표현)

놀랍게도, stir-crazy 이디엄은 동사 stir(휘젓다/마음을 동요시키다)에서 온 표현이 아닙니다. 어원학자(etymologist)들은 이 표현에서 stir는 1800년대 슬랭에서 왔다고 믿는데, 그때는 이 단어가 감옥(prison)의 뜻이었다고 합니다. 실제로, 1890년대 영국 영어에서 in stir는 '감옥에 있는'(in prison)의 의미였습니다. 그렇기 때문에, stir-crazy는 '작은 감방에 갇혀 있음으로 인해 받는 정신적인 스트레스에서 시작됐다고 하네요. Lesson 5에서 배운 cabin fever도 같은 의미의 이디엄입니다. 앞서 공부했듯이, cabin fever는 긴 겨울 동안 집 안에만 갇혀 있던 사람들이 느끼는 답답함을 나타내는 표현에서 유래한 단어입니다. 그렇지만, 이 두 표현이 현대 미국 영어에서는 서로 동의어처럼 쓰입니다. 즉, 현재는 stir-crazy와 cabin fever 둘 다 오랫동안 한 공간에 갇혀 있던 사람들이 느끼는 답답함, 불안감, 짜증, 스트레스 등을 나타내는 이디엄입니다.

CULTURE POINT

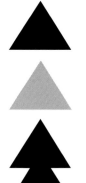

브리아나와 루시는 자기네 아이들이 다니는 학교와 학년에 관한 이야기를 합니다. 미국도 한국과 마찬가지로, 공립학교는 초, 중, 고등학교로 나뉘어져 있습니다. 주마다 조금씩 차이가 있을 수는 있지만, 보통 초등학교 학년은 유치원(kindergarten)부터 시작해서 5학년까지 있습니다. 아이가 만 다섯 살이 되면 공립초등학교의 유치원 과정에 입학할 수가 있습니다. 중학교와 고등학교도 주마다 약간씩 달라질 수 있지만, 제가 사는 플로리다주의 경우, 대부분 중학교는 3년제, 고등학교는 4년제입니다. 그래서 중학교는 6학년에서 8학년까지 있고, 고등학교는 9학년에서 12학년까지 있습니다. 이렇게 고등학교도 대학교와 마찬가지로 4년제이기 때문에, 대학교의 각 학년에 붙이는 이름을 고등학교에서도 똑같이 씁니다. 그래서 9학년은 freshman, 10학년은 sophomore, 11학년은 junior, 12학년은 senior라고 부릅니다. 대학교에서도 1학년은 freshman, 2학년은 sophomore, 3학년은 junior, 4학년은 senior라고 부르니까요.

UNIT 2

영어로 말하고 싶은, 또는 못 알아들을 것 같은 예문에 체크해 보세요.

더그: 킴 씨, 일주일 간 연수 세미나 하러 갔던 솔트레이크 시티 출장은 어땠습니까?

킴: 더그 씨도 직접 가 보셨으니까 어떤지 잘 아시잖아요! 수요일쯤 되니, 우리 모두 답답해 죽겠더라고요. 매일 8시간 동안 회의실에 앉아서 발표를 들어야 했으니까요.

더그: 맞아요. 일주일 동안 트레이닝을 받는다는 건 짜증나는 일일 수 있죠. 확실히 그렇죠.

킴: 전 몇 번 탈출해서 밖으로 나갔어요. 솔트레이크는 정말 아름나운 곳이에요. 저는 항상 그곳의 산을 보는 게 너무 좋더라고요. 그리고 우리들 중 한 무리는 몰래 나와서 우리 호텔 건너편에 있는 주류 판매점에 몇 번 갔었어요.

더그: 하! 틀림없이 그곳에서 하루가 끝날 때마다 알코올 도움이 필요했을 거예요!

킴: 정말로 그랬어요! 게다가, 제 신경을 긁은 또 다른 일은, 행정부서에서 우리한테 계속해서 이 '훌륭한 변화'가 어떻게 잘되어 갈 것인가라고 말하는 거였어요. 기본적으로, 일이 더 많아질 거라는 건 기대할 수 있어도, 급여가 더 많아질 거라는 기대를 해서는 안 된다는 건데, 거기에 더해서 사원 복지(휴가, 보너스, 의료보험 등을 포함하는)도 더 적어질 거고요. 행정부 사람들은 우리가 그것을 기뻐하지 않는 것에 충격을 받은 것 같았어요. 저는 이 변화들로 인해, 한두 개 부서와 높은 직위에 있는 경영진 사이에 격전이 벌어질 거라고 예상하고 있거든요.

더그: 글쎄, 제 생각에 그 부서들은 어차피 지는 싸움을 하게 될 거예요. 우리 CEO는 모든 걸 이윤 중심으로 움직이니까요.

Doug: How was your trip out to Salt Lake City for the week-long training seminar, Kim?

Kim: You've been out there yourself, Doug, you know how it is! By Wednesday we ❶ **were all going stir-crazy** sitting in that conference room listening to eight hours of presentations every day.

Doug: Oh yeah, a week of training events can ❷ **get on anyone's nerves**, that's for sure.

Kim: I did escape a few times and get outside. Salt Lake is a beautiful place. I always love seeing those mountains out there. Also, a group of us snuck out a few times and visited the liquor store across the street from our hotel.

Doug: Ha! I'll bet you guys needed some liquid assistance at the end of each day!

Kim: We sure did! You know, another thing that ❷ **got on my nerves** was how the admin kept telling us about all these "wonderful" changes coming our way. Basically, we can expect more work but not more money, and fewer benefits ❸ **to boot**. They seemed shocked that we weren't happy about this. I predict ❹ **a knock-down-drag-out fight** between one or two of the departments and the managers higher up because of these changes.

Doug: Well, I think the departments ❺ **will be fighting a losing battle**. Our CEO is all about the profit margins.

---

sneak out 살짝 빠져 나가다 (sneak-snuck-snuck)
I'll bet = I'm sure
come one's way 잘되어 가다
be all about ~ ~이 최고다, ~이 전부다

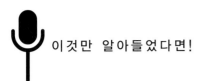

MP3 100

1 To go stir-crazy: To become restless and short-tempered due to being confined to a small place for a long time

We drove across the Australian outback and after two days in the car, we were both going a little stir-crazy.

우리는 호주의 오지를 운전하며 다녔는데, 차 안에서 이틀을 보낸 후에는 우리 둘 다 미쳐 버리기 일보 직전이었어.

2 To get on one's nerves:
To make someone feel annoyed

I have a co-worker who is always telling me how her performance at work is so much better than mine. She really gets on my nerves.

나한텐 자기가 일을 나보다 훨씬 더 잘한다고 내게 늘 말하는 직장 동료가 있거든. 그 사람이 내 신경을 얼마나 건드리는지 몰라.

3 To boot: In addition

The chicken was bland and slightly burned, and overpriced to boot.

그 치킨은 싱겁고 또 조금 타기도 했는데, 그것도 모자라 가격까지 비싸더라니까.

4 A knock-down-drag-out fight: A serious struggle in which neither side is willing to back down

During the presidential debate, the candidates really got into a knock-down-drag-out fight about their views on economic policy.

대선 토론 중에, 후보자들은 경제 정책 관련 관점을 두고 그야말로 격전을 벌였지.

5 To fight a losing battle:
To fight or work for something that is destined to fail

The mechanic fought a losing battle trying to get the engine started again.

엔진이 다시 켜지도록 시도하면서 그 정비공은 실패할 것이 뻔한 일을 했다.

킴이 더그에게 자기네 회사에서 일어나는 변화에 관한 이야기를 하면서, "wonderful"이라는 단어를 인용부호와 함께 씁니다. 이는 인용부호를 조금 특별한 방식으로 사용한 예인데, 이를 scare quotes(주의 환기용 인용부호)라고 부릅니다. Scare quotes는 단어나 표현에 주목하라는 표시로, 아이러니(역설적인 것)나 의심 등을 표현할 때 사용합니다. 이 표시가 해당 단어나 표현이 일반적이지 않은 의미에서 쓰인다는 것을 보여주기는 하지만, 학술적인 글이나 격식을 갖춰야 하는 글에서는 되도록 scare quotes를 쓰지 않는 것이 좋습니다. 앞의 대화의 경우, scare quotes를 통해서 우리는 킴이 빈정대는 어투로 말하고 있다는 사실을 알 수 있습니다.

Vocabulary Point

To boot은 부츠(boots)와는 아무 상관이 없는 이디엄입니다. 이는 고대 영어 단어에서 왔는데, 시간이 지나면서 의미가 조금씩 변했고, 지금은 '추가되거나 더해진 무언가'(something extra/something additional)를 뜻하는 말이 됐습니다. 대화에서 킴이 하는 말을 보니, 뭔가가 더해지는 것이 항상 좋은 것만은 아니죠? 한 가지 기억할 것은 to boot이 in addition과 동의어이기는 하지만, 문법적으로는 이 둘이 서로 다르게 작용한다는 사실입니다. <u>In addition은 문장의 다양한 위치에서 쓰이지만, to boot은 표현이나 문장의 맨 마지막에 쓰입니다.</u>

I threw a big party for my daughter's 10th birthday. I hired a magician and rented a bounce house. <u>In addition</u>, I made a fabulous cake. (문장 맨 앞)

= I threw a big party for my daughter's 10th birthday. I hired a magician, rented a bounce house, and made a fabulous cake <u>to boot</u>. (문장 맨 뒤)

난 우리 딸 10번째 생일 파티를 크게 해 줬어. 마술사를 고용했고 바운스 하우스도 빌렸지. 게다가, 내가 끝내주는 케이크까지 만들었다니까.

If you get this job, you'll have a nice office, good benefits, and, <u>in addition</u>, a free membership to our company fitness club. (문장 중간)

= If you get this job, you'll have a nice office, good benefits, and a free membership to our company fitness club <u>to boot</u>. (문장 맨 뒤)

이 일자리를 얻게 되면, 당신은 멋진 사무실과 좋은 사원 복지 혜택, 게다가, 우리 회사 헬스클럽 무료 회원권도 받게 될 겁니다.

Boss: Can you handle the registration for the training session?

Employee: Sure, I can do that and manage the feedback surveys <u>in addition</u>. (문장 맨 마지막)

상사: 트레이닝 세션의 등록을 처리할 수 있겠습니까?
직원: 네, 제가 할 수 있고, 더불어 피드백에 관한 설문조사까지도 제가 처리하겠습니다.

클라리사: 존 씨, 줌으로 가르치는 게 존 씨는 어때요? 전 수업 몇 개를 가르쳐 봤는데, 지금 문제가 좀 생겼거든요.

존: 그럭저럭 괜찮습니다. 처음 시작했을 때는 습득하는 데 시간이 걸리기도 했지만, 시간이 지나니까 괜찮더라고요. 무슨 문제가 있으신데요?

클라리사: 가끔 제가 스크린을 공유해서 비디오를 보여주려고 할 때, 학생들이 소리를 못 들어요. 어쩌다 한 번씩은 왜 그러는지 알게 되는데, 오디오를 지속적으로 작동하게를 못하겠어요. 그것 때문에 얼마나 신경이 거슬리는지 원.

존: 아, 그거요. 그렇게 스크린을 공유할 때는 컴퓨터 오디오를 사용할 수 있는 작은 박스를 클릭하셔야 해요.

클라리사: 아, 그렇군요! 이제 알겠어요. 고마워요, 존 씨! 그런데 지난주에 존 씨 생일이었다고 들었어요.

존: 맞아요. 이제 막 서른이 됐습니다.

클라리사: 생일 축하해요! 저도 서른 됐을 때가 생각나네요. 전 올해 쉰이 되거든요. 매해 생일을 즐기도록 해요, 존 씨! 뭐 좀 물어볼게요. 이제 캠퍼스를 열었으니 존 씨도 학교에 자주 와요?

존: 네, 그러고 있어요. 그게, 집에서도 가르칠 수 있지만, 집에만 갇혀 있었더니 갑갑해 죽겠더라고요. 집에서 좀 나와야겠더라고요.

클라리사: 저도 그래요! 얼마나 안전한지는 모르겠지만, 그래도 여기에는 몇 사람 밖에 없고, 또 우리가 서로 사회적 거리두기를 한다면, 괜찮을 거예요.

존: 제 말이 바로 그 말이에요. 그리고 제 경우는, 제 동거인과 제가 정말로 작은 연립주택에 살고 있거든요. 그 사람도 재택 근무를 하고 있는데, 게다가 저희 인터넷 서비스가 정말 엉망이에요.

클라리사: 그렇군요. 빠른 인터넷이 이런 팬데믹 상황에서는 정말 필수예요. 제가 인터넷 속도를 더 빠르게 하려고 인터넷 회사랑 얼마나 싸웠는지 몰라요.

존: 저도요. 하지만 속도는 절대 빨라지지 않았고, 전 질 게 뻔한 싸움을 하고 있다는 것만 알게 됐죠. 그래서 지금 일주일에 세 번씩 강의하러 학교에 오고 있어요. 제게 필요한 평화와 고요함, 게다가 엄청 빠른 인터넷까지 있으니까요. 그건 그렇고, 클라리사 씨도 여기 일하러 오셨으니, 제가 클라리사 씨의 전공 분야에 관한 아이디어 좀 얻을 수 있을까요? 제가 지금 클라리사 씨께서 하시는 일과 관련된 글을 쓰고 있는 중이거든요.

클라리사: 물론이죠! 제가 존 씨한테 온라인 수업 관련 조언을 구할 수 있는 한 저한테도 얼마든지 물어보세요!

Clarissa: Hey John, how is teaching on Zoom going for you? I've taught a few classes, but I'm having some problems.

John: It's going okay, but there was a bit of a learning curve for me when I got started. What problems are you having?

Clarissa: Sometimes when I'm sharing my screen to show a video clip, the students can't hear the sound. Once in a while I figure this out, but I can't get the audio to work consistently. ❶ **It's really getting on my nerves**.

John: Oh, yeah, you need to click a little box that uses your computer's audio when you share your screen like that.

Clarissa: Oh, I see! Great, thanks, John! Hey, I heard you had a birthday last week.

John: Yeah, I just turned 30.

Clarissa: Well, happy birthday! I remember 30. I'll be turning 50 this year; enjoy every birthday, my friend! Can I ask you, John, have you been coming into work much now that they've opened the university again?

John: Yes, I have. I mean, I can teach from home, but I ❷ **was going stir-crazy**. I just needed to get out of the house.

Clarissa: Me too! I wasn't sure how safe it was, but if there are only a few people here, we can socially distance, and it should be safe.

John: Exactly. And for me, my partner and I have a really small townhouse; he's also working from home, and our internet service is really lousy.

Clarissa: Yeah, internet speed is such a necessity during this pandemic. I had to have ❸ **a knock-down-drag-out fight** with my provider to get them to increase my speeds.

John: Same. But the speeds never got any better, and I realized I ❹ **was fighting a losing battle**. So now I come in to teach three days a week, I have all the peace and quiet I need, and super fast internet ❺ **to boot**. But you know what, Clarissa? If you're in here working too, could I pick your brain about your area of expertise? I'm working on an article that's related to your work.

Clarissa: Of course! As long as I can ask you for online teaching advice!

213

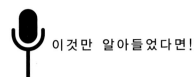

이것만 알아들었다면!

MP3 **102**

1 ## To get on one's nerves: To make someone feel annoyed
누군가의 신경을 건드리다

My neighbor listens to the worst music every evening; it totally gets on my nerves!
우리 이웃이 매일 저녁마다 최악의 음악을 듣는데, 그게 얼마나 내 신경을 거슬리게 하는지 몰라!

2 ## To go stir-crazy: To become restless and short-tempered due to being confined to a small place for a long time
좁은 공간에 오래 갇혀 있다가 미쳐 버리다

I went on a month-long meditation retreat, and it was really great, but I'll admit, I felt a little stir-crazy at the end of the first week.
내가 한 달 동안 명상 수행을 하러 갔는데, 정말 좋았어. 그렇지만, 이건 인정할게. 첫 주 끝날 때쯤에는 좀 답답해 죽겠더라고.

3 ## A knock-down-drag-out fight: A serious struggle in which neither side is willing to back down 격전/인정사정없는 싸움

The union and management got into a real knock-down-drag-out fight about workers' salaries.
노조와 경영진은 직원들의 급여에 관해 그야말로 인정사정을 안 봐 주는 싸움을 했다.

4 ## To fight a losing battle: To fight or work for something that is destined to fail 질 게 뻔한 싸움을 하다/실패할 게 뻔한 일을 하다

I thought that if I exercised enough, I would be able to maintain the weight I had when I was 25, but after I turned 45, I realized that I was fighting a losing battle.
난 내가 충분히 운동하면 25살 때의 체중을 유지할 수 있을 거라고 생각했는데, 45살이 된 후에는 내가 질 것이 뻔한 싸움을 하고 있다는 걸 깨달았어.

5 ## To boot: In addition
게다가 (앞서 한 말에 다른 말을 덧붙일 때 쓰는 표현)

Not only is the plan badly designed and expensive, it's illegal to boot.
그 계획은 잘못 기획되었을 뿐만 아니라 비용도 많이 들고, 게다가 불법입니다.

클라리사가 인터넷 속도가 느린 문제를 불평하자, 존이 "Same."이라고 말합니다. 그런데 이는 사실 영어에서 "That's the same for me."를 대신하는 새로운 표현입니다. 미국 신세대와 젊은 층, 대략 현재 35세 이하의 미국인들이 많이 사용합니다. 예를 들어, 클라리사는 존이 집에만 갇혀 있는 것을 불평하자, "Me too!"라고 하죠. 젊은 존은 이 경우, "Same."이라고 했겠지요. 이렇게 미국에서 50세가 넘은 사람이 이 표현을 쓰는 건 굉장히 드문 일입니다. 그렇지만, 무턱대고 모든 문맥에서 이 표현을 쓸 수 있는 것은 아니에요. 예를 들어, 누군가가 "Have a great day!"라고 했을 때, 보통 미국인들은 "Same to you."라고 말하는데, 이때는 "Same."을 쓰면 안 됩니다.

CULTURE POINT

클라리사와 존은 같은 대학에서 함께 일하는 교수입니다. 클라리사의 나이가 50인 것과 존의 나이가 30인 것으로 미루어, 우리는 클라리사가 좀 더 직위가 높겠다는 것을 짐작할 수 있습니다. 그럼에도 불구하고, 클라리사는 스무 살이나 어리고 자신보다 직급이 낮은 존에게 편하게 조언을 구하고요. 물론 존도 클라리사의 전문 분야에 관해 편하게 조언을 구합니다. 미국에서도 일반적으로는 나이 어린 사람들에게 나이가 많은 사람들을 존중하라고 하지만, 대부분의 미국인들이 이런 가치관을 엄격하게 따지지는 않습니다. 다른 나라들에 비해 상대적으로 그렇습니다. 존이 클라리사보다 스무 살이나 어리지만, 이 둘은 여전히 동료이자 친구입니다. 이렇게 두 사람이 친구가 될 수 있는 이유는, 미국인들이 친구를 사귈 때 나이보다는 서로의 성격과 관심사가 더 큰 영향을 미치기 때문이죠. 그리고 대화에서 볼 수 있듯이, 존이 클라리사를 존중하는 이유는 그녀의 나이보다는 그녀가 자신의 분야에서 얻은 경험과 전문성 때문입니다. 존이 나이가 어리지만 클라리사가 그를 존중하는 이유는, 그녀가 친숙하지 않은 분야에 존이 가지고 있는 지식 때문입니다. 이렇게 사람과 사람 사이에서 서로 서열을 따지기보다는 각기 다른 장점을 인정하고 서로 존중해 주는 것이 미국의 주류 문화인 것 같습니다.

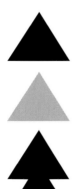

영어로 말하고 싶은, 또는 못 알아들을 것 같은 예문에 체크해 보세요.

사라: 얘, 스테이시! 너랑 루크는 요즘 어떻게 지내니?

스테이시: 바쁘지! 루크가 최근에 출장을 많이 다녔어. 그 사람이랑 마르샤가 올해 트레이닝 프로그램을 많이 했고 참석할 학회도 많아서 계속 출장 중이었지. 그리고 그건 내가 부모 노릇을 (루크 몫까지) 더 해야 한다는 뜻이기도 하니까, 나도 정신없이 바빴고.

사라: 마르샤가 누군지 물어봐도 되니?

스테이시: 아, 루크의 직장에서의 아내! 그들이 트레이닝 프로그램을 같이 많이 하거든. 정말 좋은 사람이지! 걱정하지 마! (웃으면서) 난 루크가 그렇게 출장을 다녀도 우리 결혼이 유지되는 게 마르샤 덕분이라고 생각하거든.

사라: 뭐, 그렇다면 다행이고! 그래, 스테이시, 내가 안부도 묻고 또 너한테 조언도 좀 구하고 싶기도 해서 전화했어.

스테이시: 그래, 뭔데?

사라: 네가 모금 행사를 많이 해 봤던 걸로 알고 있는데, STEM Girls를 위한 모금 캠페인을 할 가장 좋은 방법을 찾는 걸 좀 도와줬으면 해서. STEM Girls는 우리 대학 내에서 내가 창립하게 도와준 조직이야. 우리는 중학교 여학생들이 과학과 기술을 공부하도록 장려하려고 해.

스테이시: 오, 나도 돕고 싶어. 정말 좋은 프로젝트구나! 같이 의논할 수 있게 이번 주에 오면 어때? 너 한동안 우리 동네에 안 왔잖니. 그러니 서로 근황을 나누는 것도 좋을 거야.

사라: 좋지! 정말 고마워, 스테이시!

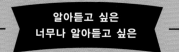

MP3 103

Sara: Hey, Stacey, how are you and Luke doing?

Stacey: Busy! Luke has been travelling a lot lately. He and Marcia have had a lot of training events and conferences to go to this year, so **❶ they've been on the road** a lot. **❷ I've had my hands full** because that means extra parenting work for me.

Sara: Can I ask…who's Marcia?

Stacey: Oh, she's Luke's work wife! They do a lot of training events together. She's great! Don't worry! (Laughing) I think our marriage is surviving all of his work travel because of Marcia.

Sara: Well, that's a relief! So, Stacey, I was calling, to say hi, but also because I'd like to **❸ pick your brain about something**.

Stacey: Oh, what?

Sara: I know you've done a lot of fundraising work, and I need some help figuring out the best way to **❹ go about organizing a fundraising campaign** for STEM Girls; it's an organization I've helped start at the university. We're trying to encourage middle school girls to study science and technology.

Stacey: Oh, I would love to help you with that; what a good project! Why don't you come over this week so we can discuss it? You haven't been out to **❺ our neck of the woods** in a long time, so it'll be good to catch up.

Sara: Wonderful! Thanks so much, Stacey!

---

figure out 생각해 내다
come over (~ 집에) 놀러 오다

217

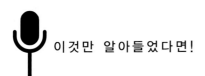 이것만 알아들었다면!

MP3 104

1 To be on the road

My grandfather was a jazz musician, so he was always on the road going from gig to gig.

우리 할아버지께서는 재즈 음악가셔서 언제나 공연을 끝내고 다음 공연으로 이동 중이셨어.

여행 중이다/이동 중이다

2 To have one's hands full

With three children under the age of five, my hands are really full.

5살 이하의 아이들이 셋이나 있어서 난 정말 정신없이 바빠.

다른 일을 할 틈이 없이 바쁘다

One's hands are full.로도 표현한다.

3 To pick someone's brain about something

I wanted to apply for a job at Google, and one of my college friends works there. I took him to lunch so I could pick his brain about what I should include in my application packet.

난 구글에 지원하고 싶었는데, 내 대학 친구 하나가 거기서 일하거든. 지원 서류에 뭘 포함해야 하는지 그에게서 정보를 좀 얻으려고 내가 그 친구한테 점심을 사 줬지.

~에 관해 많이 아는 사람에게 정보를 얻다

4 To go about doing something

What is an efficient way to go about planning a daylong conference?

하루 종일 하는 회의를 기획하기에 효율적인 방법이 무엇일까요?

~을 (어떤 특정 방식으로) 하다

5 One's neck of the woods

We live on the outskirts of town, so our friends are hardly ever in our neck of the woods.

우리는 이 도시의 변두리에 살아서, 우리 친구들이 우리 동네에는 거의 잘 안 와.

살 거나 일하는 지역

스테이시는 마르샤를 자기 남편의 work wife라고 부릅니다. 여러분이 쉽게 예상하실 수 있듯이, work wife는 직장에서 많은 일을 함께하는 가까운 여성 동료를 유머러스하게 표현한 단어입니다. 같은 역할을 하는 남성 동료는 work husband라고 부르죠. 이런 표현들은 일적으로는 굉장히 가까운 사이지만 서로 감정적이거나 성적인 교감은 없는 사람을 농담처럼 하는 말입니다. 그래서 wife나 husband라는 단어가 더 익살스럽게 들리는 거예요. 그러니 이런 단어가 들어간 농담을 듣고 오해하시면 큰일 납니다.

CULTURE POINT

STEM이란 과학(Science), 기술(Technology), 공학(Engineering), 그리고 수학(Math)을 의미합니다. 여러분도 알다시피, 많은 과학 기술 분야 회사들이 미국에 본사를 두고 있습니다. 하지만 그럼에도 불구하고, 미국에는 STEM 분야에서 일할 수 있을 만큼 잘 훈련돼 있는 젊은 사람들이 부족한 편입니다. 바로 이런 이유 때문에 미국 정부와 교육기관이 STEM 교육을 좀 더 향상시키려는 필요성을 깨닫고, 현재 10대 청소년과 대학생들에게 STEM 분야를 더 가르치고, 이 분야의 직업을 갖도록 장려하고 있습니다. 더불어 이 분야가 가진 또 다른 문제점은 성별 간의 격차인데, STEM 분야는 미국의 다른 어떤 분야보다 남성들이 압도적으로 더 많이 일하고 있습니다. 그래서 현재 많은 학교에서 여학생들이 이 분야에 좀 더 관심을 갖고 공부하도록 적극적으로 독려하고 있는 상황입니다.

LESSON 18

이안: 와, 이게 누구야! 제러미 씨께서 IT 부서의 여기 우리 구역까지나 내려오셨군요!

제러미: (웃으면서) 네, 이안 씨. 제가 여기 세상까지 먼 길을 오기로 작정했죠. 엘리베이터를 타니까 순식간에 도착하더라고요.

이안: 오시는 길이 즐거웠기 바랍니다. 저는 항상 왜 우리 IT 사람들을 이 지하층에서 일하게 하는지 모르겠어요.

제러미: 여러분들이 하루 종일 후드 셔츠와 청바지를 입고 계시잖아요. 위층에서 일하는 저희들은 연일 정장을 입고 있고요.

이안: 그래서 제가 지하층을 더 좋아하는 거긴 하죠. 그래, 무슨 일로 오셨어요?

제러미: 우리가 개발하려고 하는 온라인 양식에 관해 이안 씨 조언을 좀 얻고 싶어서요. 유입되는 데이터를 어떻게 정리할지 알아내라는 업무가 저한테 맡겨졌거든요.

이안: 그쪽 부서는 서베이 프로 시스템을 사용하고 계실 것 같은데요.

제러미: 맞아요. 그런데 서베이 프로가 우리가 하고자 하는 일에 최적의 시스템인지는 모르겠어요. 우리 부서의 테리 잭슨 씨가 사실 이 일을 담당하고 있는데, 다음 몇 주간 출장 중이거든요. 그래서 그분이 이 일을 제게 위임했어요. 이안 씨가 바쁘다는 건 잘 알지만, 그래도 제가 이 일을 조금이라도 진전시킬 수 있게 도와주셨으면 합니다.

이안: 이쪽 세계 사람들이 마법이나 뭐 그런 것들을 하느라 항상 바쁘긴 하지만, 이런 일로 제러미 씨를 돕지 못할 정도로 제가 바쁘지는 않아요. 오늘 오후에 시간 좀 있어요? 제가 스케줄을 비우고, 두어 시간 정도 내서 제러미 씨 프로젝트의 세부 사항을 함께 검토할 수 있어요.

제러미: 최고예요! 정말 감사합니다, 이안 씨!

이안: 별 말씀을요, 제러미 씨. 우리 괴짜들끼리 함께 뭉쳐야죠!

제러미: 정말 그래요. 참, 잊어버리기 전에 말하는데 목요일에 폴 씨 집에 D&D 게임하러 올 거예요?

이안: 물론이죠!

Ian: Well, look who it is! Jeremy, you're venturing down to ❶ **my neck of the woods** here in IT!

Jeremy: (Laughing) Yes, Ian, I've decided to make the long journey down here to Middle Earth. I magically travelled here by elevator.

Ian: I hope the journey was pleasant. I don't know why they always keep us IT guys down in the basement.

Jeremy: You guys wear hoodies and jeans all day; those of us upstairs are donning business attire day in and day out.

Ian: And that's why I prefer the basement. So, what can I do for you?

Jeremy: I need to ❷ **pick your brain about an online form** that we're trying to develop. I've been tasked with figuring out how to ❸ **go about organizing the incoming data**.

Ian: I assume you're using the Survey Pro system?

Jeremy: Yes, but I'm not sure if Survey Pro is the best system for what we want to achieve. Terry Jackson, in my department, is actually the person in charge of this, but ❹ **he's on the road** for work for the next few weeks, so he's delegated this to me. I know you're busy, too, Ian, but I hope you can help me make some progress on this.

Ian: We're always busy down here in Middle Earth with all the sorcery and whatnot, but ❺ **my hands aren't too full** to help you with this. Do you have time this afternoon? I can clear my schedule, and we can take a couple hours to go over all the details of your project together.

Jeremy: Awesome! Thanks so much, Ian!

Ian: No problem, Jeremy. We nerds must stick together!

Jeremy: Oh yeah, before I forget, are you gonna be at Paul's for D & D on Thursday?

Ian: Of course!

---

venture down 위험을 무릅쓰고 아래로 내려오다
Middle Earth 이승, 지구   **don** (옷, 모자 등을) 입다, 쓰다
delegate 위임하다   **sorcery** 마법
whatnot (이름을 모르거나 정확하지 않은 무엇을 가리킬 때 쓰는) ~인가 뭔가

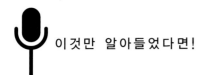 이것만 알아들었다면!

MP3 106

1 One's neck of the woods: The area or part of a town where one lives or works

My office is in the basement of a large government building. We joke with our colleagues on the tenth floor that they should venture down to our neck of the woods.

우리 사무실은 큰 정부 건물의 지하층에 있어. 우리는 10층에서 일하는 동료들에게 모험 삼아 우리 지역에 내려와 보라고 농담해.

2 To pick someone's brain about something: To get information from someone who knows a lot about a particular subject

Before Sara moved to Korea, she got together with her friend Mi-sun. Sara wanted to pick her brain about Korean culture and ways to prepare for moving there.

사라는 한국으로 가기 전에, 자기 친구 미선이를 만났어. 사라는 미선이한테 한국 문화와 또 그곳으로 이사 갈 준비를 어떻게 하는지 배우고 싶었거든.

3 To go about doing something: To do something/To begin handling an issue or task in a specific way

Once she knew her daughter was getting married, she went about preparing every detail of the wedding.

그녀는 자기 딸이 결혼할 거라는 사실을 알게 되자마자 결혼식의 모든 세부적인 것들을 준비하기 시작했다.

4 To be on the road: To be travelling

We moved from Connecticut to California last year; we were on the road for four days.

우리는 작년에 코네티컷에서 캘리포니아로 이사했어. 4일 동안 차로 이동 중이었지.

5 To have one's hands full: To be very busy

Beth asked if I could assist with her project, but I'm in charge of launching a new training program, so my hands are already full.

베스가 자기 프로젝트를 도와줄 수 있냐고 물어봤지만, 나도 새로운 트레이닝 프로그램 론칭하는 일을 맡아서 이미 너무 바쁘거든.

대화에서 이안은 "We're always busy down here in Middle Earth with all the sorcery and whatnot."이라고 합니다. Whatnot은 격식을 차리지 않아도 되는 편안한 대화에서 자주 들을 수 있는 단어지요. 이 단어는 분명하고 구체적으로 지목하는 무언가가 아니라, 앞에서 언급한 것과 비슷한 뭔가(other similar stuff)를 말합니다. 셀 수 없는 명사이기 때문에 주로 관사 없이 "~ and whatnot"(예: sorcery and whatnot) 같이 쓰입니다. 또 다른 예도 한번 볼까요?

Can you pick up some office supplies? We need more staples, paper clips, pens and whatnot.
사무용품도 좀 사 올 수 있어? 우린 스테이플러랑 종이 클립, 펜, 뭐 그런 것들이 필요하거든.

CULTURE POINT

제러미가 이안이 지하층에서 일하는 것을 놀리면서 지하층을 Middle Earth라고 부르죠. 이 표현은 J. R. R. Tolkien의 판타지 소설 〈반지의 제왕(The Lord of the Rings)〉과 〈호빗(The Hobbit)〉에서 시작되었습니다. 이 소설 시리즈는 전설의 세계에 있는 엘프(elves)와 마법사들(wizards), 그리고 마법(magic)에 관한 이야기입니다. 그렇다면 이들과 IT 분야에서 일하는 사람들이 대체 무슨 관련이 있을까요? 미국에서 computer guys라고도 불리는 IT쪽 사람들은 보통 컴퓨터 게임이나 판타지 게임의 마니아들이기도 합니다. 그런 게임에는 제러미가 D & D라고 부른 던전즈 앤드 드래건즈(Dungeons and Dragons)도 있습니다. 이런 유의 판타지 소설과 게임 등은 컴퓨터를 잘하는 IT 사람들이 푹 빠져 있는 것들이기에, nerd culture라고도 부르죠. Nerd란 굉장히 지적이고 학구적이지만, 사회성이나 사교성은 다소 부족한 사람을 말합니다. 제러미가 이안이 후드 셔츠와 청바지 차림으로 출근하는 걸 놀리는 것 또한 그의 nerd적인 기질을 말해 줍니다. 그렇지만 이런 사람들은 보통 어떤 한 가지 분야에서 방대한 지식을 가지고 있죠. 예를 들어, 이 대화 속 이안의 캐릭터를 보면, 컴퓨터 공학에는 능통하지만, 직장에 어떤 격식을 갖춘 옷을 입고 가야 하는지에 관해서는 관심조차 없습니다. 이안과 제러미는 이런 nerd적인 면을 공통으로 가지고 있기 때문에, 그런 특성(nerdiness)을 가지고 서로 놀리는 거예요.

LESSON 18

미셸: 레이첼, 내가 너한테 뭐 도움 좀 받을 수 있을까?

레이첼: 그럼, 무슨 일인데?

미셸: 내가 박 박사님 수업에서 경제 정책과 교육에 관한 페이퍼를 쓰고 있는데, 그게 네 전공 분야잖니.

레이첼: 맞아, 내 논문이 그 분야에 초점을 두는 거니까.

미셸: 박 박사님은 이 페이퍼를 쓸 때 좀 더 상세한 정책 평가를 다뤄 주기를 원하서. 교수님께서 우리한테 도움을 많이 주긴 하셨지만, 난 여전히 이런 유의 평가를 제대로 하는 방법을 잘 모르겠어서 걱정이야.

레이첼: 그건 내가 기꺼이 도와줄게. 그런데 이건 우리가 직접 만나서 이야기하는 게 도움이 될 것 같아. 난 짧은 회의나 전화 상으로는 내가 어떻게 도움이 될 수 있을지 모르겠거든.

미셸: 우와, 그럼 너무 좋지. 있잖아, 네가 우리 집에 올 수 있다면, 내가 저녁 만들어 줄게. 내 유명한 까르보나라 파스타를 너한테 만들어 줄 수 있어.

레이첼: 좋지! 까르보나라 파스타와 정책 평가는 둘 다 내가 가장 좋아하는 것들이거든!

미셸: 이번 주 목요일에 올 수 있니?

레이첼: 실은, 수요일과 목요일에 학회 때문에 이번 주는 출장 중이야. 하지만 금요일은 괜찮아. 그게 너한테 너무 늦지 않았으면 좋겠는데. 너희 동네에 다시 가 보는 것도 괜찮을 거야. 우리가 만난 지도 꽤 됐고.

미셸: 금요일 좋아. 맞아, 우리 오랫동안 못 만났지. 그런데 레이첼, 지금 네가 할 일이 너무 많다면 말해 줘. 네가 지금 논문 쓰고 있다는 걸 아는데, 다른 일을 할 틈 없이 바쁠 거 아니니.

레이첼: 아니야, 미셸! 괜찮아. 바쁘긴 하지만, 그래도 너와 같이 시간 보내는 건 재미있을 거야.

Michelle: Rachel, can I ❶ **pick your brain about something**?

Rachel: Sure, what is it?

Michelle: I'm writing a paper in Dr. Park's class about economic policy and education, and that's your area of expertise.

Rachel: Yeah, my dissertation will focus on that.

Michelle: Dr. Park wants a rather detailed policy evaluation for this paper. She's given us a lot of help, but I'm worried that I still don't know how to ❷ **go about doing this kind of evaluation properly**.

Rachel: I'd be happy to help you with that. But it might help for us to get together and talk about it in person. I don't know how helpful I can be in a quick meeting or phone call.

Michelle: Oh, that would be great. You know, if you can come to me, I will be happy to make you dinner. I can make my famous pasta carbonara for you.

Rachel: Sounds awesome! Pasta carbonara and policy evaluation are two of my most favorite things!

Michelle: Could you come over this Thursday?

Rachel: Actually, Wednesday and Thursday ❸ **I'm on the road** this week for a conference, but Friday works. I hope that's not too late for you. It'll be nice to go out to ❹ **your neck of the woods** again too. It's been a while since we've gotten together.

Michelle: Friday is perfect. And I agree, we haven't gotten together in a long time. But Rachel, please tell me if you've got too much going on right now. I know you're working on your dissertation, and I'm sure ❺ **your hands are full**.

Rachel: Oh no, Michelle! It's fine. I am busy, but it will be fun to hang out with you.

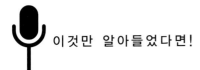
이것만 알아들었다면!

MP3 108

1

To pick someone's brain about something: To get information from someone who knows a lot about a particular subject 그 분야에 관해 많이 아는 사람에게 정보를 얻다

Hey, Dan, can I pick your brain about the eighth-grade trip? I know you were the parent organizer last year, and I'm the parent organizer this year. I could use any advice you might have.

이봐요, 댄 씨. 제가 8학년 여행에 관련한 정보를 댄 씨한테 좀 얻을 수 있을까요? 댄 씨가 작년 학부모 대표였잖아요. 올해는 저예요. 어떤 조언이라도 제게 도움이 될 거예요.

2

To go about doing something:
To do something/To begin handling an issue or task in a specific way

~을 (어떤 특정 방식으로) 하다

I know you're having a hard time at work, and I would like to help you, but I don't know how to go about assisting you.

네가 직장에서 힘든 시간을 보내고 있다는 것 알고 있고, 나도 널 돕고는 싶어. 하지만 널 어떻게 도와줘야 하는지를 모르겠어.

3

To be on the road: To be travelling 여행 중이다/이동 중이다

My mom works as a pharmaceutical representative, so she's on the road every week visiting doctors' offices in our region.

우리 엄마는 제약회사 영업 사원으로 일하셔서, 매주 우리 지역 병원들을 방문하느라 차로 이동하시지.

4

One's neck of the woods: The area or part of a town where one lives or works 살 거나 일하는 지역

While we live in the same town, my parents live on the west end, and I live on the east. I'm always asking them to come out to my neck of the woods.

우리가 같은 도시에 살기는 하지만, 우리 부모님은 서쪽 끝에 사시고 난 동쪽에 살거든. 난 항상 부모님께 우리 동네로 오시라고 해.

5

To have one's hands full: To be very busy
다른 일을 할 틈이 없이 바쁘다

I was hoping my parents could babysit my kids tonight, but their hands are full; they are doing volunteer work to support the local elections.

난 우리 부모님께서 오늘 밤 우리 아이들을 봐 주셨으면 했지만, 두 분이 너무 바쁘셔. 자원봉사자로 이 지역 선거를 돕는 일을 하시고 계시거든.

To pick someone's brain 표현을 머릿속에 그려 보면 다소 혐오스럽기도 합니다. 그 이유는 이 표현이 to pick이 들어간 또 다른 이디엄 to pick someone's pocket (= to pickpocket)과도 관련이 있기 때문입니다. To pick someone's pocket은 다른 사람의 호주머니 (pocket)에 있는 뭔가를 훔친다는 뜻이죠?

I was on a crowded city bus and got pick-pocketed. Someone stole my wallet right out of my coat, and I didn't even notice!
나는 사람들이 붐비는 시내버스를 타고 있다가 소매치기를 당했어. 누군가 내 코트에서 내 지갑을 훔쳐 갔는데, 난 알아채지조차 못했어!

그러니, to pick someone's brain은 다른 사람의 두뇌에 있는 무언가를 꺼내 간다는 말이 되니, 무언가에 대한 그 사람의 전문성이나 지식을 훔친다는 뜻이 됩니다. 그렇지만 사실 이 표현의 동의어는 to ask for someone's advice about something 이니 이 이디엄을 꼭 '훔친다'는 의미로 해석할 필요는 없습니다.

Vocabulary Point 2

대화에서 레이첼은 논문(dissertation)을 쓰고 있다고 말합니다. 논문은 미국 대학에서 박사 학위를 받기 위해 끝내야 하는 까다로운 마지막 프로젝트 말하는데, 그래서 doctoral thesis(박사 학위 논문)라는 용어도 쓰입니다. 참고로 석사 논문은 master's thesis, 박사 논문은 doctoral dissertation이라고 표현하기도 합니다. 논문에는 그 논문의 저자인 학생이 자신이 직접 세운 독창적인 계획으로 수행한 연구의 세부적인 사항들을 모두 다 적어야 합니다. 학생의 전공 분야에 따라 다르지만, 많은 경우 논문 하나가 책 한 권 정도 분량이기도 합니다.

영어로 말하고 싶은, 또는 못 알아들을 것 같은 예문에 체크해 보세요.

제셀린: 수재너, 너희 큰 딸이 곧 대학 가기 위해 집을 떠난다던데.

수재너: 맞아, 정말 믿을 수가 없어. 카이라가 이제 곧 둥지를 떠난다니.

제셀린: 너 네 딸 생각하면 신나겠다. 게다가, 아이가 떠나 있는 동안 집을 더 넓게 쓸 수 있다는 것도 좋을 거고. 난 중학생 하나 고등학생 하나 있는데, 우리 집이 미어터지려고 해. 걔네 둘 다 어찌나 물건이 많은지. 걔네들 운동 기구만으로도 집이 하나 더 필요할 정도라니까!

수재너: 글쎄, 우리 집에도 여전히 아이 둘이 더 있어서 아직 다 끝난 건 아니야. 레오는 고3이라 우리가 곧 걔가 갈 대학도 봐야 하고. 오기는 올해 고1이라서 여전히 4년이 남았고. 물론 카이라도 방학 때마다 학교에서 집으로 올 거라서 그래도 걔가 잘 곳은 있어야 할 거야. 정말로, 향후 4년 동안은 우리 집이 걔한테 그저 저장 창고일 뿐이겠지!

제셀린: 그래도 첫아이가 이렇게 대학가는 것을 보는 건 정말 신나는 일일 거야.

수재너: 슬프기도 하고 좋기도 하고 그래. 그 아이로 보면 우리 모두 정말 신이 나기도 하지만, 그 애가 멀리 떨어져 있게 되면 많이 이상하기도 할 거야. 물론 익숙해지는 데는 시간이 걸리겠지. 남동생들이 누나가 하루 빨리 떠났으면 하는 것처럼 행동하지만, 걔들도 누나를 그리워할 거라는 걸 난 알아.

제셀린: 난 일단 카이라가 멀리 떠나고 난 후의 변화는 정말 생각 안 해 봤었어. 아휴, 너 정말 많이 슬프겠다!

수재너: 슬퍼. 그렇지만 네가 말했듯이, 이건 신나는 일이고, 그 애는 3시간만 운전하면 되는 곳에 있으니까. 우리를 보러도 또 방학 때도 집에 올 거잖아. 어머나! 제셀린, 너 우는 거니?

제셀린: 그냥 생각하니까 너무 슬퍼. 비록 아이들이 날 엄청 못살게 굴고 골칫덩어리들이기는 하지만 걔들이 대학 가고 나면 나 걔네들이 너무나 보고 싶을 거야!

수재너: 맞아. 부모가 된다는 건 정말 힘든 일이지!

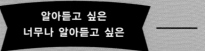

English CONVERSATION

MP3 109

Jesselyn: Suzanna, I hear your oldest daughter ❶ **is going off to college** soon.

Suzanna: Yes, I can't believe it. Kyra is about to ❷ **leave the nest**.

Jesselyn: You must be so excited for her. Plus, it'll be nice to have more space at home while she's away. I have one in middle school and one in high school, and ❸ **we're bursting out at the seams** at our house. Those kids have so much stuff. We need a second house just for their sports equipment!

Suzanna: Well, I still have two more at home, so we're ❹ **not out of the woods** yet. Leo is a junior, so we'll soon be looking at colleges for him, and Augie's a freshman this year, so he's still got four years to go. Of course, Kyra will come home for school breaks from college, so she'll still need a place to sleep. Really, I think our house will just be a storage facility for her for the next four years!

Jesselyn: Still, it must be really exciting seeing your first one off to school like this.

Suzanna: It's bittersweet. We're all really thrilled for her, but it's gonna be so strange when she's away. It'll definitely ❺ **take some getting used to**. Her brothers are acting like they can't wait for her to leave, but I know they'll miss their big sister.

Jesselyn: I hadn't really thought about how things will change once Kyra is away. Oh, my gosh, you must be so sad!

Suzanna: I am, but like you said, it's exciting, and she's only three hours away. She'll come home for visits and breaks. Oh, no! Jesselyn, are you crying?

Jesselyn: I'm just so sad thinking about it. Even though my kids are such pains in the ass, I'll miss them so much when they go to college!

Suzanna: I know, it's just hard being a parent!

---

pains in the ass 골칫거리

229

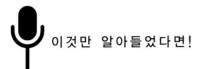 이것만 알아들었다면!

MP3 110

1 To go off to a place

After he finished high school, my dad went off to the Army.
고등학교를 마친 후, 우리 아빠는 군 입대를 위해 집을 떠나셨어.

일이나 학업을 위해
집을 떠나다

2 To leave the nest

My oldest son didn't want to leave the nest; he was too comfortable living at home.
우리 큰아들은 우리 품을 떠나고 싶어 하지 않았어. 집에서 사는 게 너무 편안했거든.

자라서
부모의 품을 떠나다

3 To burst (out) at the seams

Her conference presentation was really well attended; they were bursting out at the seams in that room. All the seats were filled, and people had to stand.
그녀의 학회 발표에는 정말로 많은 사람들이 참석했어. 사람들로 인해 그 방이 미어터졌으니까. 자리가 모두 차서 사람들이 서 있어야 했거든.

공간이 꽉 차서
미어터지다

4 Not out of the woods

The worst part of the hurricane has passed, but we still have a few more hours of rain; we're not out of the woods yet.
허리케인의 가장 심한 부분은 지나갔지만, 비는 몇 시간 동안 더 올 거야. 그러니 아직 안심할 단계는 아니지.

아직 안심할 단계가 아닌

5 To take some getting used to something

After I had shoulder surgery, I had to learn how to use my arm differently. It's fine now, but it took some getting used to.
어깨 수술을 받은 후에 난 팔을 다른 방식으로 사용하는 법을 배워야 했거든. 지금은 괜찮지만, 익숙해지는 데는 시간이 좀 걸렸어.

익숙해지는 데
시간이 걸리다

To leave the nest와 같은 문맥에서 empty nest 표현도 자주 쓰입니다. Empty nest란 아이가 다 자라서 학업이나 직장 때문에 부모 곁을 떠난 후의 집을 말합니다. 그럴 때 부모 입장에서는 텅 빈 집처럼 느껴지니까요. 기억하실 것은, 이는 아이들이 성인으로서 삶을 시작하기 위해 이사 나간 후를 말하는 표현이기 때문에, 아이가 잠깐 여행을 떠나서 집을 비우는 등의 경우에는 쓰지 않습니다. 참고로, 이렇게 아이들이 성인이 되어서 다 떠난 집에 사는 부모들을 empty-nesters라고 부릅니다.

Now that the youngest is in college, we're empty-nesters.
이제 우리 막내까지 대학에 갔으니, 우리는 빈 둥지에 남게 된 부모지.

Vocabulary Point 2

몇몇 다른 영어권 국가와 달리, 미국 영어에서는 college와 university가 많은 경우에 서로 동의어로 쓰입니다. 그래서 미국인이 "I went to college."라고 하면, 그것은 그가 어느 대학을 나왔든 대학 교육을 받았다는 의미입니다. 일반적으로 university는 college보다 규모가 크고, 또 college보다 연구 중심의 대학인 경우가 많습니다. 둘 다 학부와 대학원 과정의 학위를 수여할 수 있는데, university가 college보다 좀 더 다양한 대학원 과정을 제공하지요. 참고로, college는 하나의 대학이 아니라, 종합대학에 소속된 단과 대학의 의미로도 쓰입니다. 그래서 Florida State University(플로리다 주립대학교) 안에는 College of Education(교육대학), College of Music(음악대학), College of Medicine(의과대학), College of Law(법학대학) 등이 있습니다.

LESSON 19

짐: 그럼, 필, 부모님 곁을 떠났을 때 넌 몇 살이었어?

필: 17살이었지. 고등학교 졸업하고 바로였거든.

짐: 우와! 정말 어렸을 때네.

필: 그게, 내가 십 남매 중 첫째인데, 그래서 우리 집이 항상 아이들로 미어터졌거든. 난 정말이지 집에서 하루 빨리 벗어나고 싶었어.

짐: 그래서 어디 대학에 가려고 떠난 거야?

필: 아니. 결국 나중에 대학을 가긴 했지만, 처음에는 떠나서 해병대에 입대했어. 6년 동안 복무했어.

짐: 익숙해지는 데 시간이 걸렸겠네. 군인이 되는 법을 배우는 것 말이야.

필: 놀랍게도 안 그랬어. 형제자매 9명이랑 같이 자라면, 해병대 입대가 크게 다르게 느껴지지 않거든. 하지만 몇 년 후에 나는 내가 군인을 직업으로 원치 않는다는 걸 알게 됐고, 사이버보안 일을 정말 재미있어 한다는 사실을 깨닫게 됐어.

짐: 그게 네가 대학에서 공부한 거야?

필: 맞아. 컴퓨터 공학과 사이버보안에서 학위를 받았어. 그런 후에 정부에서 직장을 얻었고.

짐: 네가 사이버 위협으로부터 우리 모두를 보호해 준다는 사실을 알고 나니 더 안심이 되는 걸!

필: 난 최선을 다해. 하지만 유감스럽게도, 사이버 범죄 방어에 관해서는 우리가 안심할 수 있는 단계에는 도달하지 못할 것 같아.

Jim: So, Phil, how old were you when you ❶ **left the nest**?

Phil: I was 17. Right out of high school.

Jim: Wow! That's young.

Phil: Well, I'm the oldest of ten, so our house ❷ **was always bursting at the seams** with kids. I just couldn't wait to get out of there.

Jim: And you ❸ **went off to college** somewhere?

Phil: No. I did eventually go to college, but first I ❸ **went off** and joined the Marines. I was in for six years.

Jim: That ❹ **must have taken some getting used to**, learning to be a soldier.

Phil: Surprisingly, no. When you grow up with nine siblings, joining the Marines doesn't feel much different! But after a few years I knew I didn't want a military career, and I realized that I was really interested in cybersecurity.

Jim: Is that what you studied in college?

Phil: Yes, I have a degree in computer science and cybersecurity. Then I got a job with the government.

Jim: Well, I feel better knowing you're protecting us all from cyber threats!

Phil: I do my best, but unfortunately, I do**n't** think we'll ever be ❺ **out of the woods** in terms of defending against cybercrime.

---

join the Marines 해병대에 입대하다
in terms of ～에 관해서

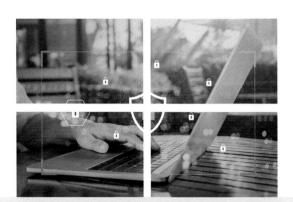

233

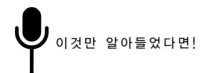

1. To leave the nest: To move out of one's parents' home after growing up

Once our kids leave the nest, my wife and I are going to sell the house and move to New York City.

일단 우리 애들이 다 자라서 떠나고 나면, 아내와 난 집을 팔고 뉴욕시로 이사할 겁니다.

---

2. To burst (out) at the seams: To be filled to the maximum capacity

I tried to put on some jeans that I had worn when I was 18. I was literally bursting out at the seams!

내가 18살 때 입던 어떤 청바지를 입어 보려고 했거든. 말 그대로 솔기 부분이 다 터질 것 같았어!

---

3. To go off to a place: To leave home with the purpose of doing something

When I was 23 and had finished school, I went off to the Peace Corps and worked in Poland for three years as an English teacher.

23살 때 학교를 졸업하고, 나는 평화봉사단을 하려고 집을 떠나서 폴란드에서 3년 동안 영어 교사로 일했어.

---

4. To take some getting used to something: To require that you become comfortable with or accustomed to it

I went to Japan for a year when I was a student. I loved it, but initially, life there took some getting used to as the culture was so different from my own.

내가 학생 때 일본에 1년 동안 가 있었거든. 정말 좋았지만, 처음에는 문화가 우리 문화와 너무 달라서, 그곳 생활에 적응하는 데 시간이 좀 걸렸지.

---

5. Not out of the woods: Still challenging or difficult even though some improvement has been made

Our unemployment rate is getting better, but it's still pretty high. We're definitely not out of the woods yet in terms of new jobs.

우리 실업률이 더 좋아지고는 있지만, 여전히 꽤 높습니다. 새로운 일자리 측면에서 보면, 명백하게 아직은 고비를 벗어나지 못했습니다.

구동사(phrasal verb) go off는 다양한 의미가 있습니다. 이 과에서 배우는 to go off to a place는 학업이나 직업 등의 목적으로 집을 떠나는 것을 의미합니다. 그래서 going off to university, going off to the Army, going off on a gap year to travel 등의 표현이 있습니다. 비슷한 다른 말로 to be off to ~가 있는데, 이건 단순히 '~로 가다'는 뜻입니다. 그래서 그냥 가게에 간다는 말을 할 때에도 "I'm off to the store."(나 가게에 간다.)라고 할 수 있지요. 또 다른 예로 "You just missed him; he's already off to work."(너 그 사람과 엇갈려서 못 만났네. 그는 이미 출근했거든.) 등이 있습니다.

CULTURE POINT

미국에는 육군(Army), 해군(Navy), 공군(Air Force), 해병대(Marine Corps), 해안 경비대(Coast Guard), 우주군(Space Force)을 포함하는 6개의 군대가 있습니다. 미국은 한국처럼 군대를 가는 것이 의무는 아니지만, 그럼에도 불구하고 젊은 남자와 여자들이 많이 군대에 갑니다. 이런 사람들은 보통 고등학교를 졸업하고 바로 군 입대를 하지요. 1973년 이후로 징병제는 없어졌지만, 18세에서 25세 사이의 모든 미국 남성은 선발징병제(Selective Service System)에 등록해야 합니다. 미국 군대는 보수가 꽤 괜찮은 안정적인 직장이며, 다양한 기술을 배울 수 있는 기회도 제공합니다. 그렇지만 워낙 세계 여러 나라에 미군이 가 있기 때문에 미군의 역할에 관해서는 논란이 많습니다. 그래서 미군을 대하는 미국인들의 태도 역시 다양한 편이죠. 어떤 미국인들은 미군들이 미국인의 자유를 수호하는 힘이라고 보기 때문에 이들을 지지하는데, 이런 미국인들을 pro-military라고 합니다. 반면, 어떤 미국인들은 자신의 개인적 또는 종교적 신념 때문에 미군들을 부정적인 시각으로 바라보고 비판하는데, 이들을 anti-military라고 합니다. 미군의 역할에 관해서는 이렇게 미국 내에서도 서로 다른 의견이 존재합니다.

LESSON 19

니콜: 저기, 줄리안, 너희 아들이 대학에 지원한다고 들었어. 어떻게 돼 가니?

줄리안: 글쎄, 전체 지원 과정을 아직 다 끝낸 건 아니라서 여전히 한시름 놓을 단계는 아니야. 걔가 아직 에세이를 몇 개 더 써야 하거든. 그렇지만 이번 주에는 끝낼 거야. 그런 후에 지원서를 보낼 수 있거든. 너희 딸 대학 진학 계획은 어떻게 돼 가?

니콜: 실은, 걔가 대학 가는 걸 미루기로 결정했어. 대신 갭이어를 하고 싶다고 하네.

줄리안: 아, 1년 내내 여행하는 것?

니콜: 한 10개월 정도 될 거야. 걔가 집중 어학 코스를 듣고, 대부분의 시간 동안 자원 봉사로 인턴 과정을 할 거고. 많이 자유롭게 지내겠지만, 그래도 다소 체계를 갖춘 과정이지.

줄리안: 정말 훌륭한 계획이네. 실은 나도 대학 졸업 후에 평화봉사단을 했는데, 다른 문화권에 살면서 일해 본 경험이 내가 세상을 보는 방식을 완전히 바꿨어. 언제 그걸 하는지는 상관 없어. 너희 딸처럼 대학 가기 전에 하든, 아니면 나처럼 대학 졸업 후에 하든 말이야. 새로운 문화는 적응하는 데 시간이 좀 걸리지만, 실로 보람된 경험이거든.

니콜: 넌 평화봉사단을 어디서 했니?

줄리안: 폴란드에서 2년 동안 있었어. 그 나라 말이 나한테는 너무 어렵더라! 너희 딸은 어디로 가고 싶어 해?

니콜: 남미 어떤 나라로 자기를 보내 줄 단체에 지원해. 지원할 때 서류를 엄청 많이 내라고 했거든. 우리가 그 봉투 부칠 때 네가 봤어야 하는 건데. 봉투가 완전 미어터지려고 했어!

줄리안: 어쨌든 너희 딸에게 행운을 빌어 줄게! 그리고 너에게도. 우리 아이들이 이제 다 커서 우리 품을 떠날 준비가 거의 다 됐다는 게 믿기지가 않는다!

Nicole: Hey, Julian, I heard your son is applying to colleges. How's it going?

Julian: Well, we're ❶ **not out of the woods** yet with the whole process. He still needs to write some essays, but he should be finished this week. Then he can send out his applications. How's your daughter doing with her college plans?

Nicole: Actually, she's decided to postpone ❷ **going off to school** and wants to do a gap year instead.

Julian: Oh, and travel for a whole year?

Nicole: It would be for about 10 months, and she'd take some intensive language courses and would also do a volunteer internship for most of the time. She'd have a lot of freedom, but there's also some structure to it.

Julian: That sounds like a great plan. You know, I did Peace Corps after college and the experience of living and working in another culture totally changed the way I see the world. It doesn't matter when you do it—before college, like your daughter, or after college, like me. A new culture ❸ **takes some getting used to**, but it's so rewarding.

Nicole: Where did you do Peace Corps?

Julian: I was in Poland for two years. The language was so hard for me! Where does your daughter want to go?

Nicole: She's applying to an organization that would place her in a South American country. The application required a ton of paperwork. You should have seen the envelope when we mailed it in, it ❹ **was bursting at the seams**!

Julian: Well, good luck to her! And good luck to you, too. I can't believe our kids are almost ready to ❺ **leave the nest**!

---

rewarding 보람 있는
paperwork 서류 작업

237

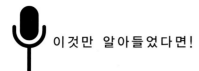 이것만 알아들었다면!

MP3 114

1

Not out of the woods: Still challenging or difficult even though some improvement has been made 아직 안심할 단계가 아닌

My sister's surgery went well, but the doctor says that she's not out of the woods yet. They still need to give her some strong antibiotics and observe her for a few more days.

우리 누나 수술은 잘됐지만, 의사 선생님이 누나가 아직 안심할 단계는 아니라고 하셔. 여전히 강한 항생제를 줘야 하고 며칠 동안 더 지켜봐야 한다고.

2

To go off to a place: To leave home with the purpose of doing something 일이나 학업을 위해 집을 떠나다

I went to college and studied engineering when I was 18, but my brother went off to Asia and the Middle East on a gap year before going back to school.

나는 18살 때 대학에 가서 공학을 공부했는데, 남동생은 학업을 계속하기 전에 1년 동안 아시아와 중동으로 갭 이어하러 떠났어.

3

To take some getting used to something:
To require that you become comfortable with or accustomed to it

익숙해지는 데 시간이 걸리다

I've used a PC my whole life, but this year I switched to a Mac. I really like it now, but it took some getting used to.

난 평생 PC만 써 왔는데, 올해 맥으로 바꿨거든. 지금은 정말 좋은데, 익숙해지는 데는 시간이 걸렸어.

4

To burst (out) at the seams:
To be filled to the maximum capacity 공간이 꽉 차서 미어터지다

I hate flying these days. We're always bursting out at the seams; the flights are so full, and the seats are too small.

난 요즘은 비행기 타는 게 정말 싫어. 언제나 사람이 많아서 미어터지잖아. 기내는 꽉 차 있는데, 좌석은 너무 작고.

5

To leave the nest:
To move out of one's parents' home after growing up 자라서 부모의 품을 떠나다

I thought I would be sad when all my kids had finally left the nest, but I have six of them. Now that the youngest is leaving, my older kids have their own babies, so now I have a house full of grandchildren!

난 우리 아이들이 다 자라서 마침내 우리 품을 떠날 때 슬플 거라고 생각했지만, 내가 아이가 여섯이잖아. 이제 우리 막내가 떠나고 나니, 우리 큰 아이들이 아기를 갖게 돼서 지금은 우리 집이 손자 손녀들로 가득해!

어떤 미국인들은 고등학교 졸업 후에 곧바로 대학을 가거나 직업 세계로 뛰어들기에는 자신이 준비가 되지 않았다고 느끼기도 합니다. 학업을 잠시 중단하고 싶거나, 무엇을 공부해야 할지 아직 모르겠거나, 또는 어떤 직업을 선택해야 할지 혼란스럽기 때문이죠. 이런 사람들에게 6개월에서 1년 정도 여행이나 자원봉사 등을 하면서 새로운 경험을 해 보는 것이 점점 더 인기 있는 선택이 되고 있습니다. 이런 시기를 영어로 a gap year라고 하는데, 고등학교를 졸업하고 대학에 가기 전에 여행을 하거나 새로운 일을 하면서 보내는 1년을 말합니다. 어떤 사람들은 대학을 졸업하고 직장을 갖기 전에 이 gap year를 갖기도 합니다. 참고로, 이 단어는 to go on, to take, to do 등의 동사와 함께 쓰입니다.

She <u>went on a gap year</u> before college.
그녀는 대학에 가기 전에 갭이어를 가졌어.

He <u>took a gap year</u> after graduation.
그는 졸업 후에 갭이어를 가졌어.

Both of my kids <u>did a gap year</u>.
우리 아이들 둘 다 갭이어를 가졌어.

CULTURE POINT

평화봉사단(The Peace Corps)은 1961년에 존 F. 케네디(John F. Kennedy) 대통령이 창립한 독립된 미국 정부 기관입니다. 이 단체는 미국인 자원봉사자들을 개발도상국가로 보내서 그 나라의 교육, 기술, 농업, 의료, 경제 시스템이 발전하도록 돕는 프로젝트에 참여하도록 합니다. 자원봉사자들은 젊은 사람부터 은퇴자까지 다양한데, 보통 2년 동안 일하는 계약서에 서명을 합니다. 많은 미국인들이 대학을 졸업한 후 바로 이 단체를 통해 여러 나라로 가서 봉사합니다. 평화봉사단의 모토는 "The toughest job you'll ever love"(당신이 항상 좋아하게 될 가장 힘든 일)라고 하네요.

LESSON 20

영어로 말하고 싶은, 또는 못 알아들을 것 같은 예문에 체크해 보세요.

(ESL 영어 강사 두 사람의 대화)

앤서니: 제시카 씨, 오늘 회화 수업은 어땠어요?

제시카: 괜찮았지만, 오늘 후안과 마리아 사이에 이상한 낌새가 느껴졌어요. 게다가, 제가 그 두 사람을 둘씩 하는 액티비티를 하도록 짝을 지우자마자, 영민이가 "맥퀴니 선생님, 마리아 대신 제가 후안이랑 같이 해도 될까요?"라고 해서, 제가 후안하고 마리아를 쳐다봤는데, 둘 다 그것에 대해 아무 말도 안 하는 거예요.

앤서니: 그 둘 다 오늘 선생님 수업에 들어왔다는 말을 들으니 좀 놀라운데요.

제시카: 지금 무슨 말씀 하시는 거예요?

앤서니: 어젯밤 지미의 파티에서 후안이 마리아에게 프러포즈를 했는데, 마리아가 거절했어요.

제시카: 청혼을 했다는 말이에요?

앤서니: 그렇죠.

제시카: 세상에! 어째서 수업 중에 아무도 그 일을 제게 말하지 않았을까요?

앤서니: 누가 그런 걸 말해 주겠어요? 그런 이야기는 모두가 알고는 있지만 언급하기 꺼려하는 거잖아요.

제시카: 그럼 앤서니 씨는 그걸 어떻게 알아요?

앤서니: 케이티 씨가 어젯밤에 전화해서는 그것 가지고 귀가 닳도록 이야기해 줬어요.

제시카: 뭐, 케이티 씨답네요. 후안이 모든 사람들 앞에서 용기 내어 그녀에게 프러포즈하고서 거절당했다니 마음이 참 안 좋네요. 마리아가 왜 프러포즈 거절했는지 아세요? 그 둘이 수년 간 데이트해 왔다는데요.

앤서니: 사실 케이티 씨가 마리아가 말한 그 모든 거절의 이유를 저한테 이야기해 줬는데, 그중 어느 것도 말이 안 되는 것 같아요.

제시카: 불쌍한 후안! 오늘 아침 수업에서 어떻게 그렇게 침착할 수가 있었는지 모르겠네요.

(Between two ESL instructors)

Anthony: How was your speaking class, Jessica?

Jessica: It was okay, but there was a weird vibe between Juan and Maria today. Besides, as soon as I paired them up for the pair activity, Young-min was like, "Ms. McQueeney, instead of Maria, can I please work with Juan?" and I looked at Juan and Maria, and they didn't say anything about it.

Anthony: I'm kind of surprised to hear both of them attended your class today.

Jessica: What are you talking about?

Anthony: Juan proposed to Maria at Jimmy's party last night, and Maria turned down his proposal.

Jessica: You mean a marriage proposal?

Anthony: Yup.

Jessica: Oh, my God! How come nobody told me about that in the class?

Anthony: Who would tell you that? That kind of story is ❶ **an elephant in the room**.

Jessica: Then, how do you know that?

Anthony: Katie called me last night, and she ❷ **chewed my ear off** about it.

Jessica: Well, that's Katie. I feel so sorry that he got turned down after ❸ **plucking up the courage to propose to her** in front of all those people. Do you know why Maria refused his proposal? I've heard they've dated for years.

Anthony: Katie told me about all the reasons Maria gave, but it seems like none of them ❹ **holds water**.

Jessica: Poor Juan! I don't know how he was able to be ❺ **as cool as a cucumber** in class this morning.

---

vibe 분위기   **how come** 왜, 어째서

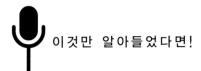 이것만 알아들었다면!

MP3 116

1 An elephant in the room

We need to talk about the elephant in the room before it ruins our organization.

우리는 모두가 알고 있지만 아무도 언급하지 않는 바로 그 문제에 관해 이야기해야 합니다. 그 문제가 우리 조직을 망쳐 버리기 전에 말이죠.

모두가 알지만 아무도 말하지 않는 큰 문제

2 To chew one's ear off

Sorry. I feel like I chewed your ear off about my boss.

미안. 내가 우리 사장에 대한 이야기를 너한테 지나치게 많이 한 것 같아서.

지나치게 많이 말하다 /귀가 닳아빠지도록 말하다

3 To pluck up the courage to do ~

It took him seven days to pluck up the courage to ask her out.

그가 그녀에게 용기를 내어 데이트를 신청하는 데 7일이 걸렸지.

용기를 내어 ~를 하다

4 To hold water

His hypothesis doesn't hold water.

그의 가설은 이치에 맞지 않는다.

이치에 맞다/사리에 맞다 /타당하다

5 (As) cool as a cucumber

I was surprised that he was as cool as a cucumber during the press interview.

나는 그가 언론 인터뷰 중에 그토록 침착해서 놀랐어.

(힘든 상황에서) 대단히 침착하고 차분한

대화문과 예문을 통해서 눈치채셨겠지만, to hold water는 주로 부정문에서 쓰입니다. 참고로, 이 표현은 이런 비유에서 왔습니다. 어떤 용기에 물을 담았을 때 튼튼하고 깨진 곳이 없다면 물이 새지 않겠죠? 반면, 용기가 약해서 여기저기 금이 간 틈이 있다면 물이 줄줄 샐 거예요. 그래서 이치나 사리에 맞지 않는 이론이나 설명, 논쟁을 여기저기 금이 가서 물이 새는 용기에 비유한 표현이라고 이해하면 됩니다. 그런데 <u>이 표현에서 water 앞에 관사나 소유격 등의 한정사가 없다는 점을 기억하세요.</u> 왜냐하면, 소유격을 붙여서 to hold <u>one's</u> water라고 하면 그 의미가 달라져서, '소변을 참다' 또는 '인내하다'는 말이 되기 때문입니다.

Hold your water,[*] please. I'll help you out in a minute.
조금만 참고 기다리세요. 제가 금방 도와드리겠습니다.

Can you hold your water a little longer? It looks like we should drive 5 more minutes to the next rest area.
소변 조금만 더 참을 수 있겠니? 다음 휴게소까지 5분은 더 가야 하는 것 같은데.

---

[*] 참고로, 이런 문맥에서는 이 표현보다 "Hold your horses."가 미국에서 더 흔하게 쓰이는 표현입니다.

Vocabulary Point

To chew one's ear off와 똑같은 의미를 가진 이디엄으로 to talk one's ear off도 있습니다. 예문을 몇 가지 보면서 함께 익혀 두세요.

He <u>talked my ear off</u> about his victory in the tournament.
그는 토너먼트에서 자기가 승리한 것에 관해 내 귀가 따갑도록 이야기했어.

She <u>was talking my ear off</u> about her son's good grades.
그녀는 자기 아들의 성적이 좋은 것에 관해 내 귀가 닳아빠지도록 말했어.

To talk one's ear off와 to chew one's ear off는 서로 동의어이지만, 후자가 비판의 강도가 더 센 말입니다. 그러니, 같은 말이라도 to chew one's ear off가 좀 더 강한 뉘앙스를 가지고 있다고 이해하시면 됩니다.

LESSON 20

게이브: 회의는 어땠습니까?

대런: 선거 때문에 반 정도는 안 왔는데, 이 말 들으면 정말 놀라실 거예요. 케일럽 씨가 용기를 내서 사장님께 바로 '그 문제'에 관해 말했어요.

게이브: 세상에! 그래서 어떻게 됐나요?

대런: 예상하시는 대로, 사장님은 왜 그 문제를 그런 식으로 처리했는지 당신이 댈 수 있는 모든 이유와 변명을 말했는데, 케일럽 씨가 뭐라고 말했는지 알아요?

게이브: 뭐라고 말했는데요?

대런: "죄송하지만, 말씀하신 이유는 모두 논리적이지가 않습니다."

게이브: 우와, 정말 굉장한데요! 그에 대해 사장님은 어떻게 반응했어요?

대런: 불같이 화를 내고는 나갔어요.

게이브: 사장님이야 물론 그랬겠죠!

대런: 저는 그저 케일럽 씨의 처신에 깊은 인상을 받았어요. 어쩜 그런 상황에서도 그토록 침착할 수가 있을까요?

게이브: 뭐, 저는 그렇게 놀랍지는 않아요. 전 항상 케일럽 씨가 침착하다는 걸 알고 있었으니까요. 어쨌든, 우리는 우리 다음 회의를 할 수 있게 준비가 돼 있어야 하겠네요.

대런: 맞아요. 사장님이 그 문제에 관해 우리 귀가 닳아빠지도록 이야기할 거예요.

Gabe: How was the meeting?

Darren: Because of the election, half of the people didn't show up, but you'll be very surprised to hear this. Caleb ❶ **plucked up the courage to tell the boss** about ❷ **the big elephant in the room**.

Gabe: Oh, my! How did it go?

Darren: As you would expect, the boss gave all his reasons and excuses for why he handled the issue that way, and you know what Caleb said?

Gabe: What did he say?

Darren: "I'm sorry, but all those reasons don't ❸ **hold water**."

Gabe: Wow, very impressive! How did the boss react to that?

Darren: He blew up and left.

Gabe: Of course, he did!

Darren: I was just impressed by Caleb's demeanor. How could he be ❹ **as cool as a cucumber** in that kind of situation?

Gabe: Well, that doesn't surprise me because I've always known him to be level-headed. Anyways, I guess we'll have to be prepared for our next meeting.

Darren: Yeah, the boss is going to ❺ **chew our ears off** about that issue.

---

demeanor 행동, 품행
level-headed 신중한, 침착한

245

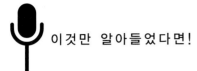

이것만 알아들었다면!

1 To pluck up the courage to do ~:
To become brave enough to do ~

I'm trying to pluck up the courage to stand up to my boss.
나는 용기를 내어 상사에게 맞서 보려고 해.

2 An elephant in the room: A huge problem that everyone knows, but no one wants to talk about

Do you know why he didn't mention anything about what Mark did? Because it's an elephant in the room.
너 왜 그 사람이 마크가 한 일에 관해 아무 말도 안 했는지 아니? 왜냐하면 그건 모두가 알고는 있지만 말하기는 꺼려하는 일이거든.

3 To hold water: To be valid and logical

Her explanation doesn't hold water.
그녀의 설명은 말이 안 돼.

4 (As) cool as a cucumber: Calm and composed (in a stressful and frustrating situation)

I'm amazed that you're so calm and unemotional. I cannot be as cool as a cucumber in such a situation.
네가 그토록 차분하고 감정적으로 굴지 않아서 난 놀랐어. 난 그런 상황에서 그렇게 침착하고 차분하게 있을 수가 없거든.

5 To chew one's ear off: To talk to someone too much

If you start talking about politics, my dad will chew your ear off until you agree with him.
네가 정치에 관해 말하기 시작하면, 우리 아빠는 네가 동의할 때까지 귀가 닳아빠지도록 계속 말씀하실 거야.

대런의 첫 문장(···half of the people didn't show up)에서 half 앞에 관사가 없는 것을 눈치채셨나요? 이렇게 half가 대명사로 쓰이는 문맥에서는 보통 half 앞에 관사를 쓰지 않습니다.

There are 14 students in my ESL class, and <u>half</u> of them are from Spain.
제 ESL 수업에 학생이 14명 있는데, 그중 반이 스페인에서 왔습니다.

그렇지만, 두 half 중에서 어느 쪽 half인지를 꼭 집어서 말할 때는 정관사와 함께 the half라고 써야 합니다. 참고로, 이때 half는 그냥 명사입니다.

Tom: I'd like <u>half</u> of the pizza, please.
톰: 저는 그 피자 반만 주세요.

여기서 half는 부정대명사(딱히 정해지지 않은 것을 가리키는 대명사)로 쓰였습니다. 그러니, 피자를 반으로 자른 어떤 쪽을 줘도 상관없다는 말이죠.

Tim: The big <u>half</u> or the small <u>half</u>?
팀: 크게 잘린 반이요, 아니면 작게 잘린 반이요?

이 문장에서 half는 둘 다 명사로 쓰였는데, 반으로 잘린 두 쪽 중 하나를 콕 집어달라는 말이기 때문에, 둘 다 정관사 the가 쓰였습니다.

그렇다면, half는 이렇게 명사나 대명사로만 쓰일까요? 물론 아닙니다. 대부분의 영어 단어가 그렇듯이 half 또한 여러 가지 품사로 기능하며, 명사와 대명사 외에 형용사와 부사로도 기능합니다.

Brazil scored three goals in the first <u>half</u>. (명사)
브라질은 전반전에 세 골을 넣었습니다.

참고로, 명사로 기능할 때 복수는 halves입니다.

Glue the two <u>halves</u> together. (명사-복수형)
그 두 반쪽을 접착제로 같이 붙이세요.

I usually drink a <u>half</u> cup of coffee because I'm sensitive to caffeine. (형용사)
저는 커피를 보통 반 잔 마십니다. 카페인에 민감해서요.

The door was <u>half</u> open, and I was able to overhear their secret conversation. (부사)
문이 반쯤 열려 있어서, 난 그들의 비밀스런 대화를 엿들을 수 있었어.

엄마: 지나, 너 왜 시리얼 먹고 있어? 너 먹으라고 엄마가 치킨 수프 큰 솥에 끓여 놨다고 했잖아. 치킨 수프가 감기에 좋은데.

딸: 어머, 제가 완전히 까먹고 있었어요. 엄마, 저 아직 비몽사몽이에요.

엄마: 충분히 자지 않았니?

딸: 아니요, 클로에가 어젯밤에 저한테 전화해서는 데이먼하고 헤어진 이야기를 제 귀가 닳아빠지도록 했거든요.

엄마: 난 걔가 데이먼하고 오래 전에 헤어진 줄 알았는데. 데이먼이 클로에 몰래 다른 여자 만나는 걸 모두 다 알고 있고 네가 말하지 않았니?

딸: 그랬죠. 클로에 빼고 모두 다요.

엄마: 어째서 아무도 그 일에 대해 클로에에게 말하지 않았지?

딸: 그런 건 모두가 알지만 말하기는 꺼려지는 문제니까요.

엄마: 하지만 넌 클로에 친구잖아!

딸: 엄마가 무슨 말씀하시는지는 아는데요, 저는 데이먼 친구이기도 해요. 그리고 그것에 관해 클로에에게 말할 용기가 없었어요.

엄마: 네가 하는 말은 앞뒤가 안 맞아. 네가 데이먼의 진정한 친구라면, 걔가 하는 행동이 잘못된 것이라는 걸 알게 해 줘야지.

딸: 그걸 이제야 제가 깨달은 거죠. 전 그냥 제가 끼어들 일이 아니라고 생각해서 그랬거든요. 하지만 클로에가 그 일에 극도로 화가 난 상태라, 제가 미안해 죽겠어요.

엄마: 난 클로에가 이해되는구나. 누구도 그런 상황에서는 침착할 수가 없어.

Mom: Gina, why are you eating cereal? I told you I made a big pot of chicken soup for you. It's good for your cold.

Daughter: Oh, I completely forgot about it. I'm half asleep, mom.

Mom: Didn't you get enough sleep?

Daughter: No, Chloe called me last night, and she ❶ **chewed my ear off** about her break-up with Damon.

Mom: I thought she broke up with Damon a long time ago. Didn't you say everyone knows Damon was cheating on her?

Daughter: Yes, everyone but Chloe.

Mom: How come no one told her about that?

Daughter: Because it was kind of like ❷ **an elephant in the room**.

Mom: But you're her friend!

Daughter: I know what you mean, but I'm Damon's friend too, and I couldn't ❸ **pluck up the courage to tell her about it**.

Mom: What you're saying doesn't ❹ **hold water**. If you're his true friend, you should let him know what he's doing is wrong.

Daughter: I realize that now. I just felt like it was not my place to interfere, but Chloe's extremely upset about it, and I feel horrible.

Mom: I can understand Chloe. No one can stay ❺ **as cool as a cucumber** in such a situation.

이 것 만 알 아 들 었 다 면 !

MP3 **120**

1
To chew one's ear off: To talk to someone too much
지나치게 많이 말하다/귀가 닳아빠지도록 말하다

I wouldn't sit by Uncle Jerry. He'll chew your ear off if you let him.
나라면 제리 삼촌 옆에 앉지 않겠어. 네가 내버려 두면, 삼촌은 네 귀가 닳아빠지도록 얘기하실 거야.

2
An elephant in the room: A huge problem that everyone
knows, but no one wants to talk about 모두가 알지만 아무도 말하지 않는 큰 문제

Everyone tried to avoid talking about that issue, and I realized it was an elephant in the room.
모두가 그 문제에 관해서 말하는 걸 피하려고 해서, 난 그게 누구나 알고는 있지만 모두들 말하기 꺼려하는 일이라는 사실을 알게 됐지.

3
To pluck up the courage to do ~:
To become brave enough to do ~ 용기를 내어 ~를 하다

I haven't yet plucked up the courage to fight with him.
난 아직은 그와 싸울 만큼 용기를 내지 못하고 있어.

4
To hold water: To be valid and logical
이치에 맞다/사리에 맞다/타당하다

His reasons for breaking up with Amy don't hold water.
그가 에이미와 헤어진 이유는 전부 다 말이 안 돼.

5
(As) cool as a cucumber:
Calm and composed (in a stressful and frustrating situation)
(힘든 상황에서) 대단히 침착하고 차분한

I have no idea how you can be as cool as a cucumber in that kind of situation.
난 그 같은 상황에서 네가 어떻게 그토록 차분할 수 있는지 정말 모르겠어.

딸의 문장, "… everyone but Chloe."는 '클로에만 빼고 모두'라고 해석되죠? 이런 문맥에서 but은 except처럼 전치사로 기능하며, '~ 외에', '~만 제외하고'의 의미를 가집니다. But이 이런 쓰임새일 때는 이 대화에서처럼 Everyone, everybody, everything 등의 대명사나 비슷한 의미의 all이나 every가 들어간 표현과 함께 쓰입니다. 이때는 '~만 제외하고 모두 다'라는 의미가 됩니다.

Everybody <u>but</u> you seems to love him. 너만 빼고 모두 그를 정말 좋아하는 것 같아.
Everyone came <u>but</u> Harry. 해리만 빼고 모두 다 왔어.
I brought everything <u>but</u> my pillow. 내가 베개 빼고는 다 가지고 왔어.
All <u>but</u> Jamie liked the movie. 제이미만 빼고 모두 다 그 영화를 좋아했어.
My son eats everything <u>but</u> broccoli. 우리 아들은 브로콜리만 빼고 다 먹어.
Everything <u>but</u> pickles, please. 피클만 빼고 다 주세요.

비슷한 용례로, no가 들어간 대명사나 표현(none, nobody, nothing, no one)과 전치사 but이 함께 쓰이면 '~ 외에는 아무도(아무것도) 없는'의 뜻이 됩니다.

My mom had no one <u>but</u> my uncle. 우리 엄마에게는 삼촌 외에는 아무도 없었어.
She had nothing <u>but</u> money. 그녀가 가진 거라고는 돈밖에 없었어.

CULTURE POINT

지나의 엄마는 지나가 감기에 걸려서 치킨 수프를 한 솥 끓여 놓았다고 말합니다. 미국인들은 감기에 걸리거나 아프면 치킨 수프를 먹기 때문이죠. 이렇게 몸이 아프면 치킨 수프를 먹는 미국의 문화 때문에 〈Chicken Soup for the Soul: 영혼을 위한 치킨 수프〉라는 제목의 책도 출간됩니다. 이런 제목이 미국인들을 사로잡아서 이 책이 베스트셀러까지 된 이유는, 바로 미국인들이 치킨 수프가 아플 때 먹는 보양식이라는 사실을 잘 알고 있기 때문입니다. 그러니 몸이 아플 때 치킨 수프를 먹는 것처럼, 마음이 아플 때는 이 책을 보라는 메시지가 확 와닿았겠지요? 하지만 제가 고등학교 다닐 때 이 책이 한국에서 번역본으로 출판되었을 때, 저는 이 책 제목을 보고 어리둥절했던 기억이 있습니다. 당시 한국어 번역본의 제목은 〈내 영혼의 닭고기 수프〉였는데, 일단 그때 저는 닭고기 수프가 뭔지를 잘 몰랐습니다. 그래서 '미국식 삼계탕' 정도로 이해했는데, 그래도 뭔가 석연찮더라고요. 만일 그때 닭고기 수프가 '아픈 사람들이 먹는 보양식'이라는 사실을 알았더라면, 1990년대 한국의 고등학생이던 아선생에게도 이 책의 제목이 마음 속 깊이 와닿지 않았을까 싶습니다.

영어로 말하고 싶은, 또는 못 알아들을 것 같은 예문에 체크해 보세요.

마틴: 샤론 씨, 메트로 주식회사와의 합병 협상이 꽤 격렬하다고 들었어요.

샤론: 정말 그래요! 우리 팀이 순조롭고 공정하게 합병이 진행되도록 하려고 연구를 아주 많이 했어요. 데이터와 그래프로 빈틈없이 철지하게 준비됐죠.

마틴: 메트로 측 주장은 근거가 없는 것 같아요.

샤론: 글쎄, 메트로 사람들을 흉보고 싶진 않지만, 그쪽 팀은 우리 측 팀만큼 준비가 안 된 것 같아요. 그렇지만 그쪽이 더 크고 자금도 더 많긴 하죠. 그럼에도 불구하고, 우리가 공정한 결과를 위해 최선을 다해 싸우고 있지만, 아주 조심스럽게 하긴 해야죠.

마틴: 우리 돈줄을 쥐고 있는 사람들을 공격하면 안 될 테니까요.

샤론: 바로 그 말이에요!

English CONVERSATION

MP3 121

Martin: Sharon, I heard that the negotiations over the merger with Metro Corporation are pretty fierce.

Sharon: You're not kidding! My team has done so much research to make sure that the merger takes place smoothly and fairly. We're ❶ **armed to the teeth** with data and graphs.

Martin: Sounds like Metro ❷ **doesn't have a leg to stand on**.

Sharon: Well, I don't want to ❸ **badmouth them**, but I do think that their team is not as well prepared as ours, but they're bigger and have more money. Still, ❹ **we're fighting the good fight**, but we do have to be careful.

Martin: You don't want to ❺ **bite the hand that feeds you**.

Sharon: Exactly!

You're not kidding! 정말 그래요! (상대방이 사실을 말하고 있음을 뜻함)
You don't want to 동사원형 (조심스런 어투로) ~ 않는 게 좋아

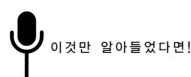
이것만 알아들었다면!

MP3 **122**

1 Armed to the teeth

I attended the meeting armed to the teeth in a silk blouse, designer pants, Italian leather shoes, and tasteful gold jewelry.

나는 실크 블라우스, 유명 디자이너 브랜드의 바지, 이탈리아제 가죽 구두, 우아한 금으로 된 보석으로 완전 무장한 채 그 회의에 참석했어.

(문자 그대로의 또는
비유적인 무기로)
빈틈없이 준비한
/철저하게 대비한

2 Not to have a leg to stand on

Delta had to cancel flights because of the pandemic. They offered a flight voucher, but not a refund. I studied their refund policy and explained to the representative that they legally had to refund my ticket in cash. They didn't have a leg to stand on.

델타가 팬데믹 때문에 비행을 취소해야 했거든. 그래서 항공편 바우처를 줬는데, 환불은 안 해 줬어. 내가 그쪽 환불 정책을 살펴보고 담당자에게 법적으로 내 표를 현금으로 환불해 줘야 한다고 설명했지. 그 사람들에게 변명의 여지가 없었어.

(어떤 주장을 할 수 있는)
근거가 없다
/변명의 여지가 없다

3 To badmouth ~

He can be friendly at work in meetings, but outside of work, he badmouths everyone he works with.

그가 직장에서 회의 때는 다정하겠지만, 직장 밖에선 같이 일하는 동료 모두를 험담해.

~를 안 좋게 말하다

4 To fight the good fight

My friend is a doctor in the emergency room at a busy hospital. She works long hours, and it's exhausting work, but she feels like she's fighting the good fight by helping so many people.

내 친구는 환자가 많은 종합병원의 응급실 의사야. 장시간 일하고, 고단한 일이지만, 많은 사람들을 도와줌으로써 자신이 힘겹지만 숭고한 일을 하고 있다고 느껴.

옳은 일을 하기 위해
힘들게 노력하다
/숭고한 싸움을 하다

5 To bite the hand that feeds you

That artist just got a contract to paint a mural for the city, but she's very critical of the mayor's office. I think she's biting the hand that feeds her.

그 예술가는 그 도시 벽화를 그리는 계약을 막 따냈지만, 시장이 하는 업무에 대해서는 매우 비판적이야. 난 그녀가 자기 밥줄을 쥐고 있는 사람을 공격하고 있다는 생각이 들어.

자신을 돕는 사람을 해하다
/배은망덕하다

샤론은 "… their team is not as well prepared as ours, …"라고 말합니다. 이 문장에서 as로 인해 우리는 이 표현이 어떤 두 대상을 비교하고 있다는 사실을 알 수 있습니다. 이렇게 두 개의 대상을 비교하는 문맥에서 as가 쓰일 때, 가장 흔하게 쓰이는 문법 형식은 다음과 같습니다.

as + 형용사 (또는 부사) + as + 주어 + 동사

Louise plays the flute as well as Christopher does.
루이즈는 크리스토퍼만큼 플루트 연주를 잘해.

*참고로, 여기서 첫 번째 as는 부사로, 그리고 두 번째 as는 접속사로 기능합니다.

She can run as fast as Michael does.
그녀는 마이클만큼 빨리 뛸 수 있어.

The combined territories of S. Korea and N. Korea are as big as the state of Minnesota is.
남한과 북한을 합친 영토는 미네소타주만큼 크다.

Vocabulary Point

Armed to the teeth 이디엄의 어원에 얽힌 이야기는 여러 가지입니다. 그렇지만 그 모든 이야기에서 공통적으로 찾을 수 있는 부분이 있지요. 그건 이 표현이 오래 전에 군인과 기사와 해적들이 전투에 임할 때 갖가지 무기를 들고 다녔던 시대부터 시작되었다는 점입니다. 그러니까, 싸우러 갈 때는 각자 손에 무기를 들고, 갖가지 다른 무기를 여기저기 주머니에 넣고, 권총집에 넣어서 차고, 때로 거기 더해 이 표현 그대로 치아로 칼을 하나 물고서까지 간 것이죠. 그래서 요즘도 이 표현이 군인들의 무기류와 방호복에 관한 이야기를 할 때 쓰이기도 합니다. 그렇지만, 현대 영어에서 이 표현은 논리적이고 타당한 논거, 더 나은 아이디어, 혹은 더 좋은 옷 등으로 '완전 무장'했다는 의미로 훨씬 더 많이 쓰입니다.

UNIT 2

영어로 말하고 싶은, 또는 못 알아들을 것 같은 예문에 체크해 보세요.

소여: 미셸, 너희 재즈 밴드는 다음 주에 있을 음악 경연 대회에 나갈 준비됐니?

미셸: 우리는 몇몇 주요 클래식 재즈 곡들을 훌륭하게 편곡한 음악으로 철저하게 준비했어. 게다가, 라틴 스타일의 타악기를 연주하는 사람도 영입했고.

소여: 다른 밴드들이 이길 리가 없겠는걸!

미셸: 뭐, 그건 잘 모르겠지만, 나도 그랬으면 좋겠어! 거기 다른 몇몇 밴드는 뛰어난 뮤지션들을 보유하고 있기도 하거든.

소여: 뮤지션들이 모두 서로의 능력과 장점을 존중할 때 좋은 경쟁이 나오는 거지.

미셸: 정말로 그래! 난 다른 밴드들에 관해 나쁘게 말하지 않을 거야. 그들도 우리만큼 열심히 하거든. 그래서 소여, 너는 요즘 어떻게 지내니?

소여: 그게, 직장에선 잘 지내고 있지 못해. 내가 우리 사무실 몇몇 사람들에 대해서는 확실히 험담할 수 있어! 내가 어떤 팀하고 우리 학교 음악 교육을 위한 자금을 좀 더 확보하려고 일하고 있었거든. 그런데 내 위에 있는 행정 직원들이 우리 계획을 막아 버렸어.

미셸: 네가 왜 그에 대해 화가 나는지 잘 알겠어.

소여: 그래. 그게 참 어려워. 그 자금을 얻을 수 있는 다른 방법을 찾고 싶지만, 그렇다고 내 밥줄을 쥐고 있는 사람들을 화나게 하고 싶지는 않고, 내가 무슨 말을 하는 지 네가 이해한다면 말이야.

미셸: 그냥 계속해서 고군분투해. 그럼 다 잘될 거야.

소여: 고마워, 미셸! 다음 주 경연 대회에서 만나.

Sawyer: Michelle, is the jazz band ready for the music competition next week?

Michelle: We are ❶ **armed to the teeth** with great new arrangements of some classic jazz standards, plus we also added a guy who does Latin percussion.

Sawyer: Sounds like the other bands ❷ **don't have a leg to stand on**!

Michelle: Well, I don't know about that, but I hope so! Some of those other bands have some phenomenal musicians.

Sawyer: It's a good competition when the musicians all respect each other's abilities.

Michelle: Yes, exactly! I wouldn't ❸ **badmouth these other bands**. They work just as hard as we do. So, how are things going for you, Sawyer?

Sawyer: Well, not great at work. I can definitely ❸ **badmouth some folks in my office**! I was working with a team to get more funding for music education in our schools, and the administrators above me blocked our plans.

Michelle: I can see why you'd be angry about that.

Sawyer: Yeah, it's difficult. I want to find another way to get that funding, but I also don't want to ❹ **bite the hand that feeds me**, if you know what I mean.

Michelle: Just keep ❺ **fighting the good fight**, and it will all turn out well.

Sawyer: Thanks, Michelle! See you next week at the competition.

---

arrangement 편곡
standard 여러 가수들에 의해 녹음된 노래
phenomenal 경이로운, 경탄스러운

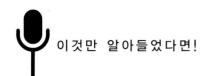

이것만 알아들었다면!

1 ## Armed to the teeth: Completely prepared (with literal or figurative armor)

After the flood, the mayor had to address the citizens about emergency management measures. She was armed to the teeth with the latest information and was able to answer questions easily.

홍수가 난 후에 시장은 시민들에게 긴급 사태 관리 대책과 관련해 말해야 했다. 시장은 가장 최신 정보로 철저하게 준비되어 있었고 모든 질문에 쉽게 답할 수 있었다.

2 ## Not to have a leg to stand on:
To have no support for an idea or situation

The football team had a bad practice last week, their star player is out with a sprained ankle, and the players are getting frustrated with their coach. I don't think they have a leg to stand on in this week's game.

그 미식축구팀은 지난주에 연습도 잘 안 됐고, 스타 선수는 발목을 삐어서 못 나가고, 선수들은 코치한테 불만이 많아지고 있어. 내 생각에 그들이 이번 주 경기에서 이길 리가 없어.

3 ## To badmouth ~: To speak critically of ~

Badmouthing your boss won't make the situation at work better. Why not go and talk to him about your concerns?

네 상사 험담을 하는 게 직장 내 상황을 나아지게 하진 않을 거야. 네가 우려하는 바에 대해 왜 그에게 직접 가서 말하지 않니?

4 ## To bite the hand that feeds you: To criticize the one who supports or employs you/To hurt a benefactor

I was going to take my complaint to the HR office of my company, but a colleague told me to be careful about that. I don't want them to think that I'm biting the hand that feeds me.

내 불만을 회사 인사과에 보고하려 했지만, 동료 하나가 그렇게 하는 것에 신중하라고 했어. 내가 내 밥줄을 쥐고 있는 사람을 공격한다고 그들이 생각하게 하긴 싫어.

5 ## To fight the good fight: To try very hard to do the right thing/To fight a noble battle

Well, we fought the good fight, but in the end, we were not able to get enough votes to pass the amendment.

글쎄, 우린 숭고한 싸움을 했지만, 결국 헌법수정안을 통과시킬 만큼 표를 충분히 얻지 못했어.

이번 과에서 배우는 to fight the good fight은 성경에서 유래됐습니다. 신약성서에는 초기 기독교인들에게 그들이 깊은 신앙심을 가지고 살아갈 것을 독려하는 구절이 나오는데, 바로 거기에 이 표현이 쓰였습니다. 오늘날에는 기독교인이든 아니든 많은 사람들이 이 표현을 사용하는데, 주로 누군가 고귀하거나 숭고한 일을 해 나갈 때 그런 행동을 묘사하는 말입니다. 이렇게 상당수의 영어 이디엄은 성경 구절에서 유래하는데, 다른 예로는 Adam's apple(울대뼈: 남자의 목에 있는 후두의 물렁뼈가 튀어나온 부분), to cast pearls before swine(돼지 목에 진주) 등이 있습니다. 바로 이런 이유 때문에, 미국의 기독교인 인구가 많든 적든 관계없이, 전통적으로 미국은 기독교 문화의 영향권에 있다고 봐야 할 것 같습니다.

CULTURE POINT

재즈는 미국 뉴올리언스의 흑인들 사이에서 1800년대 후반부터 발전된 음악 장르입니다. 재즈 음악의 가장 큰 특징으로는 즉흥연주(improvisation)에 크게 의존한다는 점, 주고받는 형식의 패턴, 폴리리듬(polyrhythm: 대조적인 리듬을 동시에 사용하는 것) 등이 있습니다. 재즈는 서아프리카의 전통 음악 양식과 유럽 클래식 음악의 영향이 융합된 장르입니다. 시간이 흘러 재즈가 세계적인 음악이 되면서, 이런 식의 영향은 더욱 크게 확대됩니다. 예를 들어, 대화에서 미셸은 그녀의 재즈 밴드가 이제 라틴 아메리카 타악기 연주자와 함께하게 됐다는 사실을 언급합니다. 라틴 아메리카 타악기 연주란 라틴 아메리카와 캐리비안 지역의 전통 음악에서 볼 수 있는 타악기 연주 스타일을 말합니다. 이렇게 현대 재즈는 세계 여러 나라 사람들이 연주하고 즐기는 음악이 되었기 때문에, 매우 다양한 문화와 스타일로 연주됩니다. 그리고 바로 그게 재즈의 매력입니다.

LESSON 21

스콧: 저기, 월리스 씨. 내일 있을 중요한 영업 회의에 참석할 준비 되셨어요?

월리스: 확실하게 준비됐어요! 지난 회의 때는 제가 준비가 안 됐었거든요. 틀림없이 스콧 씨도 그에 대해 들었을 거예요. 정말 너무나 난처했었죠. 사실 제가 준비도 안 했었고, 정말 최악이었어요.

스콧: 네, 저도 들었어요. 월리스 씨네 팀장이 "근거가 없다"라는 뜻으로 뭔가 말하셨던 것 같은데요. 그건 정말 가혹한 혹평이었어요.

월리스: 글쎄, 그후 우리 팀장이 그럴 듯한 이유로 저를 비판한 거라고는 말할 순 없어요. 그러니까 제 말은, 그 비판에 지도 한 마디 할 수 있었지만 제 밥줄을 쥐고 있는 사람을 화나게 해서 상황을 더 악화시키고 싶지는 않았어요.

스콧: 이해할 수 있어요.

월리스: 하지만 이번에는 매우 조심스럽게 준비한 자료로 무장하고 거기 들어가요. 정말로 제 실수를 만회하고 싶고, 또 잘하고 싶거든요. 그분들이 저한테 두 번째 기회를 주시는 거니까 실망시키기 싫고요.

스콧: 가셔서 고군분투하세요. 기대 이상으로 잘해 내실 것 같아요!

Scott: Hey, Wallace, are you ready for the big sales meeting tomorrow?

Wallace: Am I ever! At that last meeting I wasn't prepared. I'm sure you heard all about it; it was so embarrassing. I just didn't do my homework, and it was a disaster.

Scott: Yeah, I heard about it. I think the head of your team said something to the effect of "❶ **not having a leg to stand on**." It was pretty harsh criticism.

Wallace: Well, the head of our team was not completely without reason to ❷ **badmouth me** after what happened. And I mean, I could have said something about the criticism, but I didn't want to make things worse by ❸ **biting the hand that feeds me**.

Scott: I can understand that.

Wallace: But this time I'm going in there ❹ **armed to the teeth** with very carefully planned material. I really want to redeem myself and do a great job. They're giving me a second chance, and I don't want to disappoint them.

Scott: Go in there and ❺ **fight the good fight**; it sounds like you're gonna knock it out of the park!

---

homework (사전) 조사, 준비
to the effect of ~라는 취지로
redeem oneself (전의 실수 등을) 만회하다
knock it out of the park (기대 이상으로) 아주 잘해 내다

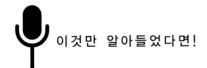

MP3 **126**

1 Not to have a leg to stand on: To have no support for an idea or situation (어떤 주장을 할 수 있는) 근거가 없다/변명의 여지가 없다

The president says that he can call the army in to help him defend the city, but according to the constitution, this is not true. He doesn't have a leg to stand on, legally speaking.

대통령은 자신이 도시 방어를 돕기 위한 군대를 동원할 수도 있다고 말하지만, 헌법에 따르면 사실이 아닙니다. 법적으로 말하자면, 그렇게 주장할 수 있는 근거가 없습니다.

2 To badmouth ~: To speak critically of ~ ~를 안 좋게 말하다

I really like Daniel, but I don't like what he's done recently. I don't mean to badmouth him, but I need to get this off my chest and tell you what I think.

난 다니엘이 정말 좋지만, 그가 최근에 한 일은 마음에 안 들어. 그에 대해 안 좋게 말하려는 의도는 없지만, 난 이 말을 털어놓고 너한테 내 생각을 말해야겠어.

3 To bite the hand that feeds you:
To criticize the one who supports or employs you/To hurt a benefactor
자신을 돕는 사람을 해하다/배은망덕하다

As a teacher in this school district, I'm not happy at all with the new policy for more testing, but I like my job; I'm not about to bite the hand that feeds me.

이 지역 학교 교사로서, 더 많은 시험을 보라는 새 정책이 난 전혀 마음에 안 들지만, 그래도 내 일을 좋아하기 때문에 내 밥줄을 쥐고 있는 이들을 공격할 생각은 없어.

4 Armed to the teeth:
Completely prepared (with literal or figurative armor)
(문자 그대로의 또는 비유적인 무기로) 빈틈없이 준비한/철저하게 대비한

During the riots, the police were armed to the teeth with bullet proof vests and guns.

폭동 중에 경찰들은 방탄조끼와 총으로 중무장을 하고 있었다.

5 To fight the good fight: To try very hard to do the right thing
/To fight a noble battle **옳은 일을 하기 위해 힘들게 노력하다/숭고한 싸움을 하다**

I'm the secretary of my university's faculty union. Right now, we are fighting the good fight to make sure that faculty members have adequate retirement benefits.

나는 우리 대학 교수진 노조의 총무거든. 지금 우리는 교수진이 적절한 퇴직 연금 수당을 받을 수 있도록 하려고 힘겹게 싸우고 있어.

스콧이 윌리스에게 "Are you ready for the big sales meeting tomorrow?"라고 묻자, 윌리스는 "Am I ever!"라고 답합니다. 질문에 대한 답으로는 좀 독특하죠? 주어와 동사의 어순이 바뀐 것 때문에 마치 질문에 답하지는 않고 또 다른 질문을 하는 것처럼 느껴집니다. 하지만 마지막에 있는 느낌표를 보고 우리는 그것이 의문문이 아니라는 사실을 알 수 있어요. 이 특이한 형식의 문장을 도치된 감탄문(inverted exclamative sentence)이라고 합니다. 주어와 동사의 어순이 마치 의문문처럼 뒤바뀌었지만, 이는 물론 의문문이 아닙니다. 이런 식의 '도치 구문 + ever'는 강한 동의를 강조할 때 쓰입니다. 그러니 윌리스가 말한 이 문장은 "I sure am ready!"나 "I certainly am ready!"와 같은 말입니다. 이런 표현에서는 sure나 certainly 같은 부사가 강조의 의미를 더하지만, 윌리스가 말한 문장에서는 도치(inversion)가 강조하는 역할을 합니다. 참고로, 문맥 상 윌리스의 문장은 "Am I ever ready!"에서 ready가 생략된 형태라고 볼 수 있어요. 앞서 본 〈Dialogue 1〉에서도 강하게 동의하는 표현이 있었죠? 바로 마틴이 협상이 격렬하다고 했을 때, 캐런이 "You're not kidding!"(정말 그래요!)이라고 말한 부분입니다. 이때 만약 캐런이 윌리스처럼 도치된 감탄문 형식을 사용한다면, "Are they ever (fierce)!"라고 할 수 있습니다.

Vocabulary Point

대화 마지막에 스콧은 to knock it out of the park라는 표현을 씁니다. 이는 미국인들에게 가장 인기 있는 스포츠인 야구 경기에서 온 표현입니다. 그러니까 공을 쳐서(knocking the ball) 아주 멀리 가게 해 공이 야구 경기장 (또는 공원) 밖으로 날아갔다는 의미입니다. 이는 물론 긍정적인 표현입니다. 스콧은 윌리스가 프레젠테이션을 아주 잘할 것이라는 말을 이렇게 한 거죠. 이 표현이 쓰인 다른 예도 한번 볼까요?

Daughter: Mom, how was my performance?
Mother: Honey, you really knocked it out of the park!
딸: 엄마, 제 연주 어땠어요?
엄마: 얘, 기대 이상으로 정말 잘했단다!

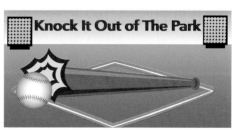

Knock It Out of The Park

영어로 말하고 싶은, 또는 못 알아들을 것 같은 예문에 체크해 보세요.

폴: 엘리자베스 씨, 오늘 오후 전체 회의에서 새롭게 진전될 일에 관한 이야기를 했나요?

엘리자베스: 아휴, 물론 그랬죠!

폴: 어, 좋지 않은 소식 같은데요.

엘리자베스: 이사님이 팬데믹 때문에 내년부터 굉장히 급격한 감봉을 해야 할 지도 모르겠다고 우리에게 말했어요. 우리 모두 일을 충분히 맡도록 하기 위해서 어떤 업무는 새로 할당해야 할지도 모른다고 했고요.

폴: 아이구. 이 소식은 물론 좋은 반응을 얻었겠군요.

엘리자베스: 오우, 그래요. 사람들에게 전혀 먹혀들지 않았죠. 사실 대부분의 사람들이 어느 정도 나쁜 소식일 거라 예상하고 있었기에 그렇게 놀라지는 않았는데, 더그 씨는...

폴: 잠시만요. 제가 맞혀 볼게요. 더그 씨가 F로 시작하는 욕을 몇 번 했죠?

엘리자베스: 진짜로 그랬어요! 그래서 이사님의 주목을 받았는데, 그건 확실해요.

폴: 맞아요. 그 사람, 거친 언어를 아주 잘 쓰는 걸로 우리 부서에서 좀 유명해요.

엘리자베스: 저는 그 사람이 그렇게 폭발하는 것에 놀랐어요. 그 일로 곤란한 상황에 처하게 될 것 같아요?

폴: 아마 그저 가벼운 꾸지람 정도 받을 거예요. 더그 씨를 해고하려면, 더그 씨만큼 컴퓨터 시스템을 잘 아는 사람을 찾아야 할 테니까요.

Paul: Elizabeth, were any new developments shared at the all-staff meeting this afternoon?

Elizabeth: Oh boy, were there ever!

Paul: Uh-oh. That doesn't sound good.

Elizabeth: The director told us that, because of the pandemic, he might have to make some pretty drastic ❶ **pay cuts** starting next year. He said he might also have to reassign certain duties to make sure that everyone has enough work to do.

Paul: Ouch. I'm sure this news ❷ **was well-received**.

Elizabeth: Oh yeah, it went over like a lead balloon. I think most people were expecting some bad news, so they weren't too surprised, but Doug…

Paul: Wait, let me guess: Doug ❸ **dropped a few f-bombs**?

Elizabeth: He certainly did! And he got the attention of the director — that's for sure.

Paul: Yeah, he's kind of famous in my department for his expert use of ❹ **salty language**.

Elizabeth: I was surprised by his outburst. Do you think he'll get in trouble?

Paul: He'll probably just get ❺ **a slap on the wrist**. If they want to get rid of him, they'll need to find someone else who knows the computer system as well as he does.

---

go over like a lead balloon 완전히 실패로 끝나다

265

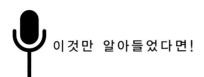 이것만 알아들었다면!

MP3 128

1 Pay cuts

Because of the recession, the government is announcing pay cuts for all state employees.

경기 불황 때문에, 정부는 모든 주정부 공무원들에게 감봉을 하겠다고 발표할 것이다.

감봉

2 To be well-received

My proposal to the committee was well-received; they have accepted it with only minor changes.

위원회에 내가 한 제안이 좋은 평가를 받았다. 몇 가지 소소한 수정만 하고 받아들인 것이다.

좋은 반응을 얻다

3 To drop an f-bomb*

When my sister gets mad, she drops a lot of f-bombs.

우리 누나는 화가 나면 F로 된 욕설을 많이 하거든.

F가 들어가는
영어 욕설(fuck)을 하다

4 Salty language

Lyndon B. Johnson was an American president who was quite famous for his salty language.

린든 B. 존슨은 그의 거친 언사로 꽤 유명한 미국 대통령이었다.

거칠고 상스러운 말

5 A slap on the wrist

The politician stole millions from taxpayers, but all he got was a slap on the wrist; he only had to pay a few fines and did not go to jail.

그 정치인은 납세자들로부터 수백만 달러를 훔쳤지만, 솜방망이 처벌만 받았어. 벌금을 좀 내야 했을 뿐이고, 감옥에는 가지 않았거든.

가벼운 꾸지람
/솜방망이 처벌

---

* Fuck은 너무나도 강한 단어입니다. 그래서 많은 사람들이 직접적으로 이 단어를 말하는 대신, "f-word"라고 하거나, 또는 이 표현에서처럼 "f-bomb"이라고 합니다.

이 대화에서 엘리자베스는 "The director told us… he might have to make some pretty drastic pay cuts… He said he might also have to reassign certain duties…"라고 말합니다. 여기서 조동사 might는 미래에 일어날 가능성이 있는 일(possible actions in the future)을 나타내기 때문에, may로 대체해도 같은 말입니다. ("may have to make ~ pay cuts", "may have to reassign certain duties") 그렇지만, 이런 문장에서 may와 might가 주는 느낌과 뉘앙스는 분명히 다릅니다. <u>그것은 격식을 갖춰야 하는 상황, 이를테면, 문어체나 학술적인 문맥 (academic language)에서는 주로 may를 써야 한다는 점입니다.</u>

In the rainy season, 50 inches of rain <u>may</u> fall.
장마철에는, 50인치의 비가 올 겁니다.

요약하자면, may와 might의 문법적인 기능은 똑같지만, may가 좀 더 전문적으로 들리는 단어입니다. 이를 기억해 뒀다가 문맥에 따라 알맞은 단어를 쓰도록 합시다.

Vocabulary Point

대화에서 감봉을 하겠다는 것은 절대 좋은 소식이 아닙니다. 그러니 폴이 "I'm sure this news was well-received."라고 말하고, 엘리자베스가 "Oh, yeah."라고 한 것은 전형적인 미국식 화법인 빈정댐(sarcasm)이라고 봐야겠죠? 그런데 그 뒤에 엘리자베스가 말하는 재미있는 표현 "It went over like a lead balloon."을 볼까요?

풍선은 공기 중에 뜰 정도로 가벼워야 합니다. 그런데 납(lead)으로 풍선을 만들면 놓는 즉시 땅바닥으로 떨어질 거예요. 그러니 이 표현은 무언가가 완전히 실패했다는 것을 의미합니다. 이 표현은 또 사람들에게 전혀 받아들여지지 않는(not well-received) 아이디어나 계획을 나타내기도 합니다.

The principal's plans for more homework in the new school year <u>went over like a lead balloon</u> with parents.
새로운 학년도부터는 더 많은 숙제를 내 주자는 교장 선생님의 계획은 학부모들에게 먹혀들지 않았다.

쉽게 말해, 이 문장은, 학부모들이 그 계획을 전혀 좋아하지 않았다(The parents were not happy with the plan at all!)는 말과 같습니다.

영어로 말하고 싶은, 또는 못 알아들을 것 같은 예문에 체크해 보세요.

레이: 요즘 어떻게 지내, 빈스?

빈스: 뭐, 별로야. 회사에선 몇 달 후에 감봉이 있을지도 모른다는 말이 있고.

레이: 이를 어째. 그 소리 들으니 나도 안 좋네.

빈스: 그래, 그래도 직장을 아예 잃어버리는 것보다는 좀 적게 받아도 계속 다니는 편이 낫겠지. 더 상황이 나빠질 수도 있으니까. 넌 어떻게 지내?

레이: 다행히 난 직장은 괜찮은데, 요즘 다루기 힘든 10대 아들래미랑 씨름하고 있어.

빈스: 아이고! 마이클 이야기야? 지금 몇 살이지? 14살인가?

레이: 15살. 정말로 다루기 힘들어. 학교 공부는 안 하고, 엄마 아빠랑 선생님들한테 계속 말대꾸하고. 게다가 그 애의 언어 사용이란!

빈스: (웃으면서) 정말 안타깝네, 진심으로 말이야! 난 십대 아들 셋을 키우며 살아남았잖아. 그래서 네가 지금 어떤 일을 겪고 있는지 알아. 그래, 마이클이 거친 언어에 재능이 있다고?

레이: 그 애가 F가 들어가는 그 욕설을 여기저기서 다 해. 집에서 하는 것도 충분히 나쁜데, 학교에서도 그러기 시작했어. 이제는 아내와 내가 교장 선생님하고 학교 심리학자에게 가서 면담까지 해야 해.

빈스: 아, 그래. F가 들어간 욕설은 선생님들한테는 못 받아들여지지.

레이: 너무나 실망스럽고 스트레스 받아. 한편으로는, 난 교장 선생님이 개한테 가볍게 꾸지람만 하셨으면 싶어. 그 애가 자라느라 힘든 시간을 보내고 있다는 걸 나도 아니까. 개가 머지 않아 이렇게 욕하는 것에서 벗어날 만큼 성숙해질 거라고 생각하거든. 그렇지만 또 다른 한편으로는, 교장 선생님과의 대화가 개한테 충분히 겁을 줘서, 개가 예의 바르게 행동하기 시작했으면 싶기도 해.

빈스: 이런 일도 다 지나갈 거야. 마이클도 그럴 거고. 내 말 들어. 난 십대 3명을 견뎌냈잖아. 그 애들 모두 지금은 훌륭한 성인이야. 견뎌내라고, 레이! 내가 장담하는데, 좋아질 거야!

Ray: What's going on with you these days, Vince?

Vince: Well, things could be better. There is word at work that there might be ❶ **pay cuts** in a few months.

Ray: Oh no, I'm sorry to hear that.

Vince: Yeah, I mean, I'd rather keep my job with less pay than lose my job altogether. It could be worse. How are you doing?

Ray: Fortunately, work is okay for me, but I'm dealing with an unruly teenage son these days.

Vince: Oh goodness! Is this Michael? How old is he now? 14?

Ray: 15. He is such a handful. Not doing his schoolwork, talking back to us and to his teachers. And the language!

Vince: (Laughs) I'm so sorry, really! I survived three teenage sons, and I know what you're going through. So, Michael has a talent for ❷ **salty language**?

Ray: The kid ❸ **drops f-bombs** left, right, and center. It's bad enough at home, but he started doing it at school, and now my wife and I have to go talk to the principal and the school psychologist.

Vince: Ah, yes, the f-word ❹ **is** rarely **well-received** by teachers.

Ray: It's so frustrating and stressful. On one hand, I hope the principal just gives him ❺ **a slap on the wrist**. I know he's having a hard time growing up. I think he'll grow out of this soon enough. But, on the other hand, I do hope the talk with the principal scares him enough so that he starts behaving.

Vince: You'll get through this, and so will he. Listen, I survived three teenagers. They are all wonderful adults now. Hang in there, Ray! I promise you; it will get better!

---

handful 다루기 힘든 사람
left, right, and center 사방에, 사방으로
grow out of 나이 들면서 그만두다

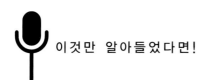

1

Pay cuts: A reduction of wages or salaries

The auto industry was planning on pay cuts for its factory workers, but the auto workers' union has negotiated a deal that protects workers' salaries.

자동차 업계는 공장 노동자들의 감봉을 계획했지만, 자동차 노조가 노동자들의 급여는 건드리지 않는 협상을 성사시켰다.

2

Salty language: Crude language

I'm very polite, but when I get together with my old army buddies, we use a lot of salty language.

난 굉장히 예의 바르지만, 내 오랜 군대 동기들과 함께 있을 때는 우리가 거친 말을 많이 하지.

3

To drop an f-bomb: To say the f-word

The city commission meeting got heated, and the mayor dropped an f-bomb, which made headlines in the local news.

도시 위원회 회의가 격해졌고, 시장은 F로 된 욕설을 했는데, 그게 지역 신문의 헤드라인을 장식했다.

4

To be well-received:

To receive approval or a positive reaction

The new film was well-received by audiences, but not by film critics.

새 영화는 관객들에게 호평을 받았지만, 영화 평론가들에게는 그렇지 못했다.

5

A slap on the wrist: A minor reprimand when a more severe punishment is warranted

The boss gave Phillip a warning about his unprofessional behavior at work. Most of us felt that this was just a slap on the wrist. Others have been fired for less.

사장님은 필립에게 직장에서 그의 프로답지 못한 행동에 관해 경고했어. 우리 대부분은 그게 솜방망이 처벌에 불과하다고 느꼈지. 다른 사람들은 그보다 덜한 행동으로도 해고를 당해 왔거든.

레이는 자기 아들이 such a handful이라고 말합니다. 하지만 재미있게도, handful 이라는 단어는 문맥에 따라서 '많이'(a lot)를 의미할 수도, 또 '조금'(a little)을 의미할 수도 있습니다. '많이'라는 의미를 가질 때는 주로 such a나 a real과 함께 쓰입니다.

My toddler sleeps 4 hours a night and wants to play for the other 20 hours of the day; he's <u>a real handful</u>!
우리 걸음마쟁이는 밤에 4시간만 자고, 나머지 20시간 동안은 놀고 싶어 해. 걔는 정말 손이 많이 가!
(여기서 handful은 아이가 부모에게 많은 일을 하게 한다는 뜻입니다.)

반면, handful이 '조금'(a little)을 의미할 때는, 주로 only a나 just a와 같이 씁니다.

I can help you with that report. It's a slow time for me; I have <u>just a handful</u> of projects to complete.
네가 그 보고서 쓰는 거, 내가 도와줄 수 있어. 지금 내가 여유가 좀 있어서. 마쳐야 하는 프로젝트가 몇 개밖에 없거든.

We were disappointed at the turnout for the concert. <u>Only a handful</u> of people came to the event.
우리는 콘서트의 참가자 숫자에 실망했어. 겨우 몇 사람만 그 이벤트에 왔거든.

정리하면, "such a handful"과 "a real handful"은 '많다'는 의미이고, "only/just a handful of ~"는 '적다'는 의미입니다.

Vocabulary Point

A slap on the wrist는 to slap one's wrist라는 동사구에서 시작된 표현입니다. To slap one's wrist는 누군가를 꾸중하기 위해 그의 손목을 때리는 것을 말합니다. 아이가 만지면 안 되는 것을 만지려고 하면, 엄마가 아이의 손을 살짝 때리겠죠? 그런 장면을 그려 보면, 이 표현이 이해될 거예요.

I've had to slap his wrist to keep him away from the cookies all day. If he eats them all, we won't have enough to take to the picnic.
나는 하루 종일 그 애가 쿠키에 손을 못 대게 손목을 때려야 했어. 걔가 그걸 다 먹어 버리면, 소풍 갈 때 가지고 갈 쿠키가 충분하지 않을 거야.

하지만 이 과에서 배우는 <u>A slap on the wrist</u>는 이렇게 <u>문자 그대로의 의미보다는 대화에서와 같이 비유적인 표현으로 쓰입니다.</u> 즉, 레이의 아들이 하는 행동은 그저 작은 꾸지람(a slap on the wrist)만으로 넘어갈 수 없는 거지만, 레이는 아들이 큰 벌을 받을까 봐 걱정하기도 합니다. 이런 문맥에서 이는 '가볍게 주의를 주는 것'(minor warning) 정도로 해석할 수 있습니다. 바로 이런 의미 때문에, 이 이디엄은 다음과 같이 "to get away with"(모면하다)와 자주 함께 쓰입니다.

Although the politician was caught cheating in the election, he got away with just a slap on the wrist.
그 정치인은 선거에서 부정행위를 하다 발각되었지만, 솜방망이 처벌만 받고 모면했다.

영어로 말하고 싶은, 또는 못 알아들을 것 같은 예문에 체크해 보세요.

라일라: 마리앤 씨, 회의에 빠지셨네요.

마리앤: 네, 시내에 그 파일을 오늘 가져다 줘야 했거든요. 그렇지만 단 씨가 제가 회의에 빠질 거라는 걸 알고 있었어요.

라일라: 뭐, 마리앤 씨가 회의에 참석 안 한 것이 더 나았을지도 모르죠.

마리앤: 어머. 무슨 일 있었어요?

라일라: 단 씨가 다음 달에는 우리 모두가 더 많은 업무를 떠맡게 될 거라고 했거든요. 그러니까, 아주 많은 추가적인 업무들 말이죠. 인사과에서 6개월 동안 새로 사람을 고용하지 않을 거라서, 남은 우리가 그 모든 일을 다 해야 해요.

마리앤: 뭐라고요?! 이거 정말 미치도록 대박이네요! 그러니까 내 말은, 지금도 우린 이미 시간 외 근무를 하고 있잖아요.

라일라: 맞아요, 정말 그래요. 그러니 우리는 감봉이 아니라는 점을 기쁘게 생각할 수 있는 거겠죠.

마리앤: 하지만 그게 감봉이죠! 같은 돈을 받고, 더 많은 일을 하니까요. 그게 바로 급여를 깎는 거예요. 저는 이 소식이 잘 받아들여졌다는 게 상상이 안 되는데요.

라일라: 정확하게 말씀하셨어요! 마리앤 씨는 회의에서 오간 그 많은 거친 말들을 못 들은 거예요.

마리앤: 오, F가 들어간 욕설도 여럿 나왔겠군요.

라일라: 하지만 사람들을 정말 극도로 화나게 하는 건 몇몇 임원들은 실제로 올해 임금 인상을 받을 거라는 거예요. 근본적으로, 그 사람들은 회사를 잘못 경영하고 있으면서 그에 대한 보상을 받는 거죠. 우리 나머지 사람들은 그 사람들이 저지른 실수를 만회해야 하고요.

마리앤: 그 얘기 들으니까 저 너무 화나는데요! 올해 초에 우리가 회계 감사했을 때, 임원진이 규정을 많이 어긴 게 너무나도 명백했지만, 그들은 그저 작은 경고를 받는 것으로 모면했잖아요.

라일라: (한숨) 정말 우울한 일이에요. 글쎄, 당분간은 우리에게 아직 직장이 있지만, 저는 심각하게 새 직장을 찾아보기 시작할 거예요!

Layla: Marianne, you missed the meeting.

Marianne: Yeah, I had to run those files downtown today, but Don knew I would miss the meeting.

Layla: Well, maybe it's better you weren't there.

Marianne: Uh oh. What happened?

Layla: Don told us that we'll all be taking on additional duties next month, like a lot of additional duties. HR will not be hiring any new people for six months, so the rest of us have to do all the work.

Marianne: What?! Well, that's just fan-freakin'-tastic! I mean, we already work overtime as it is.

Layla: I know, I know. I mean, I guess, we can be glad that it's not a ❶ **pay cut**.

Marianne: But IT IS a pay cut! Same pay, more work. That's basically a cut in pay. I can't imagine that this news ❷ **was well-received**.

Layla: You are correct about that! You missed a lot of ❸ **salty language** at that meeting.

Marianne: Oh, I'll bet a few ❹ **f-bombs were dropped**.

Layla: But what really infuriates people is that some of the executives are actually getting raises this year. They are basically mismanaging the company and then being rewarded for it while the rest of us have to make up for their mistakes.

Marianne: That makes me so mad! When we did that audit earlier this year, it was clear that the executive team broke a number of rules, but they got away with nothing more than ❺ **a slap on the wrist**.

Layla: (Sigh). It's really depressing. Well, for now we still have jobs, but I think I'm going to start seriously looking for a new one!

---

nothing more than ~에 불과한

273

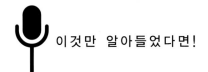

1

Pay cuts: A reduction of wages or salaries 감봉

The job I'm in now is much better than my last one. The only negative is that I had to accept a 10 percent pay cut.

지금 내가 하는 일이 전의 일보다 훨씬 더 좋아. 단 한 가지 단점은 내가 10% 감봉을 받아들여야 했다는 거지.

2

To be well-received: To receive approval or a positive reaction 좋은 반응을 얻다

She has published a number of well-received books.

그녀는 호평을 받은 책들을 많이 출간했다.

3

Salty language: Crude language 거칠고 상스러운 말

My grandfather used swear words all the time. My grandmother would shake her head and say, "Him and his salty language!"

우리 할아버지는 항상 욕설을 하셨어. 할머니께서는 고개를 저으시면서 "저놈의 영감이랑 저저 상스러운 말이라니!"라고 말씀하시곤 했지.

4

To drop an f-bomb: To say the f-word
F가 들어가는 영어 욕설(fuck)을 하다

When my brother was fourteen, he got in trouble at school for dropping an f-bomb in class.

우리 오빠가 14살 때, 수업 시간에 F가 들어간 욕설을 해서 학교에서 혼쭐이 났어.

5

A slap on the wrist: A minor reprimand when a more severe punishment is warranted 가벼운 꾸지람/솜방망이 처벌

The teenager could have been charged with a serious crime, but the judge gave a light punishment which amounted to a slap on the wrist. Hopefully, this young person will still learn from his mistakes.

그 십대 아이는 심각한 범죄로 기소될 수도 있었지만, 판사가 가벼운 꾸지람에 이르는 솜방망이 처벌만 줬어. 바라건대, 이 젊은이가 그래도 자기가 한 실수로부터 배우길.

여러분들은 아마도 접두사(예: remake, undo, overenthusiastic)와 접미사(예: encouragement, participation)에 익숙하실 거예요. 그런데 어떤 언어에는 삽입사(infix)도 있답니다. 삽입사란 단어 중간에 끼어들어서 의미를 살짝 바꾸는 접사를 말합니다. 예를 들어, 단어의 어떤 부분이 다른 단어 중간에 끼어들어 가기도 합니다. 영어에서는 얄궂게도 F가 들어간 욕설 같은 금기어가 삽입사로 종종 쓰이죠. 마리앤이 "That's just fan-freakin'-tastic!"이라고 한 것처럼요. 여기 삽입사로 들어간 freakin'(= freaking)은 fucking을 대체한 단어입니다. 기본적으로 두 단어 모두 욕설이지만, freaking이 더 순화된 표현이죠. 그러니 "fan-fucking-tastic"이라고 말할 수도 있습니다. 이게 직장에서 일어나는 대화라서, 마리앤이 비교적 덜 거친 표현으로 순화해서 말한 거예요. 물론 두 단어 모두 격식을 안 차려도 되는 대화에서만 사용해야 합니다. 그렇다면 미국인들은 왜 이런 삽입사를 사용할까요? 그것은 감정 표현을 극대화하기 위해서인데, 이는 긍정적일 수도 부정적일 수도 있습니다.

You've just found out you've gotten your dream job. Fan-flipping-tastic!
네가 꿈의 직업을 갖게 됐다는 사실을 알게 됐다니, 무지하게 잘됐다! (긍정적인 감정)

The car repairs will be $1500 instead of $200. Oh, that's just fan-freaking-tastic!
자동차 수리비가 200달러가 아니라 1500달러일 거라고 하네. 해도 해도 너무하네! (부정적인 감정)

Vocabulary Point

영어의 최대 금기어, fuck에 대해 이야기해 볼까요? '욕설계의 황제'라고 불릴 수 있는 이 단어는 원래 '성교하다'는 뜻의 동사인데, '(누군가를) 부당하게/부정직하게 대하다'(to deal unfairly/dishonestly with ~)는 뜻도 있습니다.

He totally fucked me in that business deal.
그는 그 사업 거래에서 완전 날 속였어.

참고로, 동사로 기능할 때는 to fuck someone over/up, to fuck with something or someone, to fuck around 등의 동사구로 자주 쓰입니다. 그리고 이 욕설은 다음과 같이 매우 다양하게 활용됩니다.

He's a fucking asshole. 그는 정말 빌어먹을 나쁜 놈이야.
I drove over a pothole, and now my tire is fucked up.
움푹 팬 곳을 지나가서, 내 타이어가 완전 엉망이 됐어.
Don't trust that fucker. 저 새끼 믿지 마.

이 단어를 쓰실 때는 굉장히 조심하셔야 합니다. 이 단어를 일상적으로 사용하는 미국인들도 있긴 하지만, 절대로 쓰지 않는 미국인들도 많기 때문입니다. 어떤 이들은 이 단어를 직접적으로 말하는 대신, F만 말하거나(예: F you!), 수식어로 쓸 때는 fucking 대신 freaking이나 flipping을 씁니다.

The new *Star Wars* movie is so flipping great!
새로 나온 〈스타워즈〉 영화, 진짜 빽 가게 멋지더라고!

영어로 말하고 싶은, 또는 못 알아들을 것 같은 예문에 체크해 보세요.

*조디: (직장 동료에게) 앨리스 씨, 가서 점심 먹을까요? 나 정말 배고프거든요. 치즈 스테이크 먹을까 하는데.

앨리스: 우와, 그거 맛있겠네요! 그래요. 레딩 터미널에 같이 가요. 나 이번 주말에 먹을 슈플라이 파이 하나 사고 싶었는데, 거기 최고 맛있는 파이를 파는 아미쉬 가판대가 있거든요.

조디: 나도 슈플라이 파이 정말 좋아해요. 근데 무슨 일로 슈플라이 파이를 사시려고요?

앨리스: 저희 언니랑 형부가 이번 주말에 피츠버그에서 여기 오는데, 언니가 동부 펜실베이니아 음식을 그리워한다는 걸 제가 알거든요. 그래서 언니가 좋아하는 모든 음식을 비축해 두고 싶어요.

조디: 언니가 거기서 오래 계셨어요?

앨리스: 네, 이제 10년 됐네요. 형부가 피츠버그 출신이라, 둘 다 거기서 일해요. 언니가 그곳에 너무 오래 살아서 이제 그곳 사람들처럼 말하기 시작했어요. 언니가 처음 거기 이사 갔을 때는 형부가 언니 "water" 발음하는 걸 보고 놀리곤 했거든요.

조디: 언니가 필라델피아 출신이니, "우더"처럼 발음했나요?

앨리스: 물론 그랬죠! 그리고 youse라고 했고요. 그곳에서는 yinz라고 하잖아요. 언니가 올 때마다 우리가 서로의 악센트(말투)를 가지고 많이 놀려요.

조디: 그래서 언니가 여기 계시는 동안 뭐 하실 생각이에요?

앨리스: 우선, 아침으로 슈플라이 파이와 커피를 먹을 거고, 그 다음에는 쇼핑하러 갈 수도 있겠죠. 토요일 밤에는 경기가 있어요. 스틸러스가 자이언츠랑 하는 경기인데, 당연히 우리 모두 스틸러스를 응원할 거예요. 우리 모두 그 경기 보러 저희 오빠 집에 갈 거고요. 오빠와 올케 언니가 경기를 볼 때 항상 진수성찬을 차려 주시거든요. 그래서 음식이 엄청 많을 거예요. 치킨 윙, 호기 샌드위치, 맥주. 정말 재미있을 거예요.

---

* 이 과에 나오는 모든 대화는 보스턴, 뉴잉글랜드, 펜실베이니아, 뉴욕 등을 포함하는 미국 동북부 지역 방언으로 구성되어 있습니다. 이렇게 다양한 지역의 영어를 공부하면서 미국 영어를 좀 더 깊이 맛보셨으면 합니다. 물론 이 과에서도 집중적으로 공부하는 이디엄 다섯 개는 모두 다 미국 전역에서 쓰이는 표현입니다.

*Jody: (To a co-worker) Alice, you wanna go ❶ **grab some lunch**? I'm really hungry. I was thinking of cheesesteaks.

Alice: Oh, that sounds good! Yeah, let's go to Reading Terminal. I wanted to pick up a shoo-fly pie for this weekend—there's an Amish stall there with the best pies.

Jody: I love shoo-fly pie. What's the occasion?

Alice: My sister and her husband are driving in this weekend from Pittsburgh, and I know my sister is missing Eastern PA food, so I want to ❷ **be stocked up on all her favorites**.

Jody: Has she been out there for a long time?

Alice: Yeah, 10 years at this point. Her husband is from there, and they both work at Pitt. She's been there so long that she's started talking like they do. When she moved out there, her husband used to laugh at how she said "water."

Jody: She's a Philly girl. Was she saying "wooder"?

Alice: Of course! And "youse", and out there, they say "yinz." We ❸ **make fun of each other's accents** a lot when she visits!

Jody: So, what are youse guys gonna do while she's here?

Alice: First, we're having shoo-fly pie and coffee for breakfast, and then we might go shopping. On Saturday night there's a game—the Steelers are playing the Giants, so naturally, ❹ **we're** all **rooting for the Steelers**. We'll go over to our brother's place for the game. He and his wife always ❺ **put on a big spread** for games, so there'll be a ton of food: wings, hoagies, beer. It'll be a lot of fun.

---

shoo-fly pie 흑설탕과 당밀을 채워 만든 파이
hoagies 긴 롤빵에 치즈, 채소가 듬뿍 들어간 샌드위치

---

* 첫 번째 대화문은 필라델피아(Philadelphia)와 피츠버그(Pittsburgh) 방언으로 구성했습니다.

277

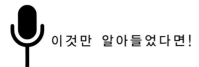 이것만 알아들었다면!

MP3 134

1 To grab (food or meals)

I usually grab breakfast at a coffee shop on my way to work.

난 보통 출근길에 커피숍에서 아침을 해결해.

(간식이나 식사를)
간단히 먹다

To grab lunch, to grab coffee, to grab a bite to eat 등과 같이 쓰인다.

2 To be stocked up (on) ~ / To stock up on ~

During the pandemic, people stocked up on hand sanitizer and cleaning supplies.

팬데믹 중에 사람들이 손 소독제와 청소 용품을 비축했다.

**~를 비축하다
/~를 사재기하다**

3 To make fun of

My daughter had a bad day at school. She had to wear a patch over one eye after a visit to the eye doctor today, and the kids in her class made fun of her.

우리 딸이 학교에서 기분 나쁜 일이 있었어. 오늘 안과에 갔다 와서 한쪽 눈에 안대를 하고 있어야 했는데, 반 아이들이 딸아이를 놀렸거든.

**~을 놀리다/비웃다
/조롱하다**

4 To root for something/ someone

Everyone in my family loves basketball. We always root for the Lakers.

우리 집 식구들 모두 농구를 엄청 좋아해. 우리는 항상 레이커스 팀을 응원해.

~를 응원하다

5 To put on a spread

For my cousin's college graduation, my aunt put on quite a spread. She served steak, ham, seafood, many side dishes, and several delicious desserts.

우리 사촌의 대학 졸업을 축하하려고, 우리 이모가 진수성찬을 차리셨어. 스테이크, 햄, 해물, 많은 곁들임 요리에 몇 가지 맛있는 디저트까지 내오셨다니까.

진수성찬을 차리다

미국 북동부에 위치한 펜실베이니아주는 캘리포니아나 플로리다처럼 아래 위로 길게 뻗어 있지 않고, 동과 서로 넓게 뻗어 있습니다. 그래서 펜실베이니아 사람들은 자신들을 동부 사람(Eastern PA)과 서부 사람(Western PA)으로 나누어 생각합니다. 이 두 그룹은 악센트와 사용하는 방언, 음식을 포함한 다양한 문화들이 서로 조금씩 다릅니다. 이 주의 서부에 있는 대도시는 피츠버그(Pittsburgh)이고, 동부에 있는 대도시는 필라델피아(Philadelphia – 이곳 사람들은 주로 Philly라고 줄여서 부릅니다)입니다. 두 도시 모두 좋은 대학이 있는데, 피츠버그에는 피츠버그 대학(the University of Pittsburgh)이, 필라델피아에는 펜실베이니아 대학(the University of Pennsylvania)이 있습니다. 이 두 지역의 언어 사용에서 가장 눈에 띄게 다른 점은 you의 복수형으로, 피츠버그에서는 yinz를, 필라델피아에서는 youse를 사용한다는 점입니다. 펜실베이니아 사람들은 자신들의 연고 스포츠 팀에 굉장한 자부심이 있는데, 미식축구팀으로는 피츠버그 스틸러스(Pittsburgh Steelers)와 필라델피아 이글스(Philadelphia Eagles)가 있고, 야구팀으로는 필라델피아 필리스(Philadelphia Phillies), 아이스하키팀으로는 필라델피아 플라이어스(Philadelphia Flyers), 그리고 농구팀으로는 필라델피아 세븐티식서스(Philadelphia 76ers)가 있습니다.

CULTURE POINT 2

미국 다른 지역과 마찬가지로 펜실베이니아주 음식 역시 미국으로 이민 온 사람들의 다양한 문화가 반영되어 있는데, 이 지역은 특히 독일 문화가 지배적입니다. 그중 아미쉬 사람들이 만드는 것으로 유명한 슈플라이 파이는 빵가루 토핑을 얹어서 만드는 달콤한 파이입니다. 참고로, 아미쉬는 전통적인 삶의 방식을 유지하며 살아가고 있는 미국의 종교 집단인데, "Pennsylvania Dutch"라고 불리는 영어가 섞인 독일어를 사용합니다. 또 다른 독일계 펜실베이니아 음식으로 스크래플(scrapple)이 있습니다. 저민 돼지고기와 옥수수 가루를 섞어서 튀긴 요리인데, 미국인들 사이에서도 호불호가 갈리는 음식이죠. 치즈 스테이크(cheesesteak)는 얇게 썬 소고기에 양파 볶음과 치즈 소스를 얹어서 만든 따뜻한 샌드위치로, 필라델피아를 대표하는 음식입니다. 대화에서 앨리스가 언급하는 호기 샌드위치(hoagies)는 얇게 썬 고기와 치즈, 상추, 양파 등의 채소를 넣어서 만든 샌드위치이며, 주로 차게 먹습니다. 펜실베이니아 사람들이 많이 먹는 또 다른 음식으로 피에로기(pierogi)가 있어요. 피에로기는 동유럽 스타일의 만두인데, 감자나 양파 같은 풍미 있는 재료부터 살구나 말린 자두처럼 새콤달콤한 과일까지 다양한 속 재료를 사용해서 만듭니다. 피츠버그가 이 음식으로 유명하답니다.

LESSON 23

제러미: 마이키, 오늘 일 끝나고 비-아(맥주) 마시러 갈래?

마이키: 뭐라고? 뭘 마시자고?

제러미: 너 내가 한 말 알아들었잖아!

마이키: (웃으면서) 너 비어(맥주) 말하는 거지? 그 단어 마지막에 r이 있단다. 어, 잠깐만. 내 말은 마지막에 "아"가 있다는 뜻이야.

제러미: 내 악센트(말투) 갖고 그만 좀 놀려, 이 자식아! 너도 뉴잉글랜드 사람이 잖아.

마이키: 알아, 알아. 그렇지만 버몬트 출신으로 보스턴 출신들 놀리는 게 나의 임무지. 그래, 나도 너하고 맥주 마시고 싶다.

제러미: 어디 가고 싶어? 스포츠 바-아(보스턴 악센트로 R 발음 빼고) 아니면 아이리 시 펍?

마이키: 너 또 그러네. 스포츠 바! 스포츠 바에 가자. 오늘 밤에 셀틱스 팀 경기 가 있어. 한두 잔 마시고 농구 볼 수 있겠네.

제러미: 있잖아, 그러니까 생각난 건데, 나 이번 주말용으로 맥주 비축해 둬야 하거든.

마이키: 술 진탕 마시게?

제러미: 처가댁 식구들이 토요일 밤에 오거든. 장인어른 생신이라서 아내가 처 가댁 식구들을 위해 진수성찬을 차릴 거야. 처남들도 둘 다 올 거고.

마이키: 아, 처남들...그런 연유에서 비-아(맥주).

제러미: (웃으면서) 그게 우리 보스턴 사람들이 마시는 거야! 이봐, 내가 일 끝나 고 너한테 문자할게. 그리고 바에 가자. 네가 셀틱스를 응원하는 걸 도와줄 진 짜 보스턴 사람이 필요할 테니 말이야.

Jeremy: Mikey, you wanna go ❶ **grab a bee-ah** (beer) after work today?*

Mikey: A what? ❶ **Grab a what**?

Jeremy: You know what I said!

Mikey: (Laughing) You mean "beer"? You know there's an "r" at the end. Oh, wait! I mean that there's an "ah" at the end.

Jeremy: Stop ❷ **making fun of my accent**, you jerk—you know you're a New Englander too.

Mikey: I know, I know, but as a native of Vermont, it is my duty to ❷ **make fun of people** from Bahstahn (Boston). And yes, I'd love to ❶ **grab a beer** with you.

Jeremy: What're you in the mood for? Sports bah (bar) or Irish pub?

Mikey: There you go again: sports bah (bar)! Let's do the sports bar, there's a Celtics' game tonight. We can drink a couple rounds and watch some basketball.

Jeremy: You know, this reminds me, I need to ❸ **stock up on bee-ah** (beer) for the weekend.

Mikey: Doing some heavy drinking?

Jeremy: My in-laws are coming over on Saturday night. It's my father-in-law's birthday, so my wife's gonna ❹ **put on a nice spread** for her family. Her two brothahs (brothers) will be there, too.

Mikey: Ah, the brothers…hence the bee-ah (beer).

Jeremy: (Laughing) It's what we drink in Bahstahn (Boston)! Hey, I'll text you when I'm done with work, and we can head to the bah (bar). You might need a real Bostonian to help you ❺ **root for the Celtics**.

---

* 두 번째 대화문은 보스턴(Boston)과 뉴잉글랜드(New England) 지역 방언으로 구성했습니다.

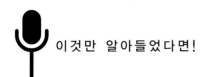

이것만 알아들었다면!

MP3 **136**

1

To grab (food or meals): To get a snack or a meal

Richard asked if I'd like to grab a bite to eat after class.

리처드가 수업 후에 간단히 뭘 먹고 싶은지 나한테 물어봤어.

2

To make fun of: To ridicule or tease

My dad is from France, and although his English is really good, he has a hard time pronouncing the "th" sound. My siblings and I still sometimes make fun of his accent.

우리 아빠는 프랑스 출신이신데, 영어를 정말 잘하시지만, "th" 발음을 힘들어하셔. 나랑 형제자매들은 여전히 아빠의 악센트(말투) 가지고 가끔 놀려.

3

To be stocked up (on) ~ /To stock up on ~:
To buy a large amount of something for later use

They were having a sale on my favorite coffee, so I decided to stock up and bought three bags.

내가 좋아하는 커피가 세일해서, 난 비축해 두려고 마음먹고 세 봉지를 샀어.

4

To put on a spread: To serve a lot of different foods

I attended a Microsoft conference once, and that night they put on a huge spread complete with champagne and caviar.

난 마이크로소프트에서 하는 학회에 한 번 참석했는데, 그날 밤 샴페인과 캐비아 요리까지 모두 갖춘 엄청난 진수성찬을 대접하더라고.

5

To root for something/someone: To express your support of something or someone/To express your hope for another's success

My brother worked really hard to pass his college entrance exam. I was rooting for him the whole time.

우리 형이 대학 입학시험 통과하려고 정말 열심히 공부했어. 난 내내 형을 응원했지.

뉴잉글랜드는 매사추세츠(Massachusetts), 로드아일랜드(Rhode Island), 버몬트(Vermont), 뉴햄프셔(New Hampshire), 메인(Maine), 그리고 코네티컷(Connecticut)을 포함하는 미국 북동부 지역을 말합니다. 이 지역에는 여러 가지 방언이 존재하는데, 특히 보스턴 지역 영어에서 마지막 r 발음을 빼고 발음하는 것이 유명하죠. 일반적으로 미국 영어에서는 모음 뒤의 r까지 모두 발음하는데, 이를 rhoticity(모음 뒤의 r을 발음하는 것)라고 합니다. 그래서 보스턴 영어의 이런 특성을 non-rhoticity라고 하지요. 바로 이런 점 때문에 제러미는 beer와 brother를 "bee-ah"와 "brothah"처럼 발음하는 거예요. 반면, 같은 뉴잉글랜드 출신인 마이키는 이런 단어에서 r을 모두 발음합니다. 같은 뉴잉글랜드 지방이라도, 버몬트 지역 방언은 조금 다르기 때문이죠. 이런 점 때문에 보스턴 방언은 미국에서 독특한 방언 중 하나로 여겨집니다. 실제로 모든 보스턴 출신 사람들이 r 발음을 빼먹지는 않지만, 그럼에도 불구하고, 미국 영화나 드라마에서 보스턴 출신 캐릭터를 보여줄 때는 이런 특성을 강조합니다. 왜냐하면, 미국인들에게는 마지막 r이 빠진 이 발음이 보스턴 영어를 상징하기 때문입니다. 보스턴을 배경으로 하는 영화, 〈굿 윌 헌팅(Good Will Hunting)〉을 보면 이를 잘 알 수 있습니다.

CULTURE POINT

앞의 대화문에서 펜실베이니아주의 음식 문화를 다뤘으니, 여기서는 뉴잉글랜드 지역의 음식 문화를 한번 살펴보죠. 이 지역은 긴 대서양 해안가를 끼고 있어서 해물 요리로 유명합니다. 조개(clams)가 특히 인기 있어서, 클램 차우더(clam chowder)가 보스턴 사람들이 가장 좋아하는 음식 중 하나입니다. 물론 이 사람들은 마지막 r 발음을 빼고, "clam chowdah" 같이 발음하겠죠? 사실 미국에는 굉장히 다양한 종류의 차우더가 있지만, 뉴잉글랜드 지역에서는 주로 클램 차우더를 먹는다고 합니다. 참고로, 차우더는 진한 크림 수프를 말합니다. 랍스터 롤(lobster rolls) 또한 보스턴 사람들에게 사랑받는 음식인데, 핫도그 빵에 핫도그 소시지 대신 신선한 바닷가재 살과 녹인 버터나 마요네즈를 얹은 샌드위치입니다. 그리고 우리에게도 잘 알려진 던킨 도넛의 고향이 뉴잉글랜드라는 사실, 알고 계셨나요? 던킨 도넛 1호 점은 1950년대 매사추세츠 주의 퀸시(Quincy)에서 시작되었습니다. 뉴잉글랜드 사람들은 이를 자신들의 애칭인 "Dunks"라고 부릅니다. 그래서 매사추세츠 주의 거의 모든 거리에 던킨 도넛 가게가 있다고 하네요.

LESSON 23

(길에서 만난 직장 동료 두 사람)

데비: 얘, 킴! 잘 지내? 쇼핑하는 중인가 봐.

킴: 맞아! 나 지금 페어웨이 마켓에 가는 길이야.

데비: 할렘에 있는 것 말이야? 나도 거기 정말 좋아하는데. 최고로 맛있는 빵과 치즈가 있는 곳이지.

킴: 그리고 올리브랑 커피도 있고, 뭐든 다 있지! 정말이지, 너무 좋은 곳이야!

데비: 너 진수성찬이라도 차리는가 보네, 맞지?

킴: 내 오랜 대학 친구 앤지가 올버니에서 긴 주말을 보내려고 여기 오거든. 그래서 좋은 것들을 모두 사 두려고.

데비: 여자 친구들끼리 보내는 주말이라니! 그래, 너랑 네 친구가 올버니에서 대학을 다녔어?

킴: 맞아, 그랬지. 앤지는 원래 뉴저지 출신인데, 대학 졸업 후 주 북부 쪽에 직장을 얻어서 살았어.

데비: "저지-걸"이구나!

킴: 우린 대학 다닐 때부터 서로를 놀렸거든! 가을에는 내가 걔를 보러 올버니로 갔으니까, 이번에는 걔가 날 보러 올 차례야.

데비: 난 가을에 보는 주 북부가 참 좋아. 나뭇잎 색이 변하고, 또 사이다 도넛도 맛있고 아무튼 너랑 친구가 재미있는 주말 보내기 바란다. 저기, 다음 주에 너 다시 회사에 올 때, 점심이나 같이 하자.

킴: 좋지. 나 너한테 새 연구소장 물색 관련해 물어보려고 했거든. 낸시 씨가 그 자리에 지원한 걸로 아는데, 난 그분 진심으로 응원해. 그분이라면 정말 잘 할 거야.

데비: 동의해. 맞아, 그거에 대해서도 곧 이야기하자.

(Two co-workers on the street)*

Debbie: Hey, Kim! What's up? Looks like you're doing some shopping.

Kim: I am! I'm on my way to Fairway Market.

Debbie: In Harlem? I love that place—they have the best bread and cheese…

Kim: …and olives and coffee and everything! Oh, my gawd (god), it's so good!

Debbie: So you must ❶ **be putting on some kind of spread**, right?

Kim: My old college friend, Angie is coming down from Albany for a long weekend, so ❷ **I'm stocking up on all the good stuff**.

Debbie: A weekend for the girls! So, did you go to college in Albany?

Kim: Yes, we did. Angie is originally from New Jersey, but she got a job and stayed Upstate after college.

Debbie: A "Joisey" (Jersey) girl!

Kim: And ❸ **we've been making fun of each other** since our college days! In the fall I went up to Albany to see her, so now it's her turn to come see me.

Debbie: I love Upstate in the fall—the leaves changing and the cider doughnuts. Oh, I hope you guys have a great weekend. Hey, maybe next week when you're back at work, we can go ❹ **grab lunch** together.

Kim: That would be great. I've been meaning to ask you about the search for the new research director. I know that Nancy applied for it, and ❺ **I'm really rooting for her**. I think she'd do a great job.

Debbie: I agree. Yeah, let's talk about that soon.

---

come down from + 장소 ~에서 누군가가 내가 사는 곳으로 오다
Upstate 주 북부(로)
Jersey girl 뉴저지 출신의 여성을 일컫는 말

---

* 세 번째 대화문은 뉴욕(New York) 지역 방언으로 구성했습니다.

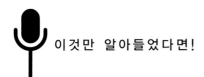

1 To put on a spread: To serve a lot of different foods
진수성찬을 차리다

It would be great if you have some food for us when we arrive, but something simple is fine. There's no need to put on a spread for us.
우리가 도착할 때 먹을 음식이 좀 있으면 참 좋겠지만, 그냥 간단한 것이면 괜찮아. 우리를 위해 진수성찬을 차릴 필요는 없다는 말이야.

2 To be stocked up (on) ~ / To stock up on ~:
To buy a large amount of something for later use ~를 비축하다/~를 사재기하다

I just checked the supply room, and we are stocked up on paper for the printer. No need to order anymore.
방금 비품실을 체크했는데, 우리가 프린터용 종이는 비축해 뒀네. 더 주문할 필요 없어.

3 To make fun of: To ridicule or tease ~을 놀리다/비웃다/조롱하다
The comedian made fun of the politician.
그 코미디언이 그 정치인을 조롱했다.

4 To grab (food or meals): To get a snack or a meal
(간식이나 식사를) 간단히 먹다

We only have 45 minutes between flights, but that should be enough time to grab something to eat in the airport.
비행편 연결 시간이 45분밖에 안 되지만, 그 정도면 공항에서 뭘 간단히 먹을 시간으로 충분할 거야.

5 To root for something/someone: To express your
support of something or someone/To express your hope for another's success
~를 응원하다

I know the promotion process is really difficult, but I'm rooting for you; I know you can do it!
승진 과정이 정말 어렵다는 건 알지만, 너를 응원해. 난 네가 할 수 있다는 걸 알아!

데비는 킴의 친구를 Jersey girl이라고 부르는데, 이는 뉴저지 출신의 여성을 뜻하는 단어입니다. 이때, Jersey를 "Joisey[dʒɔɪsi]"와 같이 발음하는 이유는 뉴저지주 특유의 악센트(말투)를 놀리는 것이기 때문입니다. 뉴욕과 뉴저지는 인접한 주라서 서로 은근히 라이벌 의식이 있습니다. 그렇지만, 악센트는 사실 거의 똑같다고 보면 됩니다. 보스턴과 마찬가지로 뉴욕 악센트도 마지막 r을 빼먹는 것으로 유명하죠. 모음의 경우, 굉장히 독특하게도, talk를 "tawk"처럼, God을 "Gawd"처럼 발음하는 경향이 있습니다. Girl에 있는 ir은 마치 oi와 같이 발음해서 "goil"처럼 들릴 때도 있고요. 물론 모든 뉴요커들이 이렇게 강한 악센트의 영어를 쓰지는 않는다는 점도 함께 알아두세요. 또한 오랫동안 뉴요커들이 가지고 있던 이런 발음의 특성은 세대가 지나면서 점차 감소하는 추세이기도 합니다. 저는 그것이 우리나라 각 지역의 사투리가 우리 할머니, 할아버지 세대에 비해 젊은 세대로 갈수록 점점 더 약해지는 것과 마찬가지가 아닐까 싶습니다. 그래서 옛날에 만들어진 영화를 보면 뉴욕 영어의 이런 특성이 훨씬 더 강하게 부각되는 것 같습니다.

CULTURE POINT

보통 사람들이 뉴욕을 생각할 때, 세계에서 가장 유명한 도시라는 점을 떠올립니다. 미국인들 사이에서 뉴욕 사람들은 시끄럽고, 빨리 빨리 움직이고, 화법이 상당히 직설적이라고 알려져 있습니다. 물론 모든 뉴요커들이 다 그렇지는 않겠죠? 그런데 뉴욕 주 출신의 사람들에게 뉴욕은 '도시'라기보다는 하나의 주입니다. 그리고 뉴욕 시(The City of New York/New York City) 바깥 쪽을 그들은 Upstate 라고 부릅니다. Upstate라고 불리는 지역은 서부 뉴욕주(Western New York), 핑거 레이크스(Finger Lakes), 그리고 뉴욕주의 주도인 올버니(Albany)가 있는 허드슨 밸리(Hudson Valley) 등을 포함합니다. 뉴욕시의 경우는 버로우(borough)라고 불리는 5개 자치구로 이루어져 있습니다. 맨해튼(Manhattan), 브루클린(Brooklyn), 브롱크스(Bronx), 퀸즈(Queens), 스태튼 섬(Staten Island)이 그것이죠. 참고로, 킴이 장을 보러 가겠다는 할렘(Harlem)은 맨해튼에 있습니다. 뉴욕시가 세계적인 도시로 알려져 있는 반면, 뉴욕주에서 Upstate New York이라고 불리는 곳은 아름다운 산과 계곡 등의 자연 경관으로 유명합니다. 특히 가을이 되면, 각 지역의 많은 미국인들이 뉴욕주를 방문해서 뉴욕주의 특산품인 사과 사이다(apple cider)와 사과 사이다 도넛(apple cider doughnuts)을 먹으면서 단풍으로 곱게 물든 뉴욕주의 경치를 즐깁니다.

영어로 말하고 싶은, 또는 못 알아들을 것 같은 예문에 체크해 보세요.

크리스틴: 저기, 이웃님! 저희 동네로 이사 오신 것 환영하고 싶었어요. 저희 딸 엠마와 제가 이 케이크 드리려고 만들었어요.

도나: 오, 우와! 고맙습니다! 이거 정말 맛있겠네요! 제가 이 케이크 좀 부엌에 놓고 와서 괜찮으시다면 우리 여기 포치에 앉아도 되는데요.

크리스틴: 네, 그럼 좋겠네요. 엠마가 댁 아이들하고 같이 놀 수도 있고요.

도나: 그러게요! 엠마, 저기 우리 집 애들, 잭과 에밀리야. 그냥 뜰에 가 봐. 아이들이 요새를 짓고 있는데 네가 도와줘도 돼.

크리스틴: 우리 동네에 엠마와 같은 나이 대 아이들이 몇 명 더 있어서 참 좋네요.

도나: 저희도 그게 참 좋아요. 저는 여기 클리블랜드에서 45마일 정도 떨어진 곳에서 자랐는데, 다시 여기로 이사 올 거라고는 한 번도 생각 안 해 봤거든요. 그렇지만 아이들과 함께, 자기 뿌리로 돌아오는 게 좋은 것 같아서요, 안 그래요?

크리스틴: 무슨 말씀이신지 잘 알죠. 저도 중서부, 오마하 출신이에요. 그 오마하 근처의 옥수수 밭이요. 그러니까, 아주 외진 곳에서 왔죠! 도나 씨는 전에 어디서 사셨어요?

도나: 저희는 코네티컷에 있었어요. 아이들도 그곳에서 태어났고요. 저희는 직장이 참 좋았는데 도시로, 그러니까 뉴욕까지 출퇴근을 해야 했어요. 그게 어느 시점에서는 정말 스트레스를 주거든요. 애들이 생기기 전에는 대도시 주변에 가까이 사는 것이 아주 재미있었어요. 하지만 그곳 물가가 너무 비쌌고, 재산세도 엄청난 데다 게다가 긴 출퇴근 시간까지. 그런 북적거리는 삶을 끝냈죠. 최소한 지금은요.

크리스틴: 저는 그런 도시의 집값을 보면서 늘 생각해요. '아이쿠야! 여기서 사는 게 그렇게 신나 보이지는 않아도, 그게 바로 우리가 이곳을 사랑하는 이유지.'라고요.

도나: 저기, 제가 진짜 중서부 사람처럼 하면 어떨까요? 커피 한 주전자 놓고 가지고 오신 케이크를 대접하는 거요. 포치에 앉아서 아이들을 볼 수도 있고요. 어쨌든 저도 짐 푸는 것 그만하고 좀 쉬어야 하니까.

크리스틴: 바로 그거죠! 저는 커피와 케이크는 절대로 사양하지 않는답니다.

---

* 이 대화문은 미국 중서부(Midwest) 방언을 담고 있습니다.

English CONVERSATION

MP3 139

Christine: Hey, neighbor! We just wanted to welcome you to the neighborhood—my daughter Emma and I made this cake for you.

Donna: Oh, wow! Thanks! This looks delicious! Here, let me put the cake in the kitchen, and we can sit on the porch if you'd like.

Christine: Sure, that would be great. Maybe Emma can play with your kids.

Donna: Of course! Emma, those are my kids, Jack and Emily. Just go on down in the yard. They're building a fort, and you can help.

Christine: It's so nice to have some more kids in the neighborhood the same age as Emma.

Donna: We are so happy about that too. You know I grew up about 45 miles from here in Cleveland, and I never thought I'd move back, but with kids, it feels kind of good to ❶**get back to your roots**, you know?

Christine: I know what you mean. I'm also from the Midwest, from Omaha…well, a corn field near Omaha. Basically, I'm from ❷**the middle of nowhere**! Where were you living before?

Donna: We were in Connecticut. The kids were born there. Our jobs were really good, but we had to commute to the city, you know, New York, and that really ❸**takes a toll on you** at some point. Being so close to a major city before we had kids was a lot of fun, but life out there was so expensive—the property taxes were insane and the long commutes. We're done with ❹**the hustle and bustle**, for now, at least.

Christine: When I see the housing prices out there, I always think: jeez! I know things don't seem very exciting out here, but that's exactly what we love about it.

Donna: Hey, how about I act like a real Mid-Westerner, put on a pot of coffee, and serve us some of your cake? We can sit on the porch and watch the kids. I need a break from unpacking anyhow.

Christine: Now that's ❺**what I'm talking about!** I never say no to coffee and cake.

---

porch (건물 입구에 지붕이 얹혀 있고 흔히 벽이 둘러진) 현관
go on down 내려가다　**out there** 그곳에　**jeez** (놀람을 나타내는 소리) 이크

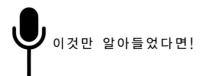 이것만 알아들었다면!

MP3 140

1 To get back to one's roots

I've been playing rock guitar for 20 years, but I started off as a jazz guitarist, and I'd like to start playing jazz again and get back to my roots.

나는 록 기타를 20년 동안 연주해 왔지만, 처음에 재즈 기타리스트로 시작했거든. 난 다시 재즈 연주를 시작해서 내 뿌리로 되돌아가고 싶어.

자신의 뿌리(정체성)로 돌아가다

2 The middle of nowhere

My aunt and uncle live on a farm in the middle of nowhere.

우리 고모와 고모부는 인적 드문 외진 곳의 농장에서 사셔.

인적이 드문 외진 곳

3 To take a toll on ~

You have to take a break at some point; too much work will take a toll on you.

너도 어느 시점에서는 휴식을 취해야 해. 지나치게 일만 하면 너한테 해가 될 수 있어.

~에게 피해나 손실을 주다

주어 자리에 사물, 무생물이 온다.

4 Hustle and bustle

I prefer the peacefulness of the countryside to the hustle and bustle of the city.

나는 도시의 북적북적거리는 분주함보다 전원의 평온함이 더 좋아.

북적북적 분주함

5 That's what I'm talking about!

Jenna: I hope you don't mind; I ordered a pitcher of beer and some wings for us.

Mia: Wings and beer—now that's what I'm talking about!

제나: 괜찮을지 모르겠는데, 내가 우리 먹게 맥주 피처 하나랑 치킨 윙을 좀 주문했어.
미아: 치킨 윙하고 맥주라, 바로 그거지!

(상대방 말을 열렬하게 지지하거나 동의할 때 쓰는 표현) 바로 그거지!

290

CULTURE POINT

미 중서부 지역은 노스다코타주(North Dakota), 사우스다코타주(South Dakota), 네브래스카주(Nebraska), 캔자스주(Kansas), 미네소타주(Minnesota), 위스콘신주(Wisconsin), 아이오와주(Iowa), 미주리주(Missouri), 일리노이주(Illinois), 미시간주(Michigan), 오하이오주(Ohio), 인디애나주(Indiana)로 이루어져 있습니다. 이 지역의 주요 도시로는 시카고(Chicago-일리노이), 미니애폴리스(Minneapolis-미네소타), 캔자스시티(Kansas City-캔자스), 세인트루이스(St. Louis-미주리) 등이 있지요. 그렇지만, 사실 이 지역은 미국 농업의 심장부로 더 유명합니다. 미국인들은 이 지역을 미국의 "breadbasket"이라고 부르는데, 바로 '곡창지대'라는 뜻입니다. 그 이유는 이곳에서 미국산 밀과 옥수수의 대부분이 재배되기 때문이죠. 그런 연유로 동부의 라이프 스타일에 비해 이곳은 좀 더 느긋하며, 사람들 역시 다정하고 친절합니다. 이 지역이 물가는 훨씬 더 싸고 덜 북적거려서 그런 것이 아닐까 싶기도 합니다.

흥미로운 건 사람들이 보통 미국식 영어 말투(American accent)라고 떠올리는 것이 이 중서부 지역의 악센트를 말한다는 점입니다. 그렇지만, 미국 내 다른 지역과 마찬가지로 중서부 지역 영어에도 몇 가지 독특한 단어들이 있습니다. 예를 들어, water fountain(공공장소의 분수식 식수대)을 이 지역에서는 많은 이들이 bubbler라고 부릅니다. 또 이 지역은 soda(탄산음료)를 pop이라고 부르는 것으로도 유명하죠. 대부분의 미국인들이 casserole(캐서롤)이라고 부르는 음식을 중서부 지역 사람들은 hotdish라고 부릅니다. 참고로, 캐서롤은 고기와 채소, 파스타나 쌀 등을 치즈 소스와 함께 섞어서 오븐에 천천히 익혀 만드는 요리입니다. 이 지역 방언에 또 다른 재미있는 표현이 있는데요, 미국인들은 보통 실수하고서 "Oops!"라고 말하는데, 이 지역 사람들은 Oops 대신 "Ope!"이라고 합니다. (예: "Ope, sorry, I just spilled my pop!" 오, 미안해요, 제가 탄산음료를 쏟았네요!) 발음은 짧게 [으옾]처럼 합니다. 미국인들 사이에서 중서부 지역 출신들은 성격이 온순하고 굉장히 예의 바른 사람들로 알려져 있어서 이 지역 사람들은 아무리 화가 나도 욕설을 내뱉기보다는, 이 대화 속 크리스틴처럼 기껏해야 "Jeez!"라고 말하는 사람이 많다고 합니다.

LESSON 24

펠리시티: 네가 나랑 커피 한잔하러 만날 수 있어서 정말 좋다, 윌.

윌: 나도 그래. 그리고 괜찮을지 모르겠는데, 브라우니 하나랑 진열장 안에 있던 정말 끝내주게 맛있어 보이는 커피 케이크 한 조각 주문했어.

펠리시티: 바로 그거지! 너랑 커피 마시는 게 좋은 생각이라는 걸 알았다니까! 그래 어떻게 지내? 이번 겨울은 너무 추워, 안 그래?

윌: 그리고 흐린 데다 비도 오고!

펠리시티: 그게 어느 시점부터는 정말 스트레스를 주기 시작하는 것 같지 않니? 난 햇빛이 있는 곳이라면 어디든 외딴 곳에 당장 여행 가고 싶어!

윌: 나도 그래. 사실 나 북적거리는 포틀랜드 떠나서 곧 워싱턴주로 갈 준비하고 있어. 퓨앨럽 문화에 관해 더 배우려고.

펠리시티: 우와! 그거 정말 멋지다. 무엇 때문에 이것에 흥미를 가지게 된 거니?

윌: 글쎄, 난 항상 우리 외할머니네 가문에서부터 내려온 퓨앨럽 문화유산이 있다는 사실을 알고 있었거든. 이를테면, 내가 어릴 때 우리가 포틀래치(북서부 인디언 사이의 선물 분배 행사)에 여러 번 갔었고, 그래서 그 문화를 조금 접할 수가 있었어. 그렇지만, 내가 모르는 부분이 너무 많더라고. 뭐, 나이가 들수록 점점 더 내 뿌리로 돌아가고 싶다고 할까.

펠리시티: 나 완전 이해해. 그럼, 그때 그냥 가족들을 방문하는 거니?

윌: 그곳에 내가 함께 지낼 가족 친구들이 좀 있지만, 집중 언어 수업도 들으려고 가는 것이기도 해. 워싱턴 주립대학교에서 운영하는 프로그램이 하나 있어. 나 정말 얼마나 신나는지 몰라!

펠리시티: 대단하다! 얼른 네가 돌아와서 그곳에서 배운 것들 이야기 빨리 듣고 싶다.

*Felicity: I'm so glad you could meet for coffee, Will.

Will: My pleasure, and I hope you don't mind, I just ordered a brownie and a piece of that awesome looking coffee cake they had in the case.

Felicity: Now ❶**that's what I'm talking about!** I knew it was a good idea to have coffee with you! So how have you been? This winter has been so cold, hasn't it?

Will: And gray and rainy!

Felicity: It really starts to ❷**take a toll on you** at some point, doesn't it? I'm ready to travel to ❸**the middle of nowhere** as long as there's sunshine there!

Will: I feel the same way. Actually, I'm getting ready to leave ❹**the hustle and bustle** of Portland and head up to Washington soon to learn more about the Puyallup culture.

Felicity: Wow! That sounds really fascinating. What got you interested in this?

Will: Well, I've always known that we have some Puyallup** heritage from my maternal grandmother's family—like, when I was a kid, we went to a potlatch a few times, so I've had a bit of exposure to the culture, but there's so much I don't know. You know, the older I get, the more I want to ❺**get back to my roots**.

Felicity: I totally get it. So, are you just visiting family then?

Will: There are some family friends up there that I'll stay with, but I'm also going up to attend some intensive language classes. There's a program run by the University of Washington. I'm really excited about it!

Felicity: It sounds great! I can't wait to hear about everything you've learned when you get back.

I hope you don't mind, 괜찮을지 모르겠는데.

---

* 이 대화문은 미국 북서부(Northwest) 지역의 방언을 담고 있습니다.
** 이 단어는 [pew-AL-up]과 같이 발음합니다.

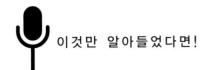
이것만 알아들었다면!

MP3 142

1

That's what I'm talking about!: Used to express enthusiastic support of or agreement with whatever the "that" refers to

Doughnuts for the whole office? That's what I'm talking about! Are there any Boston cream (donuts) in there?

사무실 전체 사람들한테 줄 도넛이라고요? 바로 그거죠! 그중에 보스턴 크림 도넛도 있나요?

2

To take a toll on ~: To cause stress, damage, or harm

Most ballerinas retire by the age of 40; the physical demands of dancing really take a toll on the body.

대부분의 발레리나들은 40세가 되면 은퇴합니다. 발레할 때 체력적으로 요구되는 것들이 신체적인 손상을 가져오니까요.

3

The middle of nowhere: A remote place

Make sure you fill the tank with gas for your trip. You don't want to run out of fuel in the middle of nowhere.

여행할 수 있게 반드시 차에 기름을 가득 채워. 인적이 드문 곳에서 연료가 다 떨어지면 안 되니까.

4

Hustle and bustle: Fast-paced business (often used to describe city life)

We got away to the mountains for the weekend to escape from the hustle and bustle.

우리는 북적거리는 분주함에서 벗어나려고 주말에 산으로 떠났다.

5

To get back to one's roots: To connect with one's heritage or background (cultural or professional)

My husband grew up in Oklahoma and moved away in his 20s, but now that we've lived on the other side of the country for 15 years, he'd like to move back, be closer to family, and get back to his roots.

우리 남편은 오클라호마에서 자라서 20대 때 떠났어. 그런데 우리가 그곳과 정반대쪽인 곳에서 15년을 살았기 때문에, 남편은 이제 그곳으로 다시 이사 가서 가족들과 더 가까이 지내면서 자신의 뿌리로 돌아가고 싶어 해.

태평양 연안 북서부 지역은 미국 내 많은 토착 부족들의 고향입니다. 대화에서 윌이 펠리시티에게 자신에게 퓨앨럽 문화유산이 좀 있다고 하는데, 퓨앨럽은 이 지역에서 가장 큰 부족 중 하나지요. 백인들이 이 지역으로 오기 전, 퓨앨럽은 천연자원이 풍부한 퓨젯 사운드(Puget Sound) 지역에 살았습니다. 이 부족

은 인심이 후한 것으로 잘 알려져 있는데요, 생선과 향나무 재목 등 풍부한 천연자원이 있었기에 많은 것들을 후하게 베풀면서 살았던 거지요. 이런 나눔은 포틀래치(potlatch)라고 하는 의식에서 공식적으로 행해지기도 했습니다. 대화에서 윌이 어린 시절 포틀래치에 참석했다는 이야기를 하네요. 포틀래치는 부족 언어인 치누크어(Chinook)에서 왔는데, '나누어 주다'는 뜻을 가진 말입니다. 참고로 이 치누크어는 피진어(pidgin)로 서로 언어가 다른 부족들이 상거래를 하기 위해 사용한 언어입니다. 다시 말해, 미국 북서부 지역 원주민들이 서로 무역을 하면서 치누크어로 소통했는데, 현재는 거의 사라진 언어죠. 다시 돌아와, 포틀래치 때 사람들은 모여서 선물을 주고, 음식을 나누고, 함께 음악을 듣고, 춤을 추고, 이야기를 하면서 문화를 향유하기도 합니다. 그러나 1800년대 후반 미국 정부가 이 전통을 불법으로 만들죠. 그러다 1950년대 와서 다시 합법화됩니다. 이런 굴곡진 역사로 인해 포틀래치 행사는 퓨앨럽 사람들에게 더욱 의미 있는 전통이 되었습니다. 퓨앨럽 사람들에게 자신의 부족 언어를 지키는 건 중요한 일입니다. 그래서 윌은 어릴 때 충분히 배우지 못한 퓨앨럽 사람들의 언어를 배우려고 하는 거예요. 참고로 이들의 언어는 러숫시드(Lushootseed)입니다.[*]

[*] 이 내용은 다음의 웹사이트를 참고했습니다: http://www.puyalluptribe-nsn.gov/ourtribe/

CULTURE POINT

태평양 연안 북서부 지역은 워싱턴주(Washington), 오리건주(Oregon), 캘리포니아주(California) 북부, 아이다호주(Idaho), 그리고 캐나다의 브리티시 콜롬비아(British Columbia) 지역을 포함합니다. 이 지역의 주요 도시로는 시애틀(Seattle-워싱턴)과 포틀랜드(Portland-오리건), 밴쿠버(Vancouver-브리티시 콜롬비아) 등이 있지요. 미국에서 이 지역은 흐리고 비가 많이 오는 날씨로 유명한 동시에 산과 예쁜 섬들, 우거진 숲과 강, 그리고 해안가 등 아름다운 자연 경관으로도 잘 알려져 있습니다. 이 지역의 인구 구성원은 유럽 스칸디나비아 지역에서 온 백인 후손과, 원주민, 아시아인, 그리고 멕시코계 미국인이 주를 이룹니다. 이런 다문화적인 배경으로 인해, 이 지역의 음식 문화 또한 태평양의 해산물로 만든 요리, 연어 요리, 모든 종류의 아시아 음식, 멕시코 음식 등 굉장히 다양합니다. 이 지역은 미국인들에게 정치적으로 가장 진보적인 곳으로도 알려져 있습니다. 물론 이 지역에도 보수적인 지방이 몇 곳 있긴 하지만, 대부분의 도시가 진보적인 성향을 띠어서 환경보호주의(environmentalism), 성소수자들의 인권 보호(LGBTQ rights), 동성 결혼(same-sex marriage), 대마초 합법화(legalized cannabis) 등을 강력하게 지지합니다.

LESSON 24

(식당에서)

가브리엘라: 저기, 그레그, 남서부 지역 생활에 잘 적응하고 있니?

그레그: 나 여기서 사는 거 정말 좋아. 특히 이곳 앨버커키에서 사는 것 말이야. 그렇지만 여기 생활이 내가 버지니아에서 살 때와는 정말 달라. 처음 2주는 여기가 얼마나 건조한지 충격 받았다니까. 기후가 정말 피부에 손상을 준다니까, 안 그래?

가브리엘라: 남서부 지역은 좀 돌아다녀 봤어?

그레그: 응, 아내하고 내가 몇 주 전에 일 때문에 애리조나주에 갔어. 우와, 정말 운전도 오래 했고, 외딴 곳에 몇 시간 동안 있게 돼. 내 말은, 아름답긴 하지만 너무 외진 곳이야. 그랜드캐년을 봤는데, 정말 놀라웠지. 그렇지만 아내랑 난 앨버커키의 북적북적한 속으로 돌아오는 게 기뻤어. 저기, 웨이터 오기 전에 나 뭘 주문해야 하는지 추천해 줄래?

가브리엘라: 글쎄, 뉴멕시코주 토박이로 크리스마스 스타일의 엔칠라다를 추천하겠어.

그레그: 나도 엔칠라다 정말 좋아하는데, 크리스마스 스타일의 엔칠라다는 또 뭐야? 지금 9월인데. 이게 크리스마스 시즌이랑 상관없다고 알면 되는 건가?

가브리엘라: (웃으면서) 응, 크리스마스랑 상관없어! 뉴멕시코주에서는 뭘 먹든, 칠리 고추가 들어가잖아. 그리고 빨간 칠리 고추와 녹색 칠리 고추가 있고. 어떤 사람들은 빨간 칠리소스를 더 좋아하고, 어떤 사람들은 녹색 칠리소스를 더 좋아하는데, 그 둘을 함께 먹으면…

그레그: 아, 알겠어. 빨간색과 녹색, 크리스마스 색이잖아!

가브리엘라: 맞아! 네가 두 소스 다 먹어 보고, 어떤 게 더 맛있는지 봐.

그레그: 그럼, 넌 뭘 먹을 거야?

가브리엘라: 녹색 칠리 치즈버거. 이것도 굉장히 뉴멕시코 스타일이야. 우리가 갈 때, 너한테 오르차타 하나 포장해서 가져가게 사 줄게. 달콤한 음료야. 디저트 같으면서도 상쾌해.

그레그: 좋지! 그나저나 넌 뉴멕시코에서만 계속 살았니?

가브리엘라: 9대째 뉴멕시코에 살고 있어. 난 다른 곳에서 살고 싶다는 생각이 든 적이 단 한 번도 없어. 글쎄, 난 내 뿌리로 돌아가야 했던 적이 한 번도 없었지. 왜냐면 내 뿌리가 바로 여기니까. 저기 봐! 우리 음식 왔다!

그레그: 크리스마스 스타일의 엔칠라다네! 바로 내가 원했던 거야!

*(In a restaurant)

Gabriela: So, Greg, how are you adjusting to Southwest life?

Greg: I really love it—especially here in Albuquerque, but it's definitely different from life back in Virginia. The first couple weeks I was shocked by how dry it is out here. The climate really ❶**takes a toll on your skin**, doesn't it?

Gabriela: Have you had a chance to travel in the region yet?

Greg: Yeah, my wife and I went out to Arizona for work a few weeks ago. Wow, that was a long drive, and you're in ❷**the middle of nowhere** for hours. I mean, it was beautiful, but so remote. We saw the Grand Canyon—it was amazing—but we were glad to return to ❸**the hustle and bustle** of Albuquerque. Hey, before the waiter comes, what do you recommend that I order?

Gabriela: Well, as a native New Mexican, I would suggest the Christmas-style enchiladas.

Greg: I love enchiladas, but what's the Christmas part about? It's September… I take it this is not a seasonal item?

Gabriela: (Laughing) No, it's not! Whatever you eat in New Mexico, chiles are going to be involved. We've got red and green ones. Some people prefer red chili sauce, and some prefer green, but when you get them both…

Greg: Ah, I get it—red and green, the Christmas colors!

Gabriela: Exactly! Then you can try both sauces and see what you like.

Greg: So what are you gonna get?

Gabriela: The green chile cheeseburger—also very New Mexican. When we leave, I'm getting you a horchata** to go—it's a sweet drink. It'll be like dessert, and it's refreshing.

Greg: Awesome! So, have you always lived in New Mexico?

Gabriela: Ninth generation New Mexican. I've never had a desire to live anywhere else. You know, I've never had to ❹**get back to my roots** because my roots are right here. Oh, look! Our food's here!

Greg: Christmas-style enchiladas! Now, ❺**that's what I'm talking about!**

---

* 이 대화문은 미국 남서부(Southwest) 지역의 방언을 담고 있습니다.

** 이 단어는 원래 스페인어이기 때문에 h가 묵음인 [orchata]로 발음합니다.

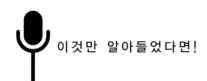

이것만 알아들었다면!

MP3 144

1 To take a toll on ~:

To cause stress, damage, or harm ~에게 피해나 손실을 주다

The isolation caused by the pandemic has taken
a psychological toll on many people.
팬데믹으로 인한 고립은 많은 사람들에게 심리적 스트레스를 주었다.

2 The middle of nowhere:

A remote place 인적이 드문 외진 곳

My brother and I are complete opposites. I love big cities with lots of people,
and he lives in a little cabin in the middle of nowhere.
남동생과 나는 완전히 정반대야. 난 사람들 많은 대도시를 좋아하고, 남동생은 외진 곳의 작은
오두막집에 살아.

3 Hustle and bustle:

Fast-paced business (often used to describe city life) 북적북적 분주함

My kids love the hustle and bustle of downtown during the
holidays when everything is decorated, and everyone is
rushing around shopping.
우리 아이들은 모든 것이 장식되어 있고 모두가 쇼핑하느라 분주하게 돌아다니는
크리스마스 휴가 기간 동안 시내가 북적거리는 걸 좋아해.

4 To get back to one's roots:

To connect with one's heritage or background (cultural or professional)
자신의 뿌리(정체성)로 돌아가다

My grandmother is helping me get back to our family's roots. She's been
teaching me all the recipes that her grandmother from Mexico taught her.
우리 할머니께서는 내가 우리 가족의 뿌리로 돌아가도록 도와주고 계셔. 할머니는 멕시코 출신인
당신 할머니 즉, 내 고조할머니께서 가르쳐 주신 요리법 전부를 내게 가르쳐 주시고 계시거든.

5 That's what I'm talking about!: Used to express

enthusiastic support of or agreement with whatever the "that" refers to
(상대방 말을 열렬하게 지지하거나 동의할 때 쓰는 표현) 바로 그거지!

(A soccer fan watching a goal being scored) Goal! That's what I'm talking about!
That goalie never had a chance!
(축구팬이 골을 넣는 것을 보면서) 골! 바로 저거지! 저 골키퍼가 막을 수 있는 기회가 절대 없었거든!

스페인, 멕시코, 그리고 원주민의 문화는 미국 남서부 지역의 언어에도 큰 영향을 주었습니다. 가브리엘라가 말하듯이, 칠리 고추는 이 지역 음식에서 빠지지 않는 재료입니다. 참고로 뉴멕시코주의 해치(Hatch) 지역이 칠리 고추 생산으로 유명한데, 순한 맛 고추부터 매운 맛 고추까지 다양하게 생산합니다. 그레그는 엔칠라다(enchiladas)를 주문하는데, 이건 고기와 치즈, 콩, 채소 등을 넣고 동그랗게 만 또르띠야(tortillas - 옥수수 가루로 만든 납작한 빵) 위에 놓고 소스를 뿌린 음식입니다. 가브리엘라가 그레그에게 사 주겠다는 오르차타(horchata)는 쌀로 만든 시원하고 달콤한 음료지요. 이 지역에서 많이 쓰는 또 다른 단어가 아도비(adobe)인데, 진흙 벽돌로 건물을 짓는 기술을 말합니다. 아도비 벽돌로 지어진 가옥은 남서부 지역의 독특한 건축 양식을 구성하지요.

CULTURE POINT

"The Desert Southwest"라 불리며 사막 지역으로도 유명한 미국 남서부 지방은 네바다주(Nevada), 애리조나주(Arizona), 뉴멕시코주(New Mexico), 유타주(Utah) 일부, 콜로라도주(Colorado) 남부와 캘리포니아주(California) 남부, 텍사스주(Texas) 서부 등을 포함합니다. 이 지역은 사막과 산, 고원, 붉은 암석의 생성 등으로 유명하지요. 미국에서 이 지역은 광활하고 아름다운 자연 경관과 고지대 사막이 뿜어내는 아름다운 빛의 색감으로도 정평이 나 있습니다. 그랜드캐년(the Grand Canyon) 역시 빠트릴 수 없지요. 미국 남서부 지역 일부는 원래가 멕시코 땅이었습니다. 그래서 자연스럽게, 이 지역에 사는 많은 사람들이 멕시코 문화유산을 가지고 있습니다. 이 지역의 멕시코계 미국인들은 "We did not cross the border; the border crossed us!"(우리가 국경을 넘은 것이 아니라, 국경이 우리들을 넘었어!)라고 말합니다. 이 지역은 또 나바호(Navajo), 주니(Zuni), 호피(Hopi) 원주민 부족들이 수천 년 간 살아온 지역이기도 합니다. 이 지역 원주민들이 자신들의 가계를 거슬러 올라가 보면 초창기 아메리카 원주민 부족인 푸에블로(Pueblo)족 출신인 경우가 많다고 해요. 물론 스페인과 다른 유럽 지역에서 온 백인들의 문화도 남서부 문화에 큰 영향을 주었답니다.

루스: 회의에 참석 못해서 미안.

카밀라: 괜찮아. 그래, 너희 아들은 괜찮니?

루스: 이제는 응급실에 안 있고, 남편이 아이와 지금 같이 있어. 그래, 대표님이 하셔야 했던 그 중대 발표가 뭐야?

카밀라: 너 이 말 들으면 충격 받을 거야. 직원 수를 줄이겠대.

루스: 어머나, 몇 명이나 정리해고 한다니?

카밀라: 대표님이 '대규모 구조조정'일 거라고 하셨으니까, 아마도 엄청 많은 사람이겠지. 행정팀에서 우리한테 회사에 남게 될 직원들 리스트를 월요일 아침에 이메일로 보내 주겠다고 하는데, 난 그 이메일을 어떻게 열어 볼지 모르겠어.

루스: 그러게, 정말 심장 떨리는 일이네!

카밀라: 저기, 나 네가 뉴욕에 직장 구하고 있다고 알고 있었어. 그곳으로 이사 갈 계획이라고 하지 않았니?

루스: 그랬지. 그런데 남편이 내 계획에 찬물을 끼얹었어. 내가 아이들 교육을 위해서 대도시로 이사 가야 한다고 말했더니, 그 사람이 "대체 무슨 말이야! 난 아이들을 대도시에서 키우고 싶은 적이 한 번도 없어. 난 애들을 망치고 싶지 않아!"라고 하잖아.

카밀라: 너희 남편은 왜 대도시에서는 아이들이 버릇없어진다고 생각하니?

루스: 이 독선적인 남자가 하는 말을 들어보면, 대도시 사람들은 물질 만능주의적이고 겉치레만 중시하고 어쩌고저쩌고. 우리가 이 일로 크게 싸웠지만, 이제는 다 지난 일이야. 우리 가정의 평화를 위해서 그냥 내가 생각을 바꿨거든.

Ruth: Sorry I missed the meeting.

Camila: You're fine. So is your son okay?

Ruth: He's not in the ER anymore, and my husband's with him now. So what's the important announcement the CEO had to make?

Camila: You'll be shocked to hear this. They're going to downsize the workforce.

Ruth: Oh, my God, how many people are they going to lay off?

Camila: The CEO said it's going to be a "large scale restructuring," so I guess a whole lot of people. The admin will e-mail us the list of the people who will stay on Monday morning, and I don't know how I'm going to open that e-mail.

Ruth: Yeah, it's such ❶ **a nail-biter**!

Camila: Hey, I thought you were applying for jobs in New York. Didn't you say you were planning on moving there?

Ruth: I did, but my husband ❷ **threw cold water on my plan**. When I told him we should move to a big city for the kids' education, he was like, "❸ **Speak for yourself**! I've never wanted to raise them in a big city. I don't want them to be spoiled!"

Camila: Why does he think your kids are going to be spoiled in a big city?

Ruth: According to this self-righteous man, people in big cities are materialistic, superficial, ❹ **yada yada yada**… We had a big fight over this, but it's all ❺ **water under the bridge** now because I changed my mind just to keep peace in my family.

You're fine. 괜찮아. (상대방의 걱정, 불안, 화 등을 가라앉힐 때 쓰는 표현)
workforce 노동력
self-righteous 독선적인

301

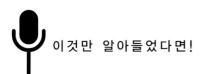

이것만 알아들었다면!

MP3 **146**

1 A nail-biter

Since both players are very strong, this match will be a nail-biter.

두 선수 모두 굉장히 강하기 때문에, 이번 경기는 손에 땀을 쥐게 하는 경기가 될 거야.

조마조마하게 하는 것
/손에 땀을 쥐게 하는 것

2 To throw cold water on ~ (= To pour cold water on ~)

We all liked Mike's idea, but Jake threw cold water on it.

우리 모두 마이크의 아이디어가 좋았는데, 제이크가 거기에 찬물을 끼얹었어.

~에 찬물을 끼얹었다

3 Speak for yourself!

Stacey: It was the worst movie of the year.

Amy: Speak for yourself. I really enjoyed watching it.

스테이시: 올해 최악의 영화였어.

에이미: 난 그렇게 생각 안 해. 난 정말 재미있게 봤단 말이야.

난 그렇게 생각 안 해!

4 Yada yada yada

Whenever I go camping, my mom lectures me about basic camping safety tips: watch out for wildlife, protect yourself from insects, practice campfire safety, yada yada yada…but this is my 30th time to go camping!

내가 캠핑 갈 때마다 우리 엄마는 나한테 안전하게 캠핑하기 기본 수칙에 관해 잔소리하셔. 야생 동물 조심해라, 곤충한테 안 물리도록 해라, 캠프 파이어 안전 수칙을 잘 지켜라, 어쩌고저쩌고 어쩌고저쩌고 하지만 이건 내가 30번째 가는 캠핑이란 말이야!

기타 등등
(뻔한 세부 사항을
대신하여 쓰는 표현)

5 Water under the bridge

I used to argue with my husband a lot, but it's all water under the bridge now.

난 남편과 많이 다퉜지만, 지금은 다 지난 일이야.

이미 지나간 일
(과거지사)

카밀라가 "The admin will e-mail us the list of the people…"이라고 말할 때, admin의 강세에 주목해서 들어보세요. Admin은 administration의 줄임말인데, 줄여지면서 강세가 붙는 음절이 달라집니다. 원래 단어인 administration은 제 1강세 (primary syllable stress)가 네 번째 음절에 있으며, 제 2강세(secondary syllable stress)가 두 번째 음절에 있습니다. 그래서 ad-min-is-**TRA**-tion과 같이 발음해야 합니다. 하지만 이 단어가 줄여진 admin의 경우에는, 원래 제 2강세가 있었던 두 번째 음절이 아니라 첫 번째 음절에 강세가 붙어서 **AD**-min과 같이 발음해야 합니다. 이렇게 어떤 단어의 줄임말을 공부할 때는 강세가 달라지는지도 꼭 확인하세요.

Vocabulary Point

Yada yada yada… 이 표현 참 재미있죠? 사실 동의어인 blah blah blah보다 훨씬 덜 쓰이지만, 1990년대 인기 시트콤이던 〈사인펠드(Seinfeld)〉에 나온 이후 널리 쓰이게 되었습니다. 〈사인펠드〉의 주요 등장인물 중 한 사람인 조지(George)는 어느 여성과 데이트를 하는데, 그 여성이 자신을 이렇게 소개합니다.

"So I'm on Third Avenue, minding my own business, and yada yada yada." 저는 3번가에 있고, 제 일에만 신경 쓰고, 뭐 그렇고 그래요."

그때부터 조지는 이 여성이 묻는 질문 중 대답하기 꺼려지는 사항에는 모두 다음과 같이 yada yada로 답합니다.

여성: Are you close with your parents? 부모님과 친하세요?

조지: Well, they gave birth to me, and yada yada. 절 낳아 주셨고, 그렇고 그랬죠

심지어 자신과 결혼까지 할 뻔했던 예전 약혼녀 이야기를 하면서도 그러죠.

조지: We bought the wedding invitations, and yada yada yada…I'm still single. 우린 청첩장을 샀고, 그렇고 그런 일이 있었고, 전 아직 싱글이랍니다.

여성: So what's she doing now? 그래서 그 여성 분은 지금 뭐 하세요?

조지: Yada. 그렇고 그런 일이요.

그러다가 이 둘의 만남에서 결정적으로 문제를 일으키는 yada yada는 이 여성이 한 바로 다음 대사에 있습니다.

"So speaking of exes, my old boyfriend came over late last night, and yada yada yada, and I'm really tired today."
전 애인 얘기가 나와서 하는 말인데, 어젯밤 늦게 옛날 남친이 찾아와서는 그렇고 그런 일이 있었거든요. 그래서 오늘 저 정말 피곤해요.

LESSON 25

매트: 벨라, 과학 과제 함께하는 파트너가 누구야?

벨라: 아직 모르지만, 난 정말 노라랑 같이 하고 싶어. 그 애는 천재에다 과학도 잘하고, 그래서 노라랑 함께할 수 있으면, 내가 A를 받을 수 있을 것 같거든.

매트: 그래, 노라가 똑똑하고, 뛰어나고, 그렇고 그렇겠지.

벨라: 너 왜 그렇게 빈정대니?

매트: 왜냐하면 난 그 애랑 지난 학기에 같이 프로젝트하는 게 정말 좋지 않았거든. 걔는 항상 내가 하는 제안에 찬물을 끼었었는데, 난 걔가 "난 그렇게 생각 안 해!"라고 말할 때 그 말투가 특히 더 싫었어. 뭐, 그거 다 이젠 지난 일이지만 말이야.

벨라: 그래서 너희 둘이 그 과학 과제에서 좋은 성적을 받았니?

매트: 그게, 파커 선생님이 프로젝트 하던 중에 우리 사이가 틀어졌다는 걸 어떻게 아시게 됐거든. 오, 선생님께서 정말 안 좋아하시더라고. 우리 둘 다 선생님이 점수 안 좋게 주실까 봐 너무 걱정했고, 정말 심장이 조마조마했어. 다행히 나쁘지 않은 성적을 받았지.

304

Matt: Bella, who's your partner for the science project?

Bella: I don't know yet, but I really want to work with Nora. She's a genius and excellent at science, and I think I'll be able to get an A if I can work with her.

Matt: Yeah, Nora is smart and brilliant, ❶ **yada yada yada**...

Bella: Why are you being so sarcastic?

Matt: Because I really didn't enjoy working with her last semester. She always ❷ **threw cold water on my suggestions**, and I especially didn't like her tone when she said, "❸ **Speak for yourself!**" Well, it's all ❹ **water under the bridge** now.

Bella: So did you guys get a good grade on that science project?

Matt: Well, Ms. Parker somehow found out we had a falling out during that project. Oh, she was not happy about it. Both of us were so afraid that she was going to give us a bad grade, and it was such ❺ **a nail-biter**. Fortunately, we got an okay grade.

---

sarcastic 빈정대는, 비꼬는
have a falling out 사이가 틀어지다

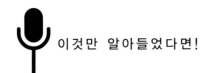

이것만 알아들었다면!

1

Yada yada yada: Blah blah blah/And so on

They fell in love at first sight, saw each other every day, yada yada yada…and they broke up yesterday.

그들은 첫눈에 반했고, 매일 서로 만났고, 뭐 그렇고 그러더니 어제 헤어졌어.

2

To throw cold water on ~ (= To pour cold water on ~): To be discouraging about ~/To be negative about ~

I don't know why the boss immediately threw cold water on Amy's suggestion. I thought it was brilliant.

사장님이 왜 에이미 씨가 한 제안에 바로 찬물을 끼얹었는지 이해할 수가 없어. 난 그 제안이 훌륭하다고 생각했거든.

3

Speak for yourself!: I disagree with you.

Tim: It was an awesome party!

Jenna: Speak for yourself! It was the most boring party ever!

팀: 굉장한 파티였어!

제나: 무슨 말이야! 가장 지루한 파티였어!

4

Water under the bridge: Something that happened in the past and is not important anymore

It was an unpleasant experience, but it's water under the bridge now, and I don't feel upset about it anymore.

그건 불쾌한 경험이었지만, 지금은 다 지난 일이고, 난 그 일에 더 이상 화나지 않아.

5

A nail-biter: Something that causes great anxiety

The 2020 US presidential election was a real nail-biter.

2020년 미국 대통령 선거는 정말 손에 땀을 쥐게 하는 선거였어.

Nail-biter라는 표현을 봅시다. 뭔가 조마조마한 일이 있을 때 손톱을 물어뜯는 건 미국이나 한국이나 마찬가지인 것 같습니다. 그래서 nail-biter는 결과를 알 수 없는 아슬아슬한 사건이나 손에 땀을 쥐게 하는 스포츠 경기 등을 나타내는 표현입니다. 그럼 이것의 형용사형인 nail-biting(조마조마하게 하는/손에 땀을 쥐게 하는)도 함께 공부해 볼까요?

I usually watch nail-biting suspense movies on the weekend.
난 주말에는 주로 긴장감 있는 서스펜스 영화를 봐.

It was such a nail-biting election, and we couldn't sleep at all.
정말 끝까지 승부를 알 수 없는 조마조마한 선거여서, 우린 잠을 잘 수가 없었어.

The semifinal between South Korea and Germany provided some nail-biting moments.
대한민국과 독일의 준결승전은 손에 땀을 쥐게 하는 순간을 몇몇 연출했다.

CULTURE POINT

"Speak for yourself!"는 반대 의사 표시를 직접적으로 드러내는 말입니다. 너무나 직설적인 표현이기 때문에, 예의를 갖춰야 하거나 격식을 차려야 하는 자리에서는 사용하지 않는 편이 안전합니다. 이렇게 반대 의견을 에두르지 않고 직설적으로 드러내는 표현에는 "I totally disagree!"(내 생각은 완전히 달라!), "No way!"(말도 안 돼!), "You must be joking!"(설마 농담하는 거지?), "Are you kidding?"(지금 장난하냐?) 등도 있습니다. 참고로, 상대방이 기분 상하지 않도록 깍듯하게 예의를 갖춰서 반대 의견을 표시할 수 있는 표현들은 다음과 같습니다.

I'm afraid I disagree (with you).
죄송하지만 저는 생각이 좀 다릅니다.

I beg to differ (with you).
제 생각은 좀 다릅니다.

I'm sorry, but I don't agree with you.
미안하지만, 저는 그렇게 생각하지 않습니다.

I see where you are coming from, but ~
네가 무슨 말을 하는지는 알겠지만, ~

I understand what you are saying, but ~
네가 무슨 말을 하는지는 이해하지만, ~

That's a good point, but ~
좋은 지적이긴 한데, ~

LESSON 25

비키: 아이고, 이번 선거는 정말 손에 땀을 쥐게 하는 거여서 난 한숨도 못 잤어. 그래도 바이든이 우리 다음 대통령이 돼서 너무 기뻐! 트럼프는 정말 최악의 대통령이었어!

애비게일: 네 신나는 기분에 찬물을 끼얹고 싶진 않지만, 난 정말 그렇게 생각하지 않아. 난 트럼프 대통령이 바이든보다 더 낫다고 생각해.

비키: 나 너희 교회 다니는 사람들이 하는 말, 뻔히 알아. 낙태를 불법으로 만들어서 생각조차 할 수 없게 해라. 동성 간 결혼은 금지시켜라 등등.

애비게일: 그게 내가 바이든에게 반대표를 던진 유일한 이유가 아니야! BLM 운동(흑인 민권 운동)이 지금 옳은 방향으로 가고 있지 않잖아. 처음에는 그들의 메시지가 매우 순수했다는 걸 나도 알지만 지금은 너무나도 이상하게 변해 버렸어. 그런데도 민주당은 사람들을 통합하려고 하지 않고, 분열만 시키고 있다고.

비키: 난 너 같은 사람들을 도무지 이해할 수가 없어. 대체 BLM 운동이 뭐가 잘못됐단 말이야? 역사적으로, 흑인들이 너무나 많은 일을 겪었고, 이 나라에 인종 차별은 여전히 존재해.

애비게일: 난 그렇게 생각 안 해! 그래, 우리 역사 속에 끔찍한 인종 차별 사건이 몇 개 있었어. 그렇지만 그건 이제 모두 과거 일이고, 그 문제는 크게 개선되었어. 지금도 좋아지고 있고.

비키: 하느님 맙소사! 그냥 우린 서로 의견이 다르다는 걸 인정하고 그만하는 편이 낫겠다.

Vicky: Gosh, the election was ❶ **a real nail-biter**, and I couldn't sleep a wink, but I'm so happy that Biden became our next president! Trump was the worst president ever!

Abigail: I don't want to ❷ **throw cold water on your excitement**, but I don't really think that's true. I think he's better than Biden.

Vicky: I know what you church goers say. Make abortion illegal and unthinkable, ban same sex marriage, ❸ **yada yada yada**…

Abigail: That's not the only reason why I voted against Biden! The BLM movement is not heading in the right direction. I know the message was very pure at first, but now it's gotten pretty obnoxious, and the Democratic Party hasn't tried to unify people. They only divide them.

Vicky: I just can't understand you guys. What's wrong with BLM? Historically, Black people went through a lot, and racism still exists in this country.

Abigail: ❹ **Speak for yourself!** Yes, there were some horribly racist incidents in our history, but they're all ❺ **water under the bridge** now, and we've made great improvement and are still making progress.

Vicky: Oh, my God! I guess we'll just have to agree to disagree.

---

obnoxious 몹시 불쾌한

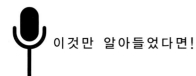 이것만 알아들었다면!

MP3 150

1 **A nail-biter:** Something that causes great anxiety
조마조마하게 하는 것/손에 땀을 쥐게 하는 것

This soccer game was the biggest nail-biter ever!
이 축구 경기가 가장 손에 땀을 쥐게 하는 경기였어!

2 **To throw cold water on ~**
(= To pour cold water on ~):
To be discouraging about ~/To be negative about ~ ~에 찬물을 끼얹다

Amy didn't want to break up her marriage and tried everything, but her husband threw cold water on her efforts by cheating on her.
에이미는 결혼 생활을 깨고 싶지 않아서 모든 노력을 다 해 봤지만, 남편이 바람을 피워서 그녀의 노력에 찬물을 끼얹었다.

3 **Yada yada yada:** Blah blah blah/And so on
기타 등등 (뻔한 세부 사항을 대신하여 쓰는 표현)

I went to my uncle's and had to listen to his usual yada yada about politics.
난 삼촌댁에 가서 삼촌이 늘 하시는 그렇고 그런 정치 관련 이야기를 들어야 했어.

4 **Speak for yourself!:** I disagree with you. 난 그렇게 생각 안 해.

Molly: I didn't like the food at the restaurant. It was too bland.
Jolly: Speak for yourself! I think the food was delicious.
몰리: 난 그 식당 음식이 별로였어. 너무 싱겁더라.
졸리: 안 그렇던데! 난 음식이 맛있었어.

5 **Water under the bridge:**
Something that happened in the past and is not important anymore
이미 지나간 일 (과거지사)

Yes, John and I got into a fistfight, but that's water under the bridge now.
그래, 존이랑 내가 주먹다짐을 했어. 하지만 그건 이제 다 지나간 일이야.

310

미국 정치는 보수적인 공화당과 진보적인 민주당의 대결 구도였습니다. 하지만 서로의 다름을 존중하자는 정치적 올바름(Political Correctness)이 대세가 되면서, 정치적인 견해가 다른 이들도 대체로 화합하며 살아가는 분위기였죠. 그런데 2016년 도널드 트럼프가 대통령으로 당선되면서 미국의 이런 분위기는 많이 달라집니다. 속으로 인종 차별이나 성차별적인 생각을 하더라도 겉으로는 드러내지 않았던 사람들이 자신들의 그런 편견을 여과 없이 드러내기 시작했기 때문입니다. 이는 미국 사회의 소수 인종과 힘 없는 계층의 분노를 자아내기 시작했고, 이런 부정적인 에너지는 2020년 5월 조지 플로이드 사건을 계기로 폭발하게 됩니다. 그러면서 BLM (Black Lives Matter) 시위는 점점 더 격렬해졌고, 이런 상황에서 치른 2020년 미국 대통령 선거 과정을 다루던 미국 언론은 다음과 같이 '분열된 미국'을 재조명합니다.

Are We More Divided Now Than Ever Before? (The New York Times)
우리는 이전의 그 어느 때보다도 지금 더 분열되어 있는가? (뉴욕 타임스 – 2020년 9월 8일)

America is facing one of the deepest divides in our history – and, no matter who wins the election, a difficult path forward (The Washington Post Magazine)
미국은 우리 역사상 가장 깊은 분열에 직면해 있다. 누가 선거에서 이기든, 힘든 길이 펼쳐질 것이다. (워싱턴 포스트 매거진 – 2020년 10월 26일)

A close presidential election deepens the nation's divide. How do we live together now? (USA Today)
막상막하의 대통령 선거가 이 나라를 더 깊은 분열로 이끌다. 이제 우리는 어떻게 함께 살아갈 것인가? (USA 투데이 – 2020년 11월 6일)

미국 사회의 깊은 분열은 선거가 끝나도 해소되지 않았습니다. 바이든이 대통령으로 당선되자, 2021년 1월 6일 수요일, 그의 승리 선언을 막기 위해 트럼프 대통령의 일부 지지자들이 국회의사당에 무력으로 침입합니다. 물론 미국의 지식인들은 이를 규탄했습니다. 그들은 이 사태를 어떻게 보았는지 플로리다 주립대 총장(John Thrasher)이 교수진 모두에게 보낸 이메일의 일부를 소개하며 마칠까 합니다.

Like everyone, I was shocked and deeply disturbed to watch yesterday's events unfold in our nation's capital. I strongly condemn this abhorrent display of violence and lawlessness, and as an institution of higher education, we have a responsibility to speak out against it. America deserves better… Despite yesterday's events, I have faith in the strength and resilience of our democracy. I call on all of us to support the peaceful transition of power, end the polarization that is dividing our country and work together to build a more unified America.
다른 모든 이들과 마찬가지로, 저도 어제 우리나라 수도에서 벌어지는 일들을 보면서 충격을 받았고, 마음이 몹시 불편했습니다. 저는 폭력과 무법을 혐오스럽게 보여주는 이 사건을 강력히 규탄합니다. 또 고등 교육기관으로서, 우리는 이것이 잘못되었다고 소리 내어 말할 책임이 있습니다. 미국은 이보다 더 나은 나라입니다. (중략) 비록 어제 이런 일이 일어났지만, 저는 우리 민주주의의 견고함과 회복력을 믿습니다. 저는 우리 모두가 평화로운 권력 이양을 지지하고 나라를 분열시키는 정치적 대립을 중단하고, 보다 통합된 미국을 건설하기 위해 함께 노력해 주기를 당부합니다.

INDEX

영어 키워드 인덱스

한글 키워드 인덱스

일러두기
단어 앞에 a나 be/get 동사가 들어가는 숙어는
a나 be/get 동사 다음에 나오는 단어를 기준으로 정렬했습니다.
예: a junkie는 A가 아니라 J 섹션에 위치

INDEX 1 영어 키워드 인덱스

bells and whistles: additional features that are not essential	필수적인 것은 아니지만, 멋져 보이기 위해 추가로 덧붙여진 것 (기능)들	**LESSON 12** p. 146/150/154
bite off more than one can chew: take on more responsibility than one can manage	능력보다 더 많은 일을 맡다 /무리해서 감당 못할 일을 하려 하다	**LESSON 3** p. 38/42/46
bite the hand that feeds you: criticize the one who supports or employs you/hurt a benefactor	자신을 돕는 사람을 해하다 /배은망덕하다	**LESSON 21** p. 254/258/262
blood, sweat, and tears: a lot of time, effort, and energy	피눈물 나는 노력	**LESSON 16** p. 194/198/202
Break a leg!: Good luck!	행운을 빌어!	**LESSON 4** p. 50/54/58
buckle down (on ~): start to work hard	(~를) 본격적으로 시작하다	**LESSON 16** p. 194/198/202
a bummer: something that is very annoying	굉장히 실망스러운 일 /굉장히 짜증스러운 일	**LESSON 10** p. 122/126/130
burst (out) at the seams: be filled to the maximum capacity	공간이 꽉 차서 미어터지다	**LESSON 19** p. 230/234/238
buzz: positive interest in something (usually related to advertising something)	입소문/흥분/열광	**LESSON 9** p. 110/114/118

C

catch up (with): tell each other what has happened since the last conversation	오랜만에 만난 친구들끼리) 서로의 안부와 근황을 나누다	**LESSON 5** p. 62/66/70
chew on ~: think about something carefully	~를 곱씹어 보다 /곰곰이 생각하다	**LESSON 16** p. 194/198/202
chew one's ear off: talk to someone too much	지나치게 많이 말하다 /귀가 닳아빠지도록 말하다	**LESSON 20** p. 242/246/250
come off as ~: appear to be	~처럼 보이다	**LESSON 8** p. 98/102/106
cook up something/cook something up: invent (a story or an excuse)	(이야기나 변명 따위를) 꾸며 내다 /지어 내다	**LESSON 14** p. 192/196/178
cookie-cutter: looking/seeming identical	똑같아 보이는/천편일률적인	**LESSON 2** p. 26/30/34

be cooped up: be stuck in a small place from which you cannot escape/ To feel trapped somewhere which does not offer much movement	(좁은 공간에 머물러 다른 데로 나가지 못하는 상태로) 틀어박히다	**LESSON 5** p. 62/66/70
cost an arm and a leg: be extremely expensive	매우 값비싸다	**LESSON 14** p. 192/196/178

D

do an about face: reverse an opinion or decision	(의견 등을) 180도 전환하다	**LESSON 7** p. 86/90/94
do one's homework: prepare carefully	열심히 준비하다	**LESSON 3** p. 38/42/46
double-check something: check something a second time to make sure that you have done something correctly	자신이 한 일이 정확하게 됐는지 두 번째 또 체크하다	**LESSON 11** p. 134/138/142
drop an f-bomb: say the f-word	F가 들어가는 영어 욕설(fuck)을 하다	**LESSON 22** p. 266/270/274
drop something in(to) one's lap: give something suddenly and unexpectedly (either positive or negative)	～에게 어떤 일이나 무언가를 맡기다 (다소 갑작스러운 느낌)	**LESSON 7** p. 86/90/94
be dry as a bone: be very dry	바싹 말라붙다	**LESSON 11** p. 134/138/142
dump something in(to) one's lap: give something suddenly and unexpectedly (either positive or negative)	～에게 어떤 일이나 무언가를 맡기다 (다소 갑작스러운 느낌)	**LESSON 7** p. 86/90/94

E

an elephant in the room: a huge problem that everyone knows, but no one wants to talk about	모두가 알지만 아무도 말하지 않는 큰 문제	**LESSON 20** p. 242/246/250
explore every avenue (= explore all avenues): investigate all possible means to find a solution to a problem or to achieve a goal	어떤 문제 해결이나 목표 달성을 위해 모든 수단과 방법을 강구하다	**LESSON 16** p. 194/198/202

F

feel under the weather: be a little sick	몸(컨디션)이 좋지 않다	**LESSON 2** p. 26/30/34
fight a losing battle: fight or work for something that is destined to fail	질 게 뻔한 싸움을 하다/실패할 게 뻔한 일을 하다	**LESSON 17** p. 206/210/214
fight the good fight: try very hard to do the right thing/fight a noble battle	옳은 일을 하기 위해 힘들게 노력하다/숭고한 싸움을 하다	**LESSON 21** p. 254/258/262
a flake: a forgetful person/an unreliable person	뭘 잘 잊어버리는 사람/약속을 까먹고 잘 안 지키는 사람	**LESSON 14** p. 192/196/178
for starters: to start with	우선 첫째로	**LESSON 3** p. 38/42/46

G

get back to one's roots: connect with one's heritage or background (cultural or professional)	자신의 뿌리(정체성)로 돌아가다	**LESSON 24** p. 290/294/298
get cabin fever: get the restless and irritable feeling when you cannot leave your home for a long period of time	(집 안에만 있어) 답답해 죽다/온몸이 근질근질하다	**LESSON 5** p. 62/66/70
get into something: start meddling in something	(남의 물건을) 건드리다/손대다	**LESSON 11** p. 134/138/142
get on one's nerves: make someone feel annoyed	누군가의 신경을 건드리다	**LESSON 17** p. 206/210/214
get out and about: be active and doing activities away from home	외출해서 활동하다	**LESSON 5** p. 62/66/70
get out of hand: get out of control	통제할 수 없는 상황이 되다	**LESSON 5** p. 62/66/70
get something lined up: organize, arrange, or schedule something	마련하다/준비하다/스케줄을 잡다	**LESSON 13** p. 158/162/166
get this show on the road: start an activity	무언가를 시작하다	**LESSON 11** p. 134/138/142
go about doing something: do something/begin handling an issue or task in a specific way	~을 (어떤 특정 방식으로) 하다	**LESSON 18** p. 218/222/226

go fifty-fifty on something: split the cost or responsibility for something	반반씩 부담하다/가져가다	**LESSON 13** p. 158/162/166
go off to a place: leave home with the purpose of doing something	일이나 학업을 위해 집을 떠나다	**LESSON 19** p. 230/234/238
go over something with a fine-tooth comb: examine something very carefully	세밀하게 조사하다/이 잡듯이 뒤지다	**LESSON 15** p. 182/186/190
go over something: examine or discuss something	무언가를 검토하다/논의하다	**LESSON 9** p. 110/114/118
go stir-crazy: become restless and short-tempered due to being confined to a small place for a long time	좁은 공간에 오래 갇혀 있다가 미쳐 버리다	**LESSON 17** p. 206/210/214
grab (food or meals): get a snack or a meal	(간식이나 식사를) 간단히 먹다	**LESSON 23** p. 278/282/286

H

have a lot on one's plate: have a lot of things to do	해야 할 일이 많다	**LESSON 4** p. 50/54/58
have bigger fish to fry: have more important things to do	더 중요한 할 일이 있다	**LESSON 10** p. 122/126/130
have cabin fever: get the restless and irritable feeling when you cannot leave your home for a long period of time	(집 안에만 있어) 답답해 죽다 /온몸이 근질근질하다	**LESSON 5** p. 62/66/70
have no spine: lack courage/be afraid to take action	용기(줏대)가 없다/(어떤 문제를 해결하기 위해) 행동하기를 두려워하다	**LESSON 15** p. 182/186/190
have one's hands full: be very busy	다른 일을 할 틈이 없이 바쁘다	**LESSON 18** p. 218/222/226
hit or miss (= hit and miss): successful or unsuccessful/good or bad/ unpredictable	복불복인/예측하기 어려운	**LESSON 8** p. 98/102/106
hold (down) the fort: take on the responsibility of something while the person in charge is absent	요새를 지키다/누군가를 대신해서 자리를 지키다 (일을 봐 주다)	**LESSON 14** p. 192/196/178
hold water: be valid and logical	이치에 맞다/사리에 맞다 /타당하다	**LESSON 20** p. 242/246/250

hustle and bustle : fast-paced business (often used to describe city life)	북적북적 분주함	**LESSON 24** p. 290/294/298

I

be in a budget crunch: be in a time (situation) when one's money is limited	예산이 부족한 시기나 상태에 있다	**LESSON 1** p. 14/18/22
in an ideal world: If a situation were to happen as you would like/In a perfect world	이상적인 세상이리면 /완벽한 상황이라면	**LESSON 1** p. 14/18/22
be in deep water: be in a difficult situation	굉장히 어려운 상황에 처해 있다	**LESSON 16** p. 194/198/202
in the loop (↔ out of the loop): informed (↔ not informed)	(어떤 상황을) 알고 있는 (↔ 모르는)	**LESSON 4** p. 50/54/58
It's a steal!: It's a very very good price!	거저다!	**LESSON 8** p. 98/102/106

J

jitters: extremely nervous feeling	신경과민/초조함/조마조마함	**LESSON 12** p. 146/150/154
jump on something: start something quickly	어떤 일에 빨리 뛰어들다	**LESSON 10** p. 122/126/130
a junkie: an addict	(커피, 게임 등의) 중독자	**LESSON 8** p. 98/102/106

K

a knock-down-drag-out fight: a serious struggle in which neither side is willing to back down	격전/인정사정없는 싸움	**LESSON 17** p. 206/210/214

L

leave the nest: move out of one's parents' home after growing up	자라서 부모의 품을 떠나다	**LESSON 19** p. 230/234/238
lift a finger: make the slightest effort to do something or help someone	무언가를 하거나 누군가를 도와주기 위해 최소한의 노력을 하다	**LESSON 13** p. 158/162/166

M

make fun of: ridicule or tease	～을 놀리다/비웃다/조롱하다	**LESSON 23** p. 278/282/286

N

a nail-biter: something that causes great anxiety	조마조마하게 하는 것/손에 땀을 쥐게 하는 것	**LESSON 25** p. 302/306/310
nitpick over something: be overly critical about small details	하찮은 일에 트집을 잡다 /자잘한 일까지 간섭하다	**LESSON 15** p. 182/186/190
a no-brainer: something that requires no mental effort	아주 쉬운 결정/문제	**LESSON 14** p. 192/196/178
not out of the woods: still challenging or difficult even though some improvement has been made	아직 안심할 단계가 아닌	**LESSON 19** p. 230/234/238
not to have a leg to stand on: have no support for an idea or situation	(어떤 주장을 할 수 있는) 근거가 없다/변명의 여지가 없다	**LESSON 21** p. 254/258/262

O

be on the road: be travelling	여행 중이다/이동 중이다	**LESSON 18** p. 218/222/226
be on the same page with someone about something: understand and agree with someone about a topic	어떤 사안에 관하여 누군가와 같은 견해를 가지다	**LESSON 9** p. 110/114/118
once in a blue moon: very rarely	아주 드물게	**LESSON 2** p. 26/30/34

one's neck of the woods: the area or part of a town where one lives or works	살 거나 일하는 지역	**LESSON 18** p. 218/222/226

P

pay cuts: a reduction of wages or salaries	감봉	**LESSON 22** p. 266/270/274
pick someone's brain about something: get information from someone who knows a lot about a particular subject	그 분야에 관해 많이 아는 사람에게 정보를 얻다	**LESSON 18** p. 218/222/226
pluck up the courage to do ~: become brave enough to do ~	용기를 내어 ~를 하다	**LESSON 20** p. 242/246/250
pooped (out): exhausted	녹초가 된	**LESSON 6** p. 74/78/82
push aside ~: refuse to think about	~에 대한 생각을 회피하다	**LESSON 6** p. 74/78/82
a pushover: a person who is easy to influence (or fool)/something that is easy to do	만만한 사람(호구) /아주 쉬운 일(식은 죽 먹기)	**LESSON 4** p. 50/54/58
put on a spread: serve a lot of different foods	진수성찬을 차리다	**LESSON 23** p. 278/282/286

R

roll one's eyes at ~: move one's eyes upwards in order to indicate disapproval	(못마땅함을 드러내려고) ~에게 눈알을 부라리다	**LESSON 6** p. 74/78/82
root for something/someone: express your support of something or someone/express your hope for another's success	~를 응원하다	**LESSON 23** p. 278/282/286

S

salty language: crude language	거칠고 상스러운 말	**LESSON 22** p. 266/270/274

scratch one's head about something: be puzzled about something and thinking hard about it	이해가 안 돼 깊이 생각하다	**LESSON 9** p. 110/114/118
see eye to eye: have a similar view about something as someone else	다른 누군가와 ~에 대한 의견을 같이 하다 /견해가 일치하다	**LESSON 2** p. 26/30/34
shell out: pay for	돈을 지불하다	**LESSON 3** p. 38/42/46
a shoestring budget: an extremely limited budget	아주 적은 예산/눈곱만한 예산	**LESSON 8** p. 98/102/106
shoot oneself in the foot: sabotage one's own efforts	제 발등을 찍다/자기 무덤을 파다	**LESSON 7** p. 86/90/94
slammed: having an enormous amount of work	해야 할 일이 너무 많은	**LESSON 2** p. 26/30/34
a slap on the wrist: a minor reprimand when a more severe punishment is warranted	가벼운 꾸지람/솜방망이 처벌	**LESSON 22** p. 266/270/274
a slave to fashion: a person who is overly concerned about their clothing being the latest style	지나치게 유행을 따르려는 사람 (유행의 노예)	**LESSON 1** p. 14/18/22
slip up: make a mistake	실수하다	**LESSON 6** p. 74/78/82
Slow and steady wins the race: slower but consistent progress yields better results than doing something quickly	천천히 그리고 꾸준히 하면 성공한다 /급히 서두르면 일을 망친다	**LESSON 3** p. 38/42/46
Speak for yourself!: I disagree with you.	난 그렇게 생각 안 해.	**LESSON 25** p. 302/306/310
be stocked up (on) ~ /stock up on ~: buy a large amount of something for later use	~를 비축하다/~를 사재기하다	**LESSON 23** p. 278/282/286

T

take a toll on ~: cause stress, damage, or harm ~	~에게 피해나 손실을 주다	**LESSON 24** p. 290/294/298

take some getting used to something: require that you become comfortable with or accustomed to it	익숙해지는 데 시간이 걸리다	**LESSON 19** p. 230/234/238
take something to the next level: improve or further develop something	~을 다음 단계로 끌어올리다 /업그레이드하다	**LESSON 9** p. 110/114/118
take something with a grain of salt: regard something as exaggerated	액면 그대로 받아들이지 않고 가감하여 듣다 /적당히 걸러 듣다	**LESSON 12** p. 146/150/154
That's the beauty of it!: That's the benefit (beneficial impact) of it!	그게 바로 ~이 주는 혜택 (유익한 짐/이로운 짐/장점)이지!	**LESSON 1** p. 14/18/22
That's what I'm talking about!: used to express enthusiastic support of or agreement with whatever the "that" refers to	(상대방 말을 열렬하게 지지하거나 동의할 때 쓰는 표현) 바로 그거지	**LESSON 24** p. 290/294/298
the middle of nowhere: a remote place	인적이 드문 외진 곳	**LESSON 24** p. 290/294/298
throw (someone) a shindig: have a big boisterous party	크고 떠들썩한 파티를 열다	**LESSON 13** p. 158/162/166
throw cold water on ~ (= pour cold water on ~): be discouraging about ~/be negative about ~	~에 찬물을 끼얹다	**LESSON 25** p. 302/306/310
to boot: in addition	게다가 (앞서 한 말에 다른 말을 덧붙일 때 쓰는 표현	**LESSON 17** p. 206/210/214
be torn between A and B : be unable to decide between A and B	A와 B 중 어느 쪽을 선택할지 고민이다	**LESSON 12** p. 146/150/154
turn on a dime : turn a car quickly/quickly and abruptly change an idea or activity	차를 급회전하다 /재빨리 방향 전환을 하다	**LESSON 7** p. 86/90/94

U

be under the weather : be a little sick	몸(컨디션)이 좋지 않다	**LESSON 2** p. 26/30/34
up to one's eyeballs in ~: very busy or overwhelmed with ~	할 일이 꽉 차 있는	**LESSON 7** p. 86/90/94

W

wake up and smell the coffee : become aware of the realities of the situation	정신 차리고 상황을 직시하다 /냉수 먹고 속 차리다	**LESSON 6** p. 74/78/82
water under the bridge : something that happened in the past and is not important anymore	이미 지나간 일 (과거지사)	**LESSON 25** p. 302/306/310
be well-received: receive approval or a positive reaction	좋은 반응을 얻다	**LESSON 22** p. 266/270/274
when pigs fly : that will never happen	해가 서쪽에서 뜬다면 (그런 일은 절대로 일어나지 않을 거야!)	**LESSON 10** p. 122/126/130
written all over someone's face : when a person's emotions are clear from the look or expression on their face	～의 얼굴에 다 쓰여 있는	**LESSON 15** p. 182/186/190

Y

yada yada yada : blah blah blah/and so on	기타 등등 (뻔한 세부 사항을 대신하여 쓰는 표현)	**LESSON 25** p. 302/306/310
You got it! : an expression that shows someone's request will be carried out	네, 분부대로 하겠습니다!	**LESSON 4** p. 50/54/58

Z

zhuzh ~ up : improve how something looks by altering it or through minor decorative changes	조금 바꾸거나 작은 장식을 더해 더 멋지게 만들다	**LESSON 1** p. 14/18/22

INDEX 2 한글 키워드 인덱스

ㄱ

굉장히 어려운 상황에 처해 있다	be in deep water: be in a difficult situation	**LESSON 16** p. 194/198/202
굉장히 짜증스러운 일	a bummer: something that is very annoying	**LESSON 10** p. 122/126/130
(이야기나 변명 따위를) 꾸며 내다/지어 내다	cook up something/cook something up: invent (a story or an excuse)	**LESSON 14** p. 192/196/178
귀가 닳아빠지도록 말하다	chew one's ear off: talk to someone too much	**LESSON 20** p. 242/246/250
그 분야에 관해 많이 아는 사람에게 정보를 얻다	pick someone's brain about something: get information from someone who knows a lot about a particular subject	**LESSON 18** p. 218/222/226
그게 바로 ~이 주는 혜택 (유익한 점/이로운 점/장점)이지!	That's the beauty of it!: That's the benefit (beneficial impact) of it!	**LESSON 1** p. 14/18/22
(어떤 주장을 할 수 있는) 근거가 없다	not to have a leg to stand on: have no support for an idea or situation	**LESSON 21** p. 254/258/262
기타 등등 (뻔한 세부 사항을 대신하여 쓰는 표현)	yada yada yada: blah blah blah/and so on	**LESSON 25** p. 302/306/310

ㄴ

난 그렇게 생각 안 해.	Speak for yourself!: I disagree with you.	**LESSON 25** p. 302/306/310
(남의 물건을) 건드리다/손대다	get into something: start meddling in something	**LESSON 11** p. 134/138/142
냉수 먹고 속 차리다	wake up and smell the coffee: become aware of the realities of the situation	**LESSON 6** p. 74/78/82
네, 분부대로 하겠습니다!	You got it!: an expression that shows someone's request will be carried out	**LESSON 4** p. 50/54/58
녹초가 된	pooped (out): exhausted	**LESSON 6** p. 74/78/82
논의하다	go over something: examine or discuss something	**LESSON 9** p. 110/114/118
(~을) 놀리다	make fun of: ridicule or tease	**LESSON 23** p. 278/282/286
누군가를 대신해서 자리를 지키다	hold (down) the fort: take on the responsibility of something while the person in charge is absent	**LESSON 14** p. 192/196/178

누군가의 신경을 건드리다	get on one's nerves: make someone feel annoyed	**LESSON 17** p. 206/210/214
눈곱만한 예산	a shoestring budget: an extremely limited budget	**LESSON 8** p. 98/102/106
(못마땅함을 드러내려고) ~에게 눈알을 부라리다	roll one's eyes at ~: move one's eyes upwards in order to indicate disapproval	**LESSON 6** p. 74/78/82
능력보다 더 많은 일을 맡다	bite off more than one can chew: take on more responsibility than one can manage	**LESSON 3** p. 38/42/46

ㄷ

다른 누군가와 ~에 대한 의견을 같이 하다 /견해가 일치하다	see eye to eye: have a similar view about something as someone else	**LESSON 2** p. 26/30/34
다른 일을 할 틈이 없이 바쁘다	have one's hands full: be very busy	**LESSON 18** p. 218/222/226
(~을) 다음 단계로 끌어올리다/업그레이드하다	take something to the next level: improve or further develop something	**LESSON 9** p. 110/114/118
(집 안에만 있어) 답답해 죽다	have/get cabin fever: get the restless and irritable feeling when you cannot leave your home for a long period of time	**LESSON 5** p. 62/66/70
(힘든 상황에서) 대단히 침착하고 차분한	(as) cool as a cucumber: calm and composed (in a stressful and frustrating situation)	**LESSON 20** p. 242/246/250
더 중요한 할 일이 있다	have bigger fish to fry: have more important things to do	**LESSON 10** p. 122/126/130
더럽게 재미없는	as much fun as watching paint dry: very boring	**LESSON 15** p. 182/186/190
돈 들인 가치	bang for one's buck: value for one's money	**LESSON 13** p. 158/162/166
돈을 지불하다	shell out: pay for	**LESSON 3** p. 38/42/46
똑같아 보이는	cookie-cutter: looking/seeming identical	**LESSON 2** p. 26/30/34

□

마련하다	get something lined up: organize, arrange, or schedule something	**LESSON 13** p. 158/162/166
만만한 사람(호구)	a pushover: a person who is easy to influence (or fool)/something that is easy to do	**LESSON 4** p. 50/54/58
매우 값비싸다	cost an arm and a leg: be extremely expensive	**LESSON 14** p. 192/196/178
매우 지루하고 따분한	as much fun as watching paint dry: very boring	**LESSON 15** p. 182/186/190
모두가 알지만 아무도 말하지 않는 큰 문제	an elephant in the room: a huge problem that everyone knows, but no one wants to talk about	**LESSON 20** p. 242/246/250
(어떤 상황을) 모르는	out of the loop: not informed	**LESSON 4** p. 50/54/58
몸(컨디션)이 좋지 않다	be/feel under the weather: be a little sick	**LESSON 2** p. 26/30/34
무언가를 검토하다	go over something: examine or discuss something	**LESSON 9** p. 110/114/118
무언가를 시작하다	get this show on the road: start an activity	**LESSON 11** p. 134/138/142
무리해서 감당 못할 일을 하려 하다	bite off more than one can chew: take on more responsibility than one can manage	**LESSON 3** p. 38/42/46
무언가를 하거나 누군가를 도와주기 위해 최소한의 노력을 하다	lift a finger: make the slightest effort to do something or help someone	**LESSON 13** p. 158/162/166
뭘 잘 잊어버리는 사람	a flake: a forgetful person/an unreliable person	**LESSON 14** p. 192/196/178

ㅂ

(상대방 말을 열렬하게 지지하거나 동의할 때 쓰는 표현) 바로 그거지!	That's what I'm talking about!: used to express enthusiastic support of or agreement with whatever the "that" refers to	**LESSON 24** p. 290/294/298
바싹 말라붙다	be dry as a bone: be very dry	**LESSON 11** p. 134/138/142

반반씩 가져가다/부담하다	go fifty-fifty on something: split the cost or responsibility for something	**LESSON 13** p. 158/162/166
배은망덕하다	bite the hand that feeds you: criticize the one who supports or employs you/ hurt a benefactor	**LESSON 21** p. 254/258/262
변명의 여지가 없다	not to have a leg to stand on: have no support for an idea or situation	**LESSON 21** p. 254/258/262
복불복인	hit or miss (= hit and miss): successful or unsuccessful/good or bad/unpredictable	**LESSON 8** p. 98/102/106
(~를) 본격적으로 시작하다	buckle down (on ~): start to work hard	**LESSON 16** p. 194/198/202
본전을 뽑을 수 있을 만한 가치	bang for one's buck: value for one's money	**LESSON 13** p. 158/162/166
북적북적 분주함	hustle and bustle: fast-paced business (often used to describe city life)	**LESSON 24** p. 290/294/298
불평(하다)	beef: complaint/complain	**LESSON 12** p. 146/150/154
비웃다	make fun of: ridicule or tease	**LESSON 23** p. 278/282/286
(~를) 비축하다	be stocked up (on) ~ /stock up on ~: buy a large amount of something for later use	**LESSON 23** p. 278/282/286"
(문자 그대로의 또는 비유적인 무기로) 빈틈없이 준비한	armed to the teeth: completely prepared (with literal or figurative armor)	**LESSON 21** p. 254/258/262"

人

사리에 맞다	hold water: be valid and logical	**LESSON 20** p. 242/246/250
(~를) 사재기하다	be stocked up (on) ~ /stock up on ~: buy a large amount of something for later use	**LESSON 23** p. 278/282/286
살 거나 일하는 지역	one's neck of the woods: the area or part of a town where one lives or works	**LESSON 18** p. 218/222/226
(~에 대한) 생각을 회피하다	push aside ~: refuse to think about	**LESSON 6** p. 74/78/82
(오랜만에 만난 친구들끼리) 서로의 안부와 근황을 나누다	catch up (with): tell each other what has happened since the last conversation	**LESSON 5** p. 62/66/70

세밀하게 조사하다	go over something with a fine-tooth comb: examine something very carefully	**LESSON 15** p. 182/186/190
손에 땀을 쥐게 하는 것	a nail-biter: something that causes great anxiety	**LESSON 25** p. 302/306/310
솜방망이 처벌	a slap on the wrist: a minor reprimand when a more severe punishment is warranted	**LESSON 22** p. 266/270/274
숭고한 싸움을 하다	fight the good fight: try very hard to do the right thing/fight a noble battle	**LESSON 21** p. 254/258/262
스케줄을 잡다	get something lined up: organize, arrange, or schedule something	**LESSON 13** p. 158/162/166
신경과민	jitters: extremely nervous feeling	**LESSON 12** p. 146/150/154
실수하다	slip up: make a mistake	**LESSON 6** p. 74/78/82
실패할 게 뻔한 일을 하다	fight a losing battle: fight or work for something that is destined to fail	**LESSON 17** p. 206/210/214

○

(~를) 안 좋게 말하다	badmouth ~: speak critically of ~	**LESSON 21** p. 254/258/262
아주 드물게	once in a blue moon: very rarely	**LESSON 2** p. 26/30/34
아주 쉬운 결정/문제	a no-brainer: something that requires no mental effort	**LESSON 14** p. 192/196/178
아주 쉬운 일(식은 죽 먹기)	a pushover: a person who is easy to influence (or fool)/something that is easy to do	**LESSON 4** p. 50/54/58
아주 적은 예산	a shoestring budget: an extremely limited budget	**LESSON 8** p. 98/102/106
아직 안심할 단계가 아닌	not out of the woods: still challenging or difficult even though some improvement has been made	**LESSON 19** p. 230/234/238
(어떤 상황을) 알고 있는	in the loop: informed	**LESSON 4** p. 50/54/58
액면 그대로 받아들이지 않고 가감하여 듣다	take something with a grain of salt: regard something as exaggerated	**LESSON 12** p. 146/150/154

약속을 까먹고 잘 안 지키는 사람	a flake: a forgetful person/an unreliable person	**LESSON 14** p. 192/196/178
어떤 문제 해결이나 목표 달성을 위해 모든 수단과 방법을 강구하다	explore every avenue (= explore all avenues): investigate all possible means to find a solution to a problem or to achieve a goal	**LESSON 16** p. 194/198/202
어떤 사안에 관하여 누군가와 같은 견해를 가지다	be on the same page with someone about something: understand and agree with someone about a topic	**LESSON 9** p. 110/114/118
어떤 일에 빨리 뛰어들다	jump on something: start something quickly	**LESSON 10** p. 122/126/130
(~에게) 어떤 일이나 무언가를 맡기다 (다소 갑작스러운 느낌)	dump/drop something in(to) one's lap: give something suddenly and unexpectedly (either positive or negative)	**LESSON 7** p. 86/90/94
(~의) 얼굴에 다 쓰여 있는	written all over someone's face: when a person's emotions are clear from the look or expression on their face	**LESSON 15** p. 182/186/190
여행 중이다/이동 중이다	be on the road: be travelling	**LESSON 18** p. 218/222/226
열광	buzz: positive interest in something (usually related to advertising something)	**LESSON 9** p. 110/114/118
열심히 준비하다	do one's homework: prepare carefully	**LESSON 3** p. 38/42/46
예산이 부족한 시기나 상태에 있다	be in a budget crunch: be in a time (situation) when one's money is limited	**LESSON 1** p. 14/18/22
예측하기 어려운	hit or miss (= hit and miss): successful or unsuccessful/good or bad/unpredictable	**LESSON 8** p. 98/102/106
온몸이 근질근질하다	have/get cabin fever: get the restless and irritable feeling when you cannot leave your home for a long period of time	**LESSON 5** p. 62/66/70
옳은 일을 하기 위해 힘들게 노력하다	fight the good fight: try very hard to do the right thing/fight a noble battle	**LESSON 21** p. 254/258/262
완전히 발가벗다	be butt naked: be fully naked	**LESSON 11** p. 134/138/142
외출해서 활동하다	get out and about: be active and doing activities away from home	**LESSON 5** p. 62/66/70

요새를 지키다	hold (down) the fort: take on the responsibility of something while the person in charge is absent	**LESSON 14** p. 192/196/178
용기(줏대)가 없다	have no spine: lack courage/be afraid to take action	**LESSON 15** p. 182/186/190
용기를 내어 ~를 하다	pluck up the courage to do ~: become brave enough to do ~	**LESSON 20** p. 242/246/250
우선 첫째로	for starters: to start with	**LESSON 3** p. 38/42/46
(~를) 응원하다	root for something/someone: express your support of something or someone/ express your hope for another's success	**LESSON 23** p. 278/282/286
이 잡듯이 뒤지다	go over something with a fine-tooth comb: examine something very carefully	**LESSON 15** p. 182/186/190
이미 지나간 일 (과거지사)	water under the bridge: something that happened in the past and is not important anymore	**LESSON 25** p. 302/306/310
이상적인 세상이라면/완벽한 상황이라면	in an ideal world: If a situation were to happen as you would like/in a perfect world	**LESSON 1** p. 14/18/22
이치에 맞다	hold water: be valid and logical	**LESSON 20** p. 242/246/250
이해가 안 돼 깊이 생각하다	scratch one's head about something: be puzzled about something and thinking hard about it	**LESSON 9** p. 110/114/118
익숙해지는 데 시간이 걸리다	take some getting used to something: require that you become comfortable with or accustomed to it	**LESSON 19** p. 230/234/238
인적이 드문 외진 곳	the middle of nowhere: a remote place	**LESSON 24** p. 290/294/298
인정사정없는 싸움	a knock-down-drag-out fight: a serious struggle in which neither side is willing to back down	**LESSON 17** p. 206/210/214
일이나 학업을 위해 집을 떠나다	go off to a place: leave home with the purpose of doing something	**LESSON 19** p. 230/234/238
입소문	buzz: positive interest in something (usually related to advertising something)	**LESSON 9** p. 110/114/118

ㅈ

자기 무덤을 파다	shoot oneself in the foot: sabotage one's own efforts	**LESSON 7** p. 86/90/94
자라서 부모의 품을 떠나다	leave the nest: move out of one's parents' home after growing up	**LESSON 19** p. 230/234/238
자신을 돕는 사람을 해하다	bite the hand that feeds you: criticize the one who supports or employs you/ hurt a benefactor	**LESSON 21** p. 254/258/262
자신의 뿌리(정체성)로 돌아가다	get back to one's roots: connect with one's heritage or background (cultural or professional)	**LESSON 24** p. 290/294/298
자신이 한 일이 정확하게 됐는지 두 번째 또 체크하다	double-check something: check something a second time to make sure that you have done something correctly	**LESSON 11** p. 134/138/142
자잘한 일까지 간섭하다	nitpick over something: be overly critical about small details	**LESSON 15** p. 182/186/190
재빨리 방향 전환을 하다	turn on a dime: turn a car quickly/ quickly and abruptly change an idea or activity	**LESSON 7** p. 86/90/94
적당히 걸러 듣다	take something with a grain of salt: regard something as exaggerated	**LESSON 12** p. 146/150/154
정신 차리고 상황을 직시하다	wake up and smell the coffee: become aware of the realities of the situation	**LESSON 6** p. 74/78/82
(마감일/마감 시간 등의) 정해진 기한 내에 일을 마치다	beat the clock: finish something before a deadline (before time is up)	**LESSON 10** p. 122/126/130
제 발등을 찍다	shoot oneself in the foot: sabotage one's own efforts	**LESSON 7** p. 86/90/94
조금 바꾸거나 작은 장식을 더해 더 멋지게 만들다	zhuzh ~ up: improve how something looks by altering it or through minor decorative changes	**LESSON 1** p. 14/18/22
조롱하다	make fun of: ridicule or tease	**LESSON 23** p. 278/282/286
조마조마하게 하는 것	a nail-biter: something that causes great anxiety	**LESSON 25** p. 302/306/310
조마조마함	jitters: extremely nervous feeling	**LESSON 12** p. 146/150/154
좁은 공간에 오래 갇혀 있다가 미쳐 버리다	go stir-crazy: become restless and short-tempered due to being confined to a small place for a long time	**LESSON 17** p. 206/210/214

좋은 반응을 얻다	be well-received: receive approval or a positive reaction	**LESSON 22** p. 266/270/274
준비하다	get something lined up: organize, arrange, or schedule something	**LESSON 13** p. 158/162/166
(커피, 게임 등의) 중독자	a junkie: an addict	**LESSON 8** p. 98/102/106
지나치게 많이 말하다	chew one's ear off: talk to someone too much	**LESSON 20** p. 242/246/250
지나치게 유행을 따르려는 사람(유행의 노예)	a slave to fashion: A person who is overly concerned about their clothing being the latest style	**LESSON 1** p. 14/18/22
진수성찬을 차리다	put on a spread: serve a lot of different foods	**LESSON 23** p. 278/282/286
질 게 뻔한 싸움을 하다	fight a losing battle: fight or work for something that is destined to fail	**LESSON 17** p. 206/210/214

ㅊ

차를 급회전하다	turn on a dime: turn a car quickly/ quickly and abruptly change an idea or activity	**LESSON 7** p. 86/90/94
(~에) 찬물을 끼얹다	throw cold water on ~ (= pour cold water on ~): be discouraging about ~/ be negative about ~	**LESSON 25** p. 302/306/310
~처럼 보이다	come off as ~: appear to be	**LESSON 8** p. 98/102/106
천천히 그리고 꾸준히 하면 성공한다/급히 서두르면 일을 망친다	Slow and steady wins the race: slower but consistent progress yields better results than doing something quickly	**LESSON 3** p. 38/42/46
천편일률적인	cookie-cutter: looking/seeming identical	**LESSON 2** p. 26/30/34
(문자 그대로의 또는 비유적인 무기로) 철저하게 대비한	armed to the teeth: completely prepared (with literal or figurative armor)	**LESSON 21** p. 254/258/262
초조함	jitters: extremely nervous feeling	**LESSON 12** p. 146/150/154

ㅋ

크고 떠들썩한 파티를 열다	throw (someone) a shindig: have a big boisterous party	**LESSON 13** p. 158/162/166

ㅌ

타당하다	hold water: be valid and logical	**LESSON 20** p. 242/246/250
통제할 수 없는 상황이 되다	get out of hand: get out of control	**LESSON 5** p. 62/66/70
(좁은 공간에 머물러 다른 데로 나가지 못하는 상태로) 틀어박히다	be cooped up: be stuck in a small place from which you cannot escape /feel trapped somewhere which does not offer much movement	**LESSON 5** p. 62/66/70

ㅍ

피눈물 나는 노력	blood, sweat, and tears: a lot of time, effort, and energy	**LESSON 16** p. 194/198/202
(~에게) 피해나 손실을 주다	take a toll on ~: cause stress, damage, or harm ~	**LESSON 24** p. 290/294/298
필수적인 것은 아니지만, 멋져 보이기 위해 추가로 덧붙여진 것(기능)들	bells and whistles: additional features that are not essential	**LESSON 12** p. 146/150/154

ㅎ

~을 (어떤 특정 방식으로) 하다	go about doing something: do something/begin handling an issue or task in a specific way	**LESSON 18** p. 218/222/226
하찮은 일에 트집을 잡다	nitpick over something: be overly critical about small details	**LESSON 15** p. 182/186/190
할 일이 꽉 차 있는	up to one's eyeballs in ~: very busy or overwhelmed with ~	**LESSON 7** p. 86/90/94

해가 서쪽에서 뜬다면 (그런 일은 절대로 일어나지 않을 거야!)	when pigs fly: that will never happen	**LESSON 10** p. 122/126/130
해야 할 일이 너무 많은	slammed: having an enormous amount of work	**LESSON 2** p. 26/30/34
해야 할 일이 많다	have a lot on one's plate: have a lot of things to do	**LESSON 4** p. 50/54/58
(어떤 문제를 해결하기 위해) 행동하기를 두려워하다	have no spine: lack courage/be afraid to take action	**LESSON 15** p. 182/186/190
행운을 빌어!	Break a leg!: Good luck!	**LESSON 4** p. 50/54/58
흥분	buzz: positive interest in something (usually related to advertising something)	**LESSON 9** p. 110/114/118

기타

A와 B 중 어느 쪽을 선택할지 고민이다	be torn between A and B: be unable to decide between A and B	**LESSON 12** p. 146/150/154
F가 들어가는 영어 욕설(fuck)을 하다	drop an f-bomb: say the f-word	**LESSON 22** p. 266/270/274
(의견 등을) 180도 전환하다	do an about face: reverse an opinion or decision	**LESSON 7** p. 86/90/94

YOU'RE A WINNER!